Tim Farin

Die ultimative Rennrad-Bucket-List

50 Dinge, die du erlebt haben musst

BRUCKMANN

Inhalt

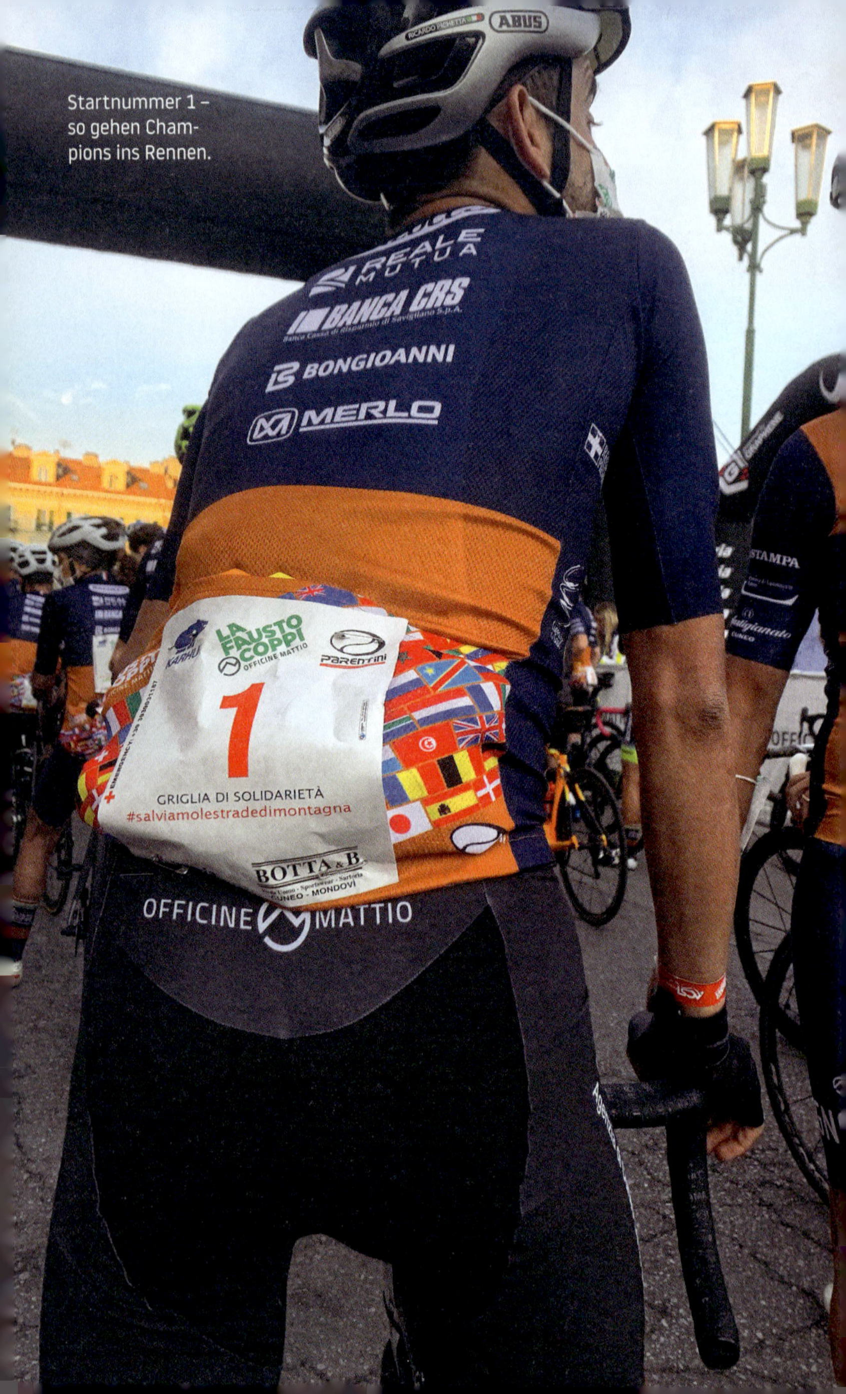

Startnummer 1 – so gehen Champions ins Rennen.

Vorwort

Liebe Leserin, lieber Leser!

Deinem Einspruch wird stattgegeben. Diese ultimative Bucketlist für Rennradfahrer ist, das gebe ich hiermit unumwunden zu, vollkommen subjektiv – das gilt auch für die überarbeitete, neue Version. Auch wenn ich mich seit mehr als 30 Jahren persönlich und beruflich seit nun gut zwei Jahrzehnten als faktenorientierter Journalist mit dem Radsport beschäftige, komme ich nicht aus meiner aktuell viel zu schlecht rasierten Haut. Dieses Werk ist kein objektives Lexikon. Aber ich bin fest davon überzeugt, dass es dir helfen wird, neue Erfahrungen und Erlebnisse in diesem Sport zu sammeln.

Rennradfahren ist persönliche Entwicklung. Je mehr wir uns mit dieser Disziplin beschäftigen, desto mehr Elemente entdecken wir, die Außenstehenden und Neueinsteigerinnen nicht ins Blickfeld kommen. Das ging mir auch beim neuerlichen Lesen dieses Buchs so, weshalb ich einiges aktualisiert habe. Nicht jeder Mensch ist für den Radsport, eine körperlich und mental sehr anspruchsvolle Tätigkeit, geeignet. Diejenigen aber, die es sind, möchte ich mit diesem Buch bei ihrer persönlichen Entwicklung begleiten.

Wenn du dieses Hobby gern betreibst, wird es bei »gern« nicht bleiben. Hier, beim Weiterkommen, setze ich an. Ich möchte dich bei deiner sportlichen Entwicklung inspirieren, dich ein bisschen piesacken und auch mal mit dir zusammen lachen. Deshalb habe ich 50 »Action Points« für deine persönliche Liste notiert, Impulse für die Entwicklung in diesem Sport, aber auch in deiner Persönlichkeit.

Die Kapitel habe ich in drei Level eingeteilt. Es geht los mit den Grundlagen für uns alle, die mitunter schmerzen werden. Auch das gehört dazu. Leichter wird es nicht auf der mittleren Stufe, die rot markiert ist. Wer schon fest im Sattel sitzt, wird sich an den schwarzen Kapiteln ausprobieren. Wie gesagt, die Auswahl ist sehr subjektiv. Aber ich behaupte ziemlich fest, dass Absolventen aller 50 Kapitel als Radsportler richtig weit gekommen sind. Das Ziel jedoch werden sie niemals erreichen.

Also, auf geht's – zieh was Enges an und ab aufs Rad!

Tim Farin

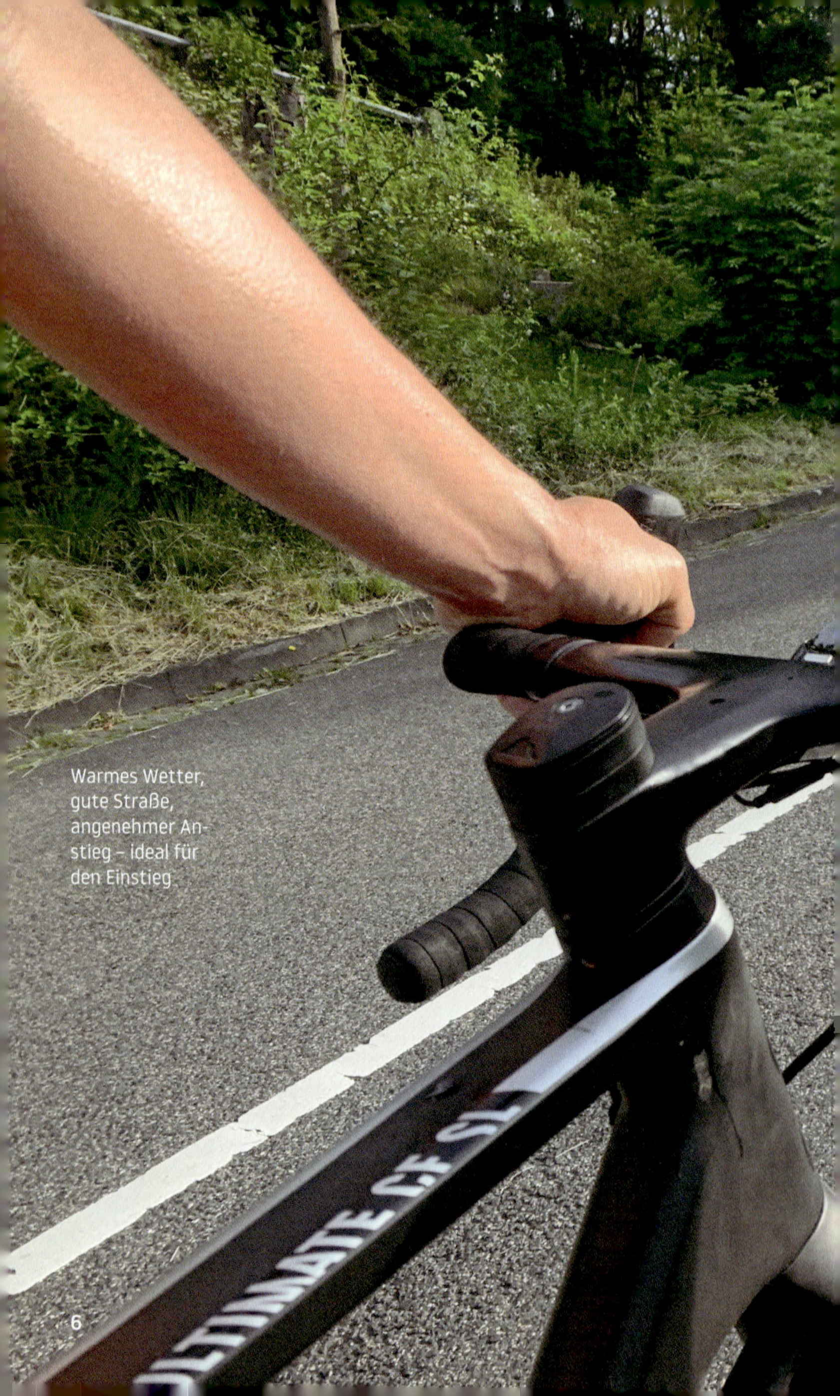

Warmes Wetter, gute Straße, angenehmer Anstieg – ideal für den Einstieg

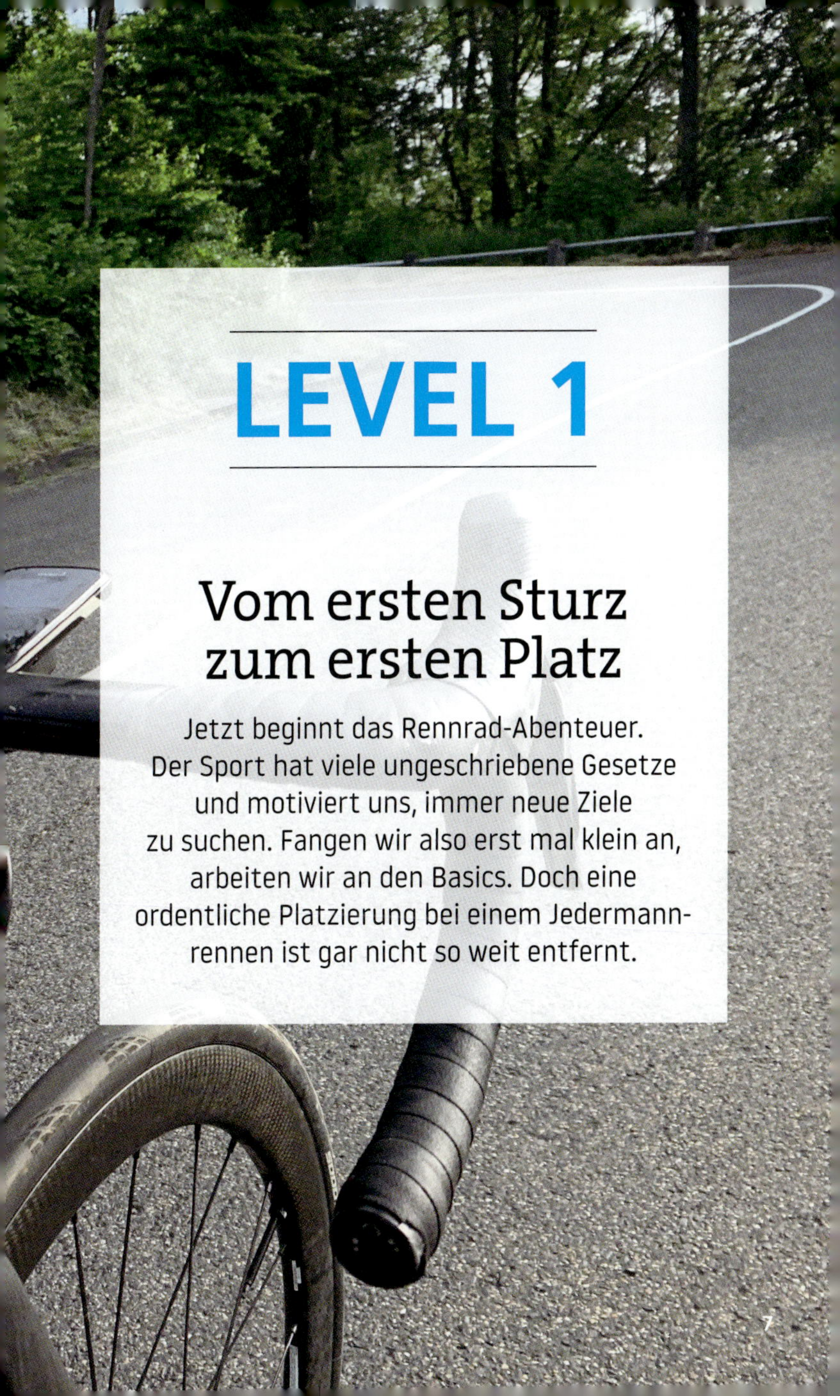

LEVEL 1

Vom ersten Sturz zum ersten Platz

Jetzt beginnt das Rennrad-Abenteuer. Der Sport hat viele ungeschriebene Gesetze und motiviert uns, immer neue Ziele zu suchen. Fangen wir also erst mal klein an, arbeiten wir an den Basics. Doch eine ordentliche Platzierung bei einem Jedermannrennen ist gar nicht so weit entfernt.

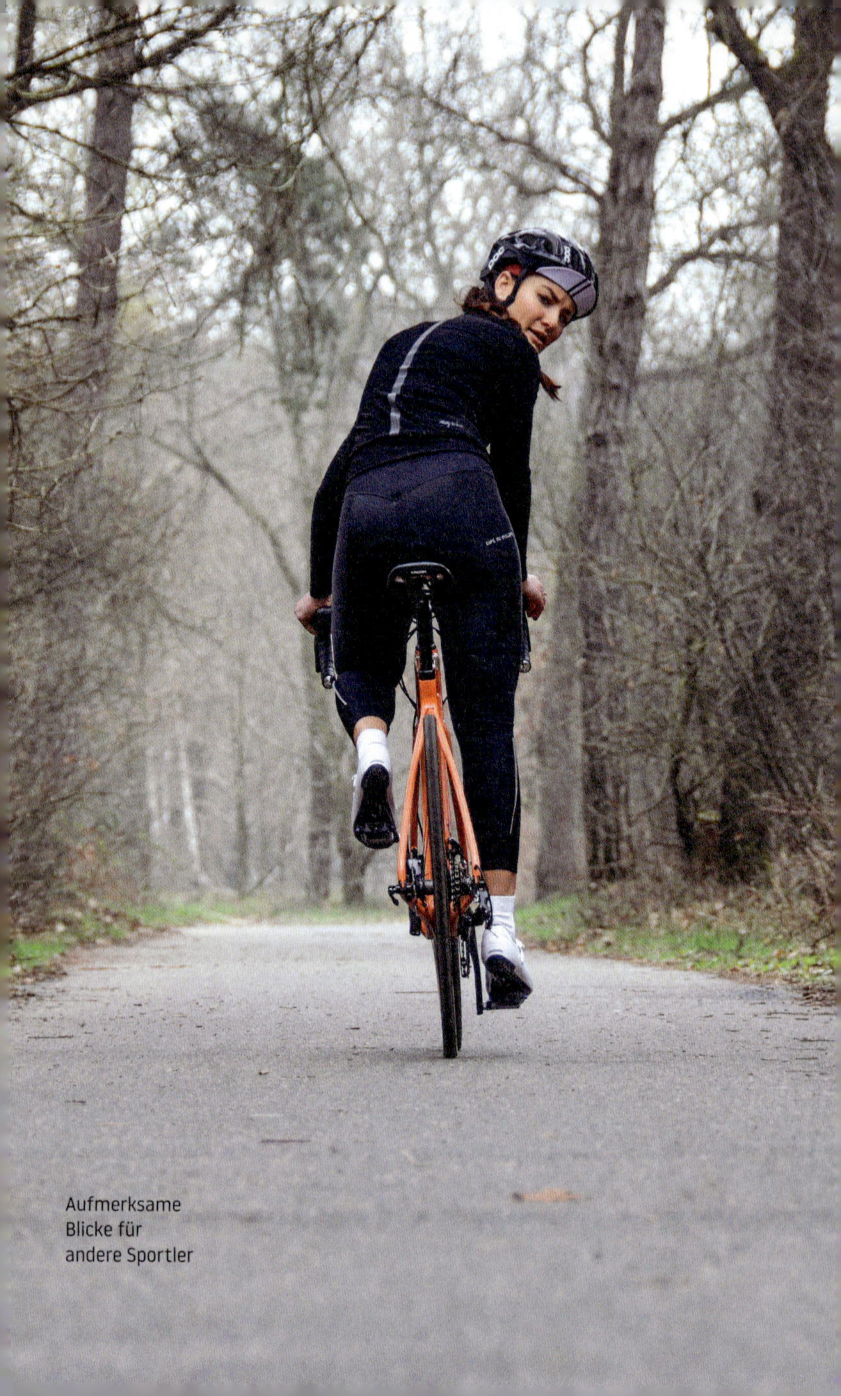

Aufmerksame
Blicke für
andere Sportler

1

Grüß Gott!

Die Geste für Gleichgesinnte gehört zum Radsport wie das Schmiermittel an die Kette.

Die Routiniers schütteln mit dem Kopf. Okay, der Typ ist schnell, die Kleidung schick, das Rad geputzt. Aber ein »Hallo«, eine Hand nach oben, wenigstens ein Nicken: Das hätte sicher die Performance nicht gemindert, als der jüngere Fahrer gerade entgegengerauscht kam. Eine der wichtigsten Lektionen im Radsport hat er wohl noch nicht gelernt – nämlich, dass es nicht nur um das Ich geht, sondern auch um Respekt für die anderen. Und den drückt ein kleiner Gruß eben sehr gut aus.

Positive Zeichen setzen

Wer nicht negativ auffallen will und ein Zeichen der Dazugehörigkeit senden möchte, grüßt die entgegenkommenden oder überholten Rennradfahrerinnen und -fahrer. Ansonsten ist der Stempel klar: blutiger Anfänger, ignoranter Egomane. In Zeiten der digitalen Datenspur kann es passieren, dass ein enttäuschter Sportskamerad in der App Strava nach dem Grußlosen fahndet und kommentiert: »Schöne Runde! Nächstes Mal die Hand heben!«

Merke dir also diese Grundlage: Gib anderen ein freundliches Zeichen, auch wenn das auf manchen Strecken, etwa in beliebten Trainingsrevieren, durchaus zur Dauerbeschäftigung werden kann. Es gehört einfach dazu.

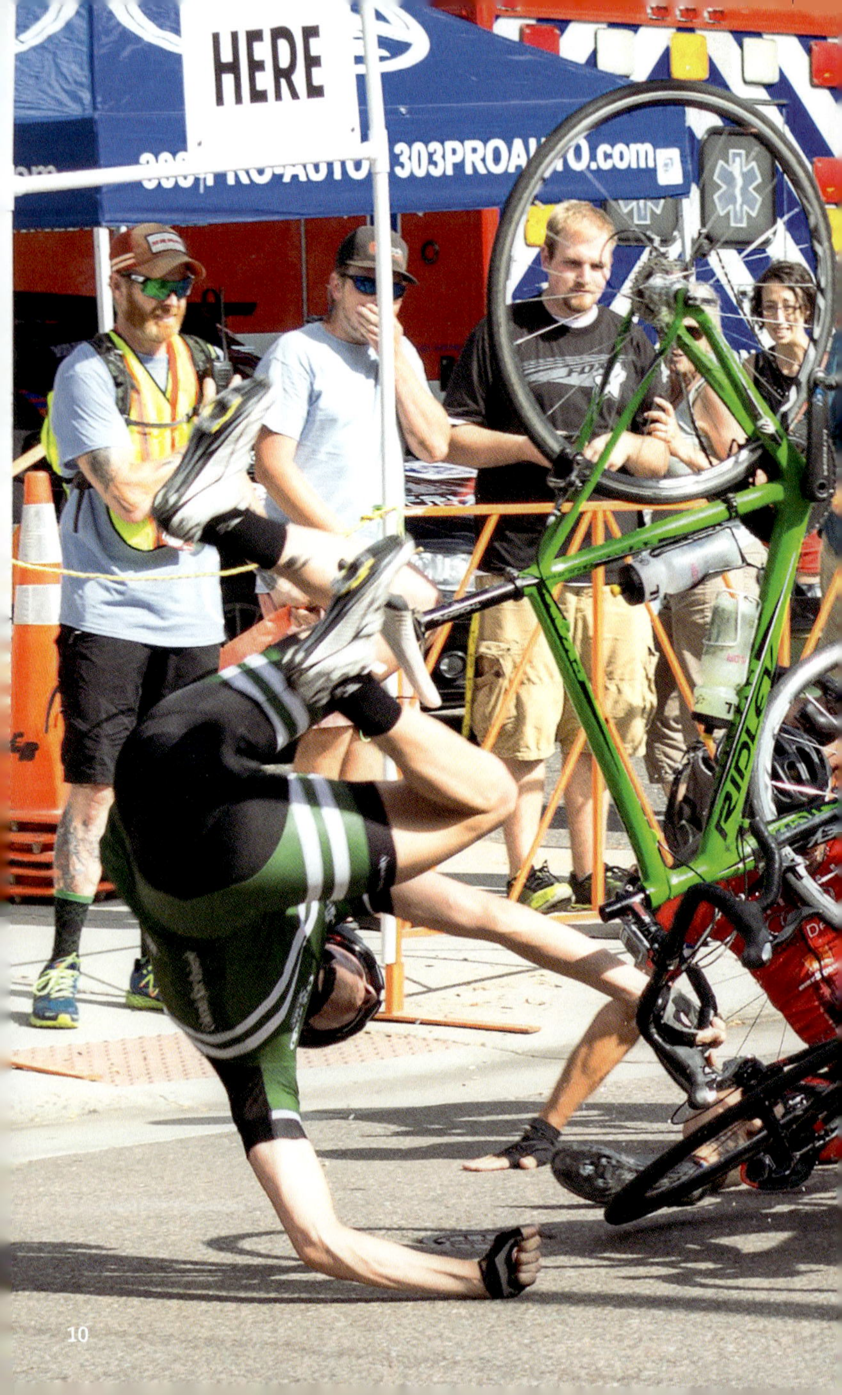
HERE
303PROAUTO.com
RIDLEY

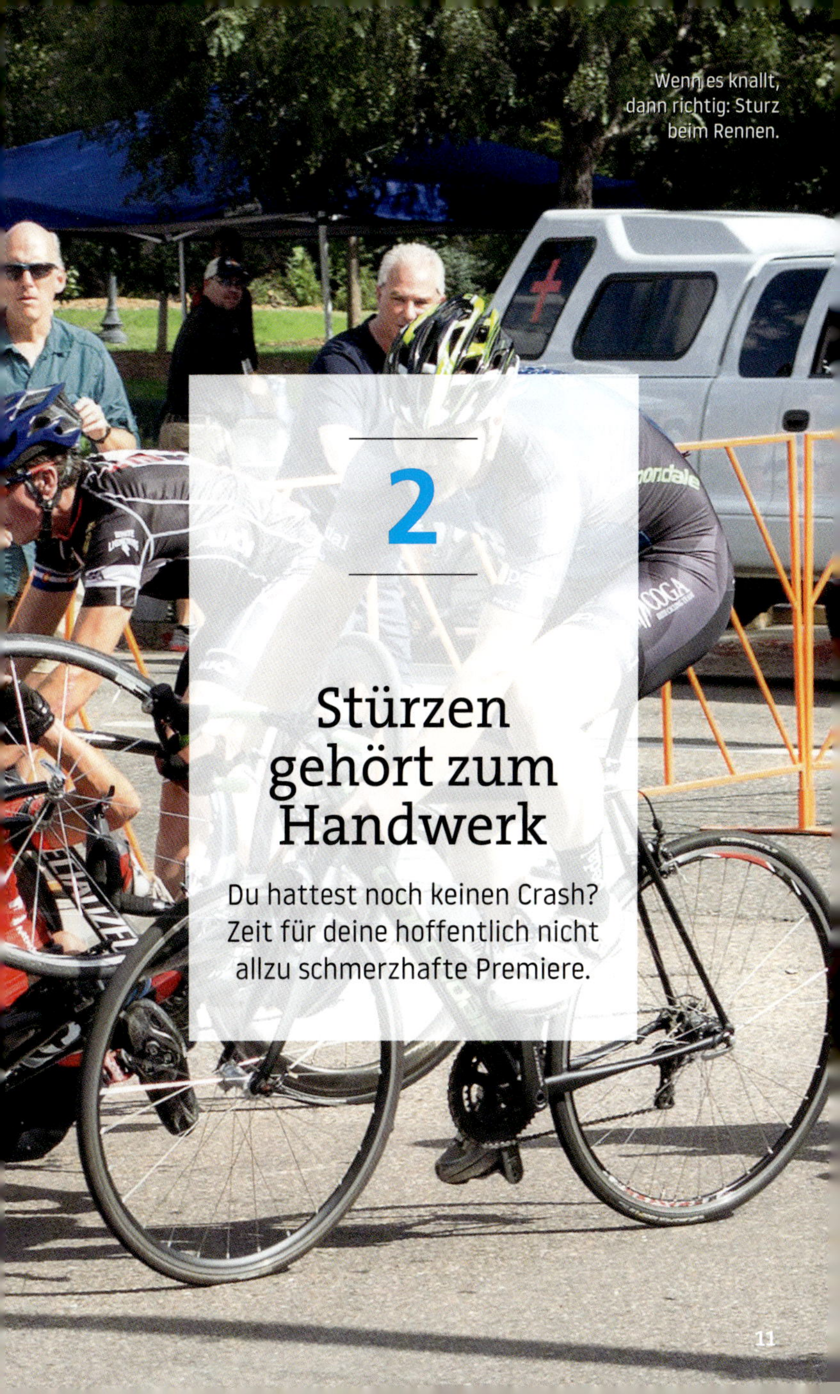

Wenn es knallt, dann richtig: Sturz beim Rennen.

2

Stürzen gehört zum Handwerk

Du hattest noch keinen Crash? Zeit für deine hoffentlich nicht allzu schmerzhafte Premiere.

Von außen betrachtet ist der Radsport für viele Menschen furchteinflößend, vor allem wegen der enormen Geschwindigkeiten und der fehlenden Knautschzone bei Athletinnen und Athleten. Von innen betrachtet übernimmt bei den allermeisten Sportlerinnen und Sportlern relativ schnell ein anderes Gefühl: der Spaß an der zügigen Bewegung. Und dabei vergessen sie ganz schön schnell, dass alles Mögliche schiefgehen und sich eine lockere Runde noch viele Wochen ins Schmerzgedächtnis einbrennen kann. Aber das Stürzen ist Teil des Hobbys, und je früher wir eben dies verstehen, desto besser.

Natürlich wünscht sich niemand einen schmerzhaften Abgang. Genauso wenig rufe ich die Leserschaft auf, sich absichtlich hinzuwerfen. Aber mental gefasst sein solltest du schon auf das, was kommen wird. Es wird kommen, es wird knallen. Soll hinterher niemand sagen, es habe ja keiner gewarnt.

Es kommt nicht auf die Geschwindigkeit an

Da ist der Klassiker: Wir rollen langsam auf eine rote Ampel zu – und vergessen, einen Schuh rechtzeitig aus dem Klickpedal zu lösen. Die Folge ist ein Abgang auf den Asphalt, der beinahe komisch anmutet – zumindest aus dem Auto dahinter betrachtet. Wer den schon hinter sich hat, weiß: Stürze bei sehr geringem oder gar null Speed haben manchmal gravierendere Folgen als ein Ausrutscher bei mittlerer Reisegeschwindigkeit. Vor allem der ungebremste Sturz aus dem Stand, auf Arme oder gar den Kopf, endet nicht selten im Krankenhaus.

Schädelprellung, Gehirnerschütterung oder Schlüsselbeinbruch, das sind die Standarddiagnosen, die vielen Radsportlern früher oder später gestellt werden. Ganz besonders unangenehm sind auch die Schürfwunden, die ein rasanter Rutscher auf rauem Straßenbelag an Schenkel, Po und Rücken hinterlässt. »Tapete ab« sagen Eingeweihte dazu.

Wer diese Schmerzen viele Tage nach dem Vorkommnis schon mal gespürt hat, kann umso besser nachempfinden, welche Grenzen Profisportlerinnen und -sportler überwinden. Wenn sie, wie es eben die Topstars müssen, mit Bandagen am Körper nach einem Sturz am Vortag wieder ins Rennen gehen. Unmenschlich?

Wir lernen aus Schmerzen, aus Fehlern. Deshalb hilft uns die praktische Erfahrung, Gefahren ernst zu nehmen. Wenn wir wissen, dass wir stürzen können, werden wir manche Risiken vermeiden.

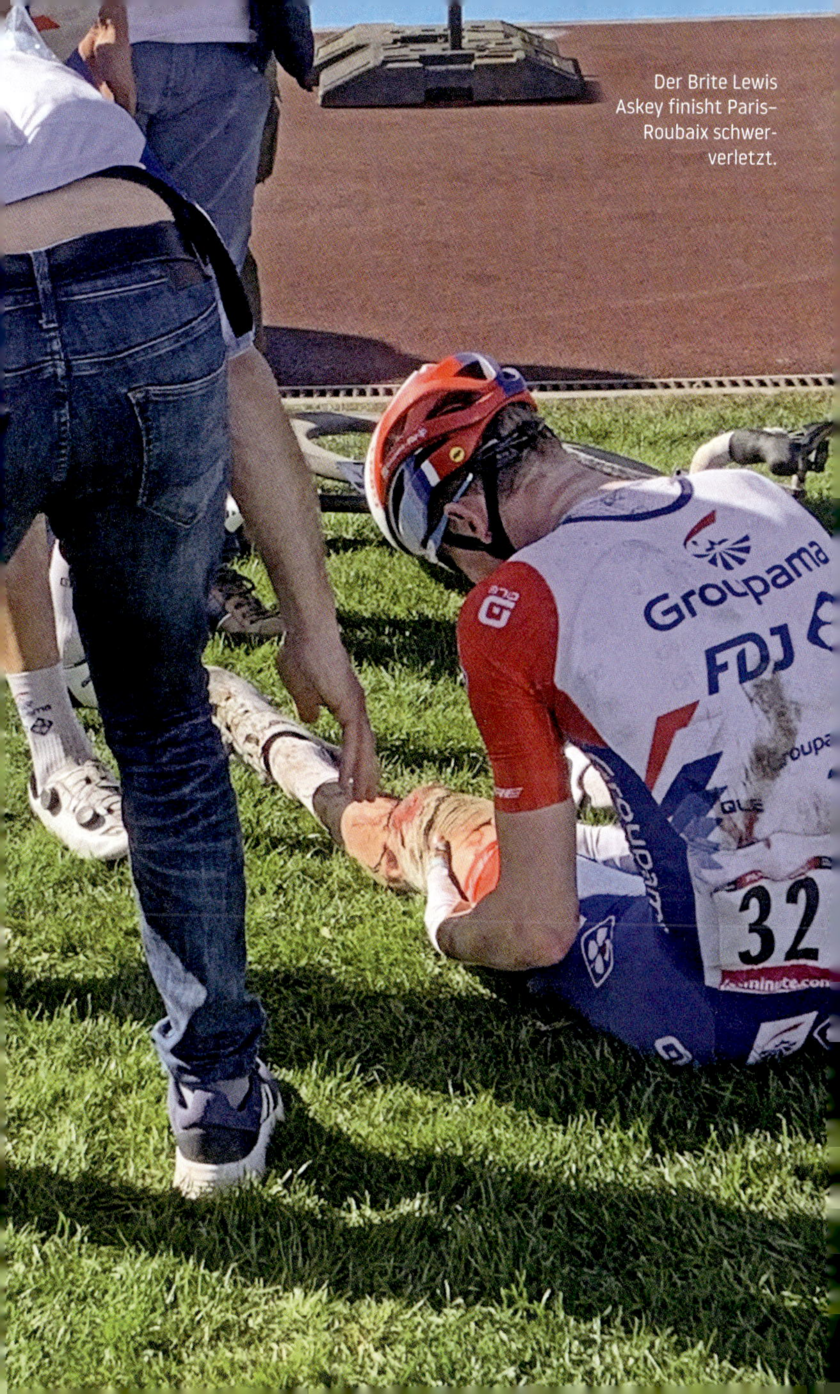

Der Brite Lewis Askey finisht Paris–Roubaix schwerverletzt.

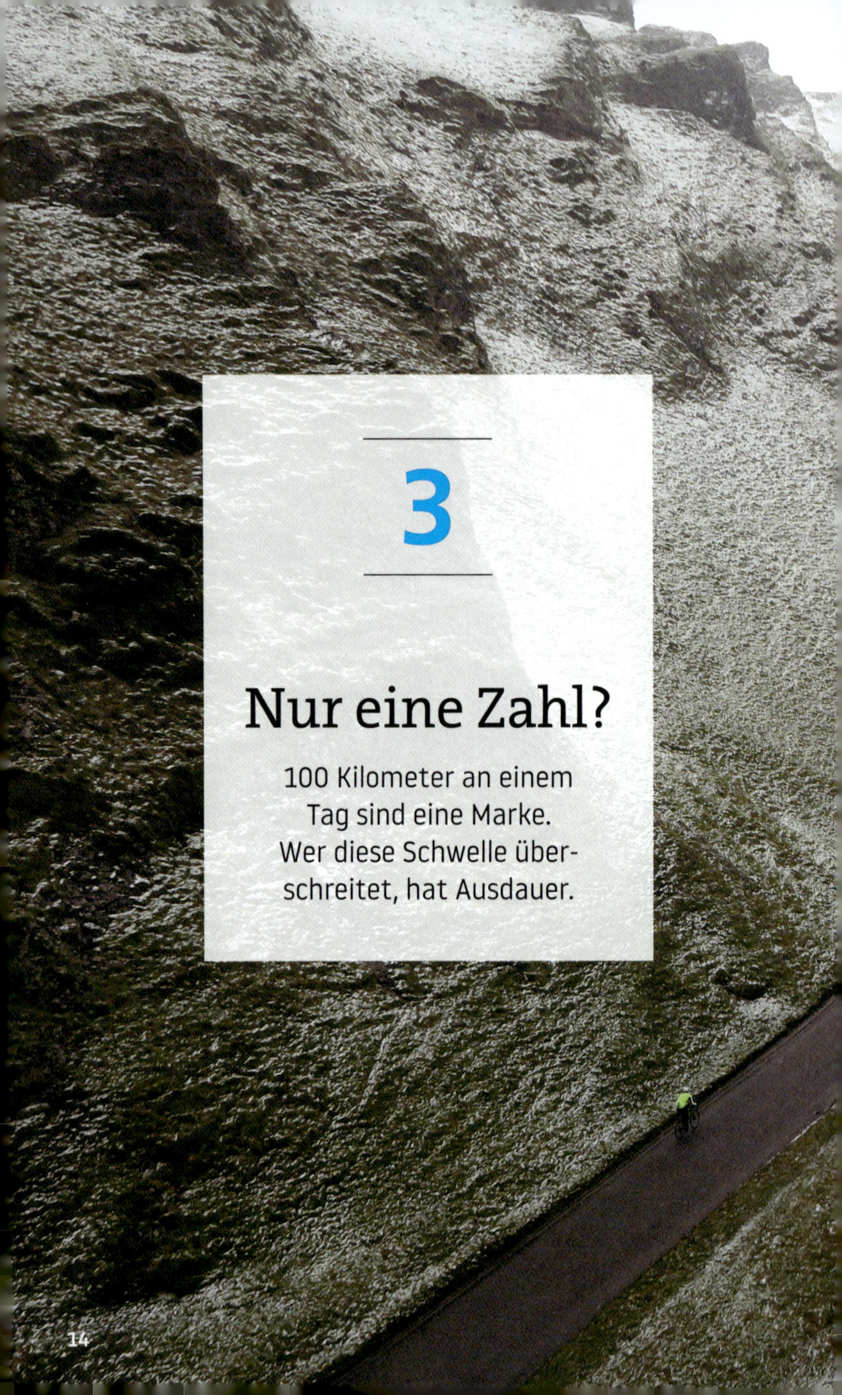

3

Nur eine Zahl?

100 Kilometer an einem Tag sind eine Marke. Wer diese Schwelle überschreitet, hat Ausdauer.

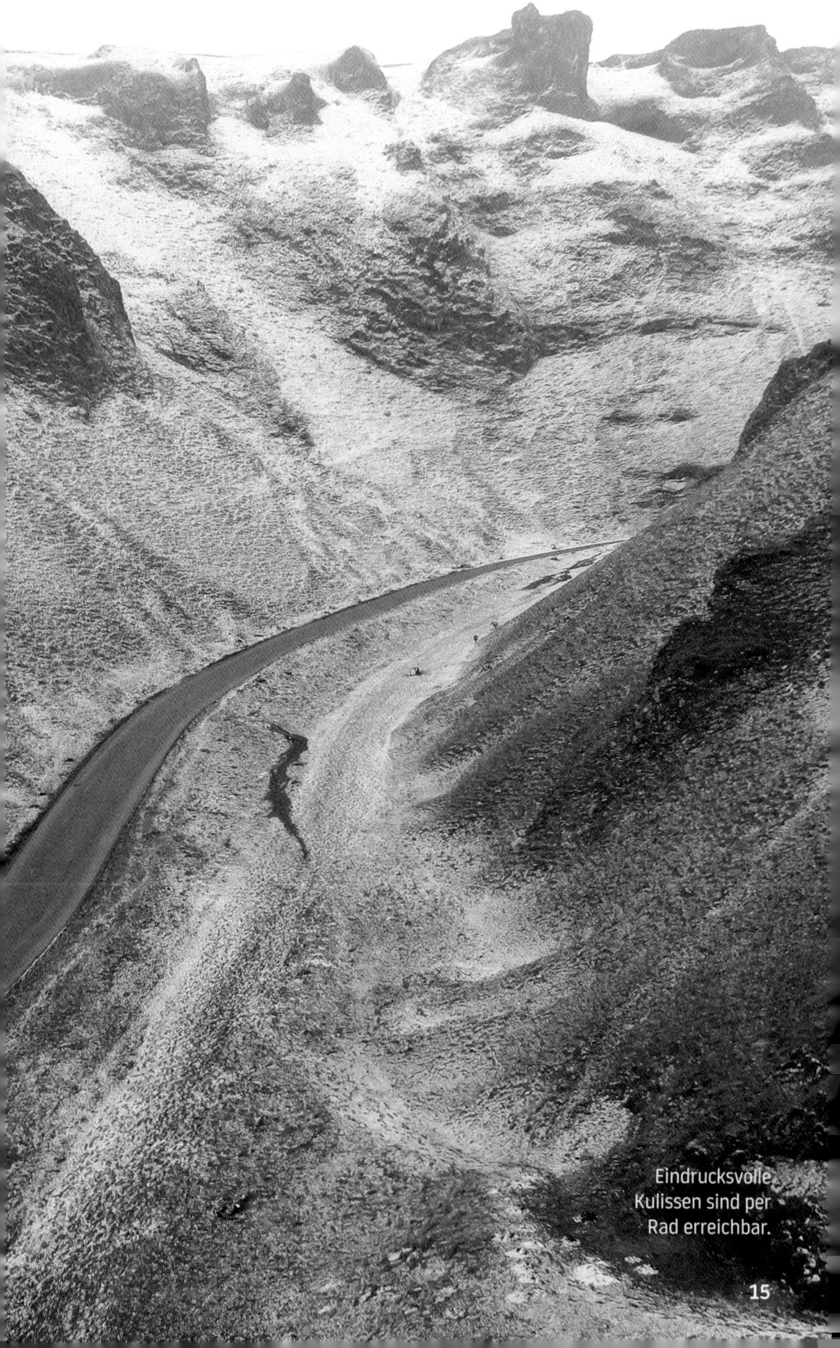

Eindrucksvolle Kulissen sind per Rad erreichbar.

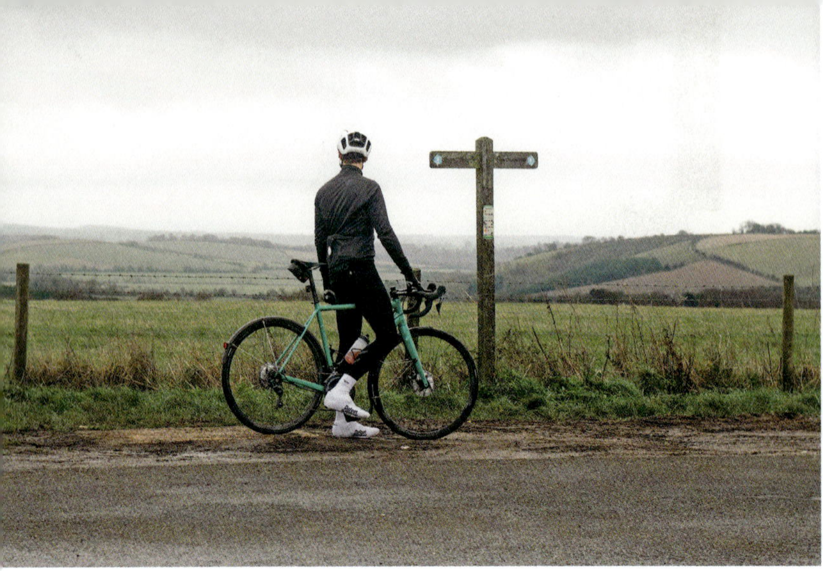

Auf längeren Routen geboten: Panoramapausen.

Bis nach Hause waren es noch 15 Kilometer, etwa 90 schon gefahren. Ich atmete durch und entspannte, als der Mann neben mir sagte: »So, jetzt nur noch locker zurückrollen.« Ich dachte, jetzt wird es ein bisschen langsamer und ruhiger. Ich lag falsch. Das Tempo änderte sich nicht, die Mitfahrenden änderten nichts an ihrer Haltung, und ich musste richtig kämpfen. »Ich dachte, wir rollen locker ins Ziel«, sagte ich zu dem Kollegen. »Tun wir doch«, sagte er.

Viele Radsportlerinnen und Radsportler blicken mit Interesse auf diesen einen Zahlenwert, der in ihrem Leben etwas verändert, obwohl er eigentlich reine Willkür ist. Wer einen Hunderter auf dem Computer gesammelt hat, ist in ein neues Level vorgestoßen. Mitunter wirkt der Sprung von 40 auf 70 Kilometer in unserer subjektiven Betrachtung viel geringer als der von 90 auf 101, wenn wir uns hinterher unsere gesammelten Touren anschauen. Den ersten Hunderter fahren, das ist schon eine Leistung. Sie veranschaulicht, dass wir wirklich bei den Ausdauersportlern angekommen sind.

Ohne Vorbereitung geht's nicht

Um die 100 Kilometer, also irgendwas zwischen dreieinhalb (bei sehr fitten) oder fünf Stunden auf dem Rad in halbwegs akzeptabler Verfassung zu

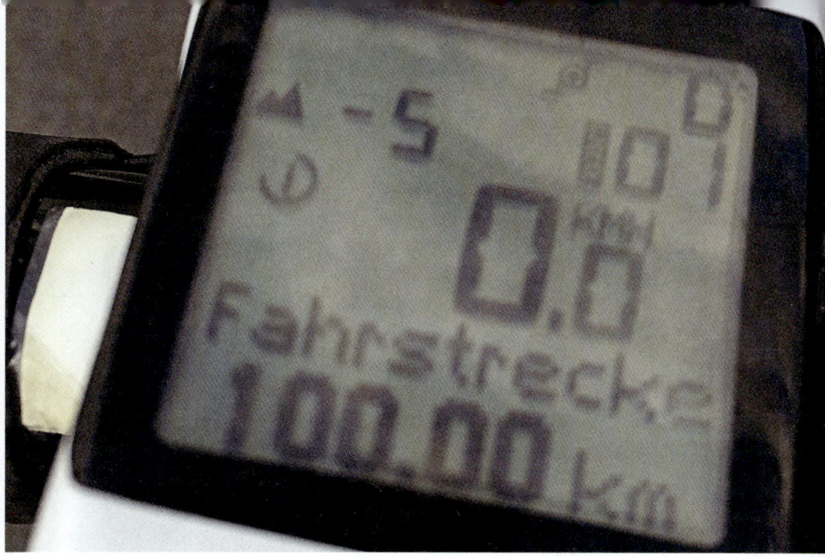

Ziel erreicht: 100 Kilometer sind gefahren.

überstehen, braucht es schon eine gewisse Vorbereitung. Rennradfahrer steigern sich immer, aber sie sollten das nicht zu schnell tun. Am besten konsolidieren sie ihre Kondition, sodass sie einige Male die 70er-Hausrunde ohne große Anstrengung gefahren sind. Danach steht dann die 100 auf dem Programm. Wer's zum ersten Mal macht, kann es kaum glauben: So weit aus eigener Kraft kommen, wie soll das gehen? Auf jeden Fall besser, wenn wir genug Energieriegel, Getränke und Geld für die Tankstelle dabeihaben.

Auch für Routinierte ist die 100 eine Größe, ein Anzeiger für die persönliche Leistungsfähigkeit. Gerade nach längeren Trainingspausen oder nach dem mal wieder viel zu langen Winter ist die erste 100er-Runde immer ein aussagekräftiges Ereignis. Die Zahl zeigt, dass man fit genug ist, um die eigentlichen Ziele anzugehen. Und wenn man dann so richtig gut in Form ist, dann übt man sich vielleicht auch mal in Understatement und belässt es bei 95.

Wobei man natürlich sagen muss, dass der Wechselkurs der 100er-Runde sehr stark variiert. Vom selben Startpunkt aus kann ich eine solche Strecke fast ohne Höhenmeter fahren – oder mit einer Tour in die andere Richtung mit saftigen 1500 Höhenmetern. Aber das sind natürlich Details. Wichtig ist erst mal, dass die Hundert steht.

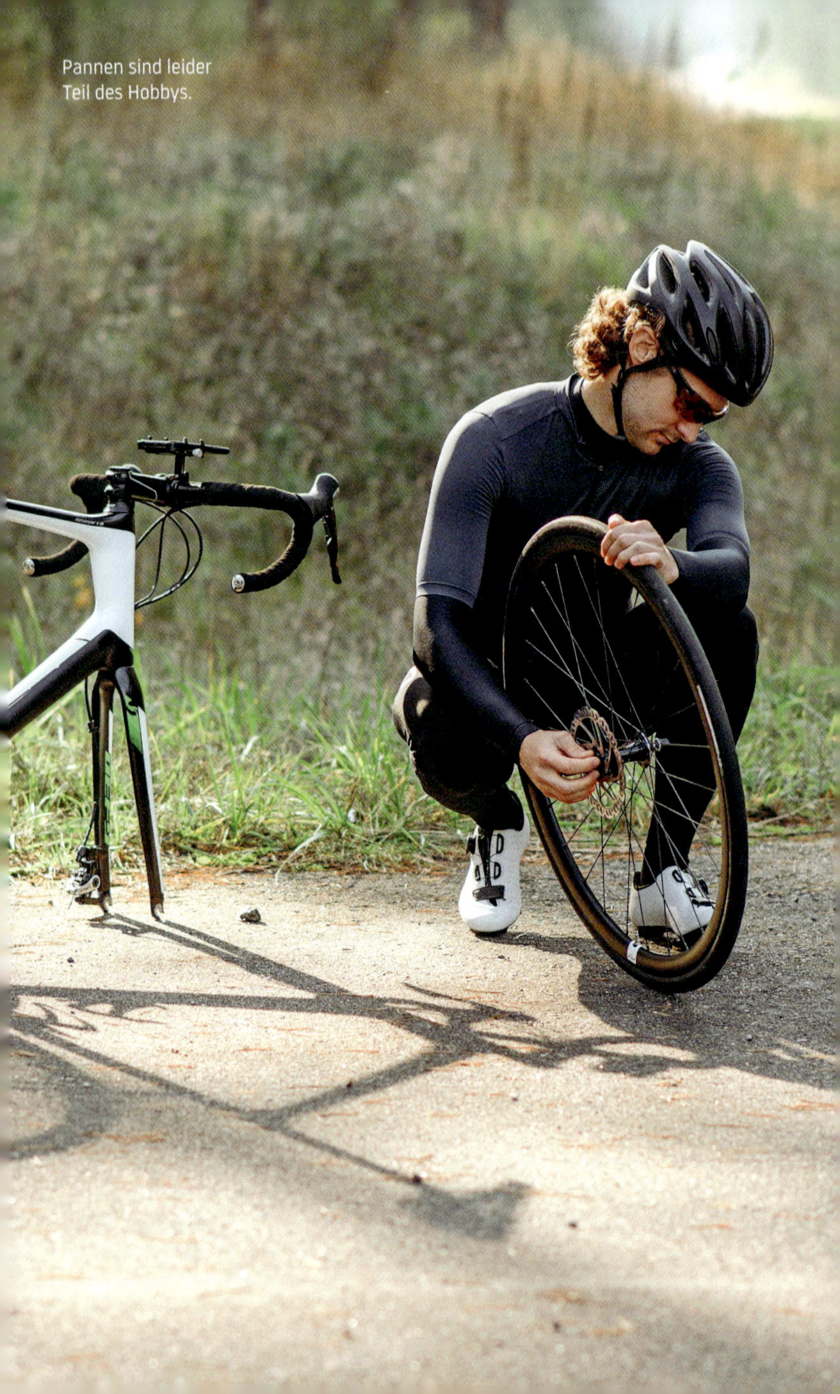

Pannen sind leider
Teil des Hobbys.

4

Mit dem Taxi nach Hause

Eine richtig misslungene Rundfahrt macht uns zu noch erfahreneren Sportlern.

Der Taxifahrer ruft 74,80 Euro auf. Natürlich rundet man auf, und zwar auf 100. Wenn schon, denn schon. Schließlich ist die Stimmung jetzt wieder besser, nachdem man mit dem Chauffeur ins Gespräch gekommen ist, Mitleid erfahren hat und dann gemeinsam zu dem Schluss kam: Passiert, Leben geht weiter.

Wenn alles in die Hose geht

Manche Touren laufen vollständig aus dem Ruder. Gerade bei Anfängern passieren immer wieder Dinge, mit denen sie nicht umzugehen wissen – noch nicht. Irgendwann haben sie dann gelernt, dass in der Trikottasche am besten zwei Ersatzschläuche stecken. Aber auch das ist mitunter zu wenig. An richtig schlechten Tagen geht alles in die Hose, irgendwas klemmt, man beschädigt beim Montieren den letzten Schlauch – und pumpt dann vergebens, bis man weiß: Das wird nichts mehr.

Es ist unangenehm, bei Sonnenuntergang an einer Landstraße zu stehen, an einem Ort, von dem einen garantiert kein Bus oder Zug nach Hause bringt. Sicher ist die letzte Umsteigeverbindung einen langen Fußmarsch entfernt und nicht mehr zu erreichen. Und an den richtigen Pannentagen braucht selbst das Taxi eine Dreiviertelstunde, um uns zu finden.

Passiert, Leben geht weiter. Das Kilometerziel für den Tag ist zwar verfehlt, aber wenigstens gibt es etwas zu erzählen.

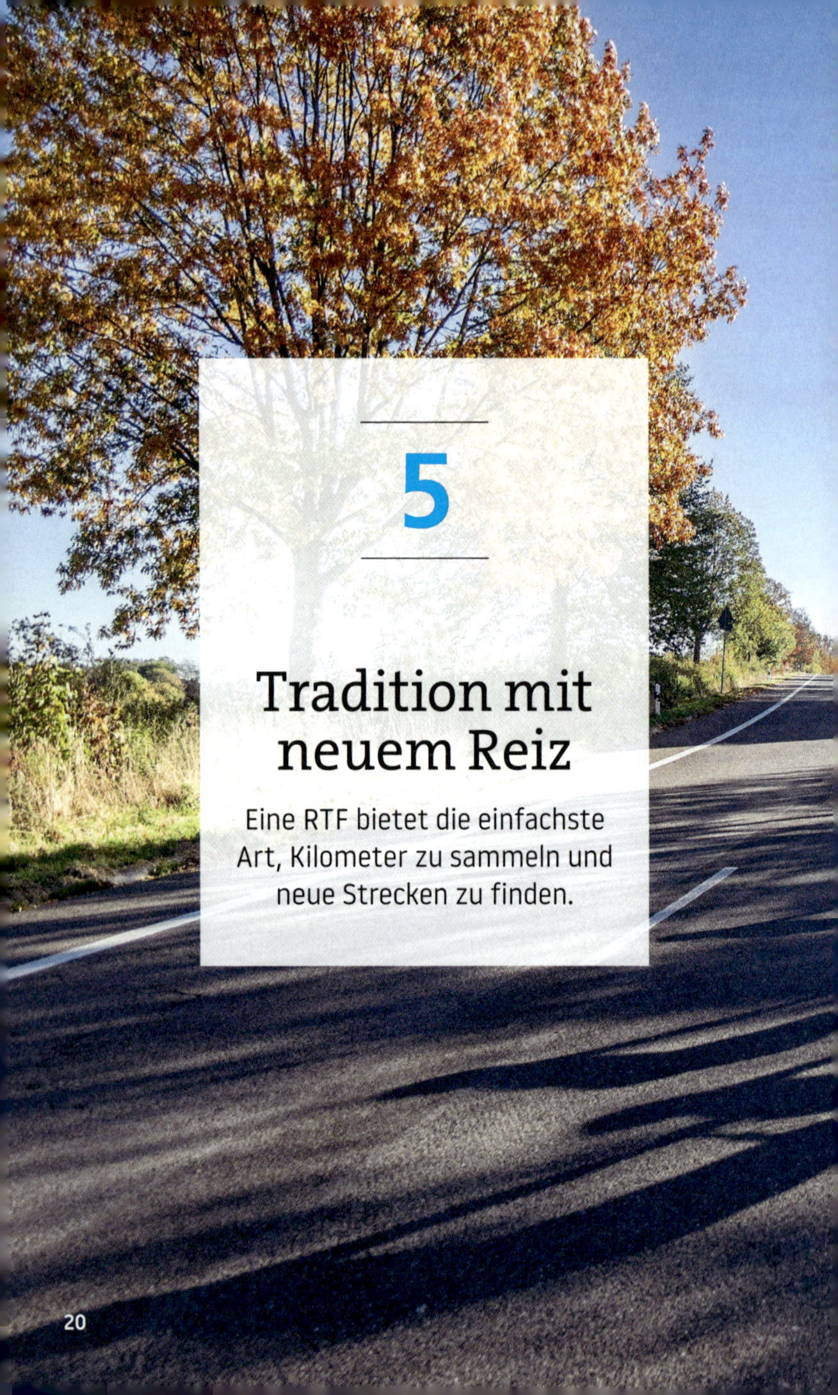

5

Tradition mit neuem Reiz

Eine RTF bietet die einfachste Art, Kilometer zu sammeln und neue Strecken zu finden.

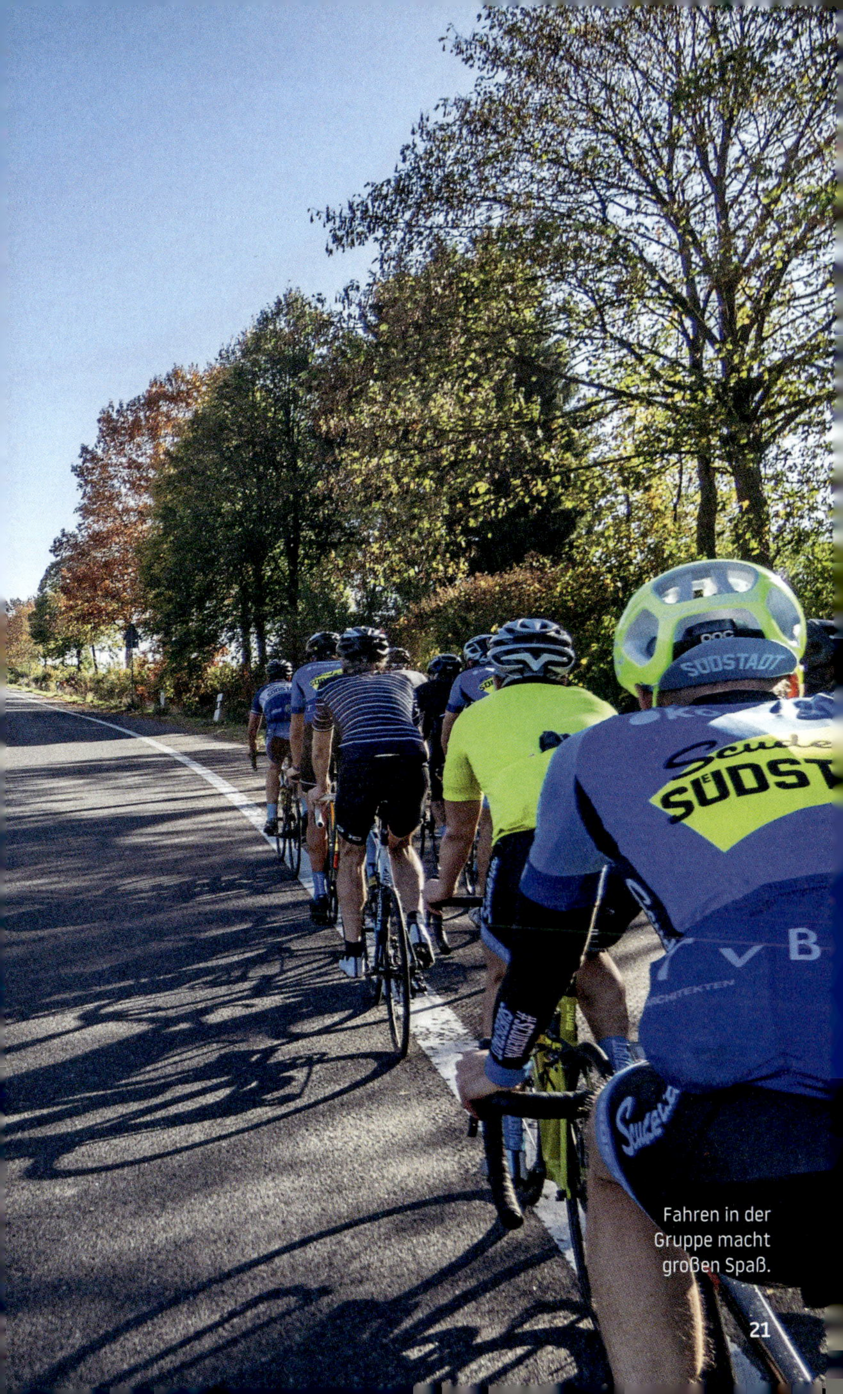

Fahren in der Gruppe macht großen Spaß.

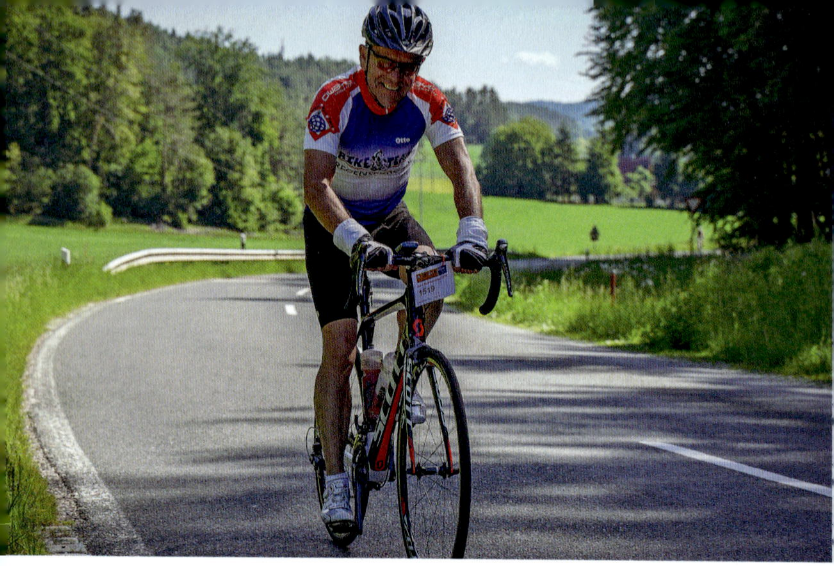

Gute Laune auf guten Routen

Es ist gut möglich, Rennradfahren abseits jeglicher Vereinsstruktur als Hobby auszuüben. Wenn wir so unterwegs sind, übersehen wir allerdings eine wichtige Tatsache: Radsport ist ein traditionsreicher Vereinssport. Im ganzen Land gibt es erstaunlich widerstandsfähige Strukturen, die die organisierte Ausübung von Bewegungssport mit viel Erfahrung und Einsatz ermöglichen. Einer der Höhepunkte in der Arbeit dieser vielen Vereine ist das Austragen der so genannten RTFs, also Radtourenfahrten.

Für Sportler sind RTFs eine sehr bequeme Sache. Sie müssen nur zum Startort fahren, sich inzwischen digital anmelden und folgen auf einer Tour mit sehr vielen anderen Athletinnen und Athleten einer vorgegebenen Strecke. Es variieren Distanzen und Schwierigkeitsgrade, so lässt sich nach aktueller Form wählen. Die Digitalisierung hat Einzug gehalten, die Anmeldung läuft per Smartphone, viele Veranstalter verzichten inzwischen auf das aufwendige Beschildern mit Wegpfeilen am Straßenrand.

Diese traditionsreiche Veranstaltungsform ist nicht nur erschwinglich, für ein paar Euro gibt es alkoholfreies Bier, Waffeln oder selbstgebackene Brötchen noch dazu. Sie ist auch niedrigschwellig: Du musst kein Vereinsmitglied sein, um mitzumachen. Beim Blick in den Verbandskalender eröffnet sich eine große Vielfalt. Samstags und sonntags bieten die Vereine während der Saison, also zwischen März und Oktober, eine riesige Bandbreite an Strecken. Garantiert findest du immer eine Chance, neue Routen abzufahren und hierbei auch den Sog des Windschattens in der Gruppe zu erleben. Plaudern bei Kaffee und Kuchen gehört genauso dazu.

Die RTFs durchlaufen zudem eine länger schon fällige Modernisierung. Fortschrittliche Vereine wie in etwa in Mayen in der Eifel oder Büttgen im Westen der Bundesrepublik machen aus den Ausfahrten gleich ganze Festivitäten, sprechen neue Zielgruppen mit Social Media und veganen Verpflegungsständen an – auch Bühnenprogramme gehören dazu. Veranstalter bieten GPX-Tracks zum Download und rücken teilweise auch vom Titel RTF für ihre durchaus zukunftsfähigen Runden ab, um moderner zu sein. Übrigens: Anders als bei Rennen gilt bei RTFs die Straßenverkehrsordnung für dich. Mag sein, dass wir das ungern hören. Aber der Nutzen dieser Veranstaltungen ist gewaltig, und wer sich inspirieren lassen will, braucht nur ins Verzeichnis zu schauen.

INFOS

Der **BUND DEUTSCHER RADFAHRER (BDR)** bietet einen Veranstaltungskalender mit allen Breitensport-Ereignissen. Hier listet der BDR die RTFs auf. Online lässt sich der Kalender nach einem Radius um das eigene Postleitzahlengebiet oder nach Landesverband filtern. Bei klassischen RTFs gibt es eine Family-Tour (etwa 40 Kilometer), eine Einsteiger-Tour (60 Kilometer), eine Gesundheits-Tour (ca. 100 Kilometer) und auch eine Fitness-Tour (etwa 150 Kilometer). Mit einer Breitensport-Lizenz des Bundes Deutscher Radfahrer erhältst du günstigere Startpreise und sammelst digital die gefahrenen Kilometer.

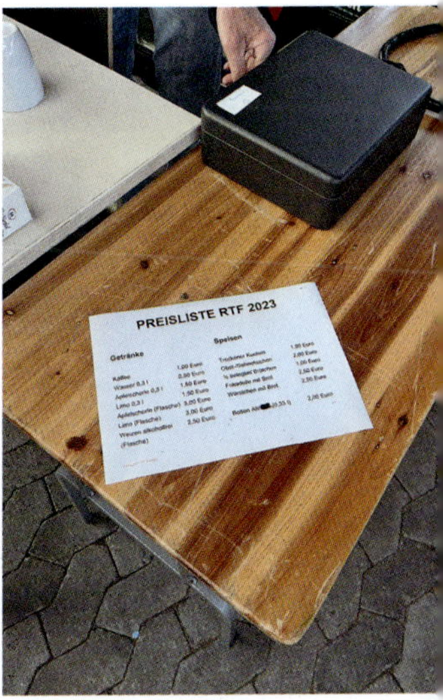

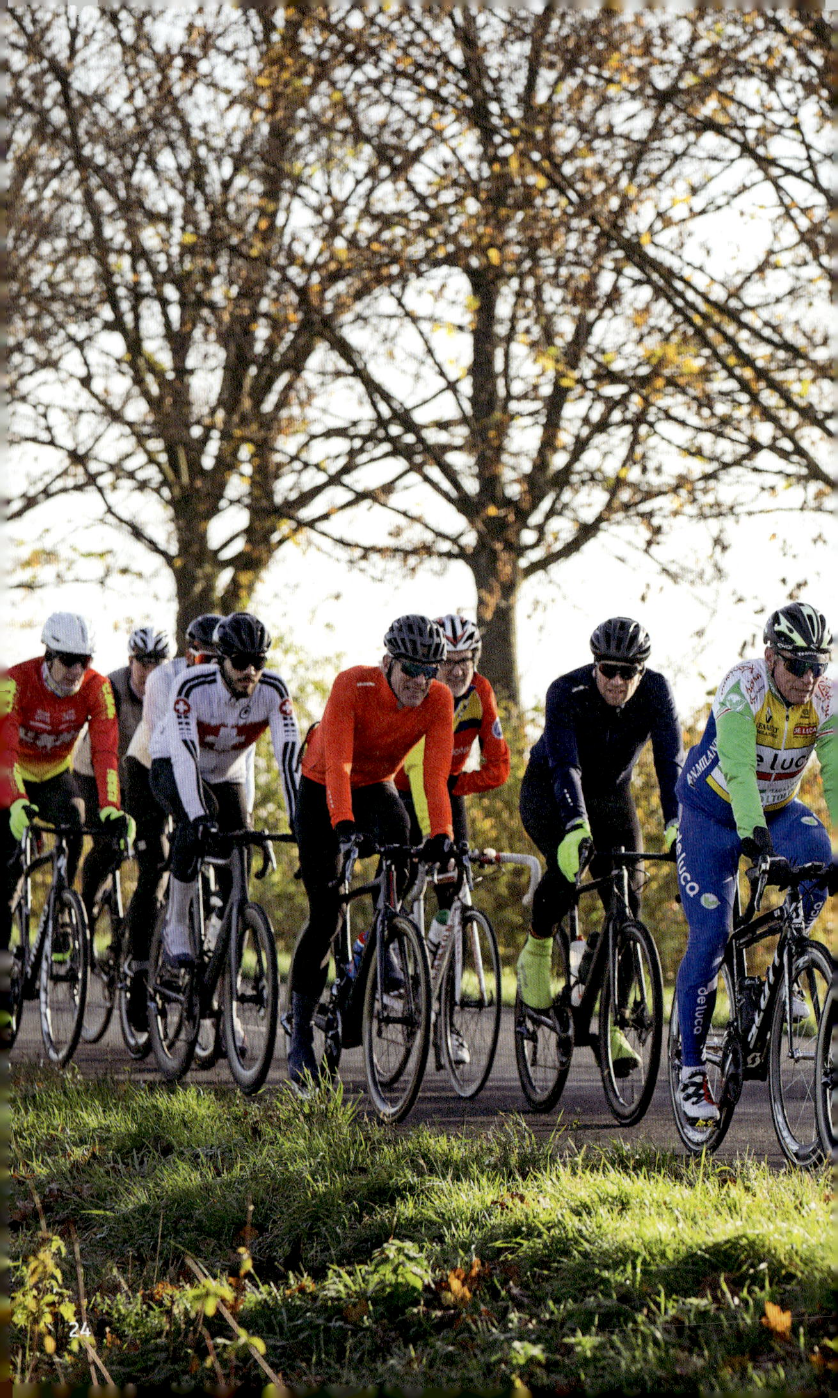

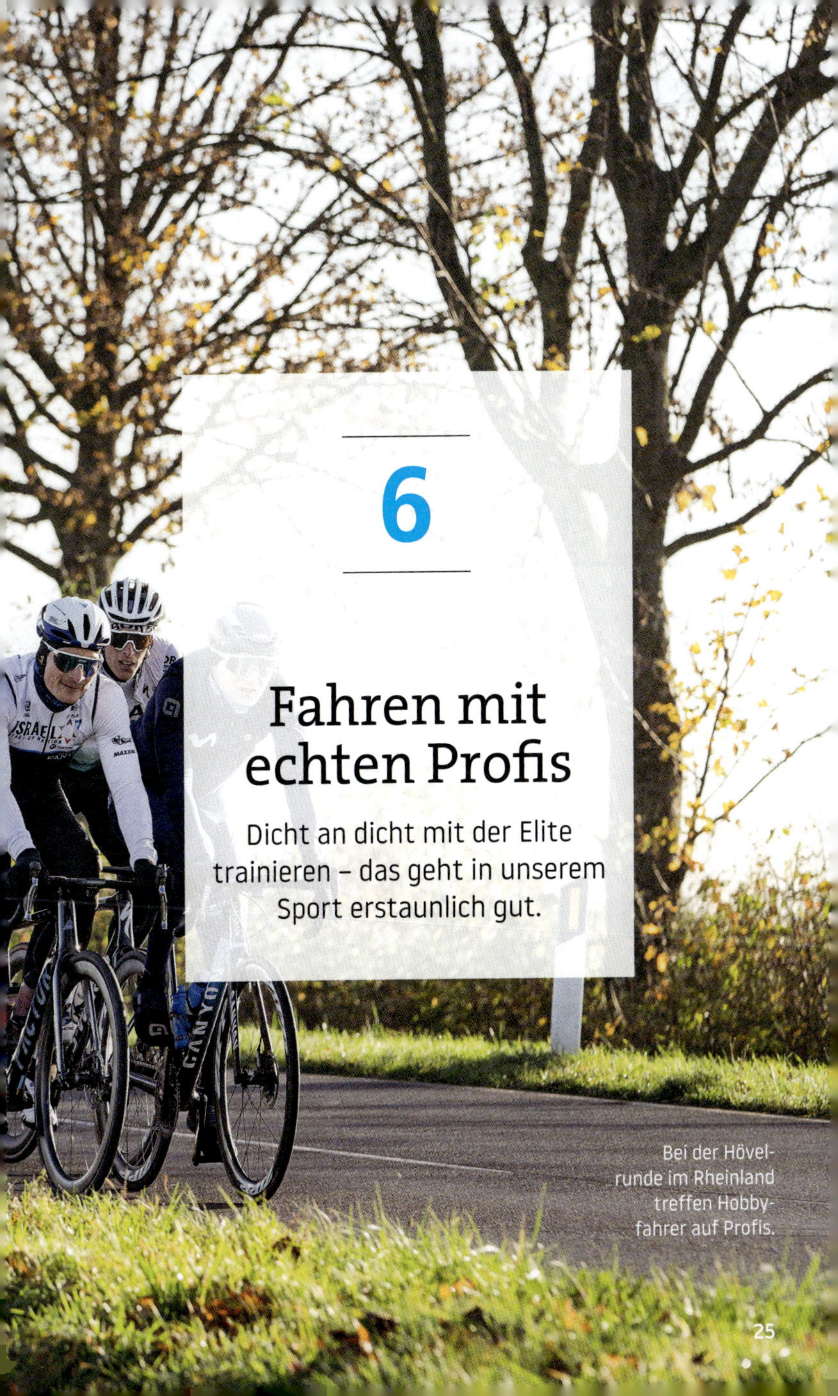

6

Fahren mit echten Profis

Dicht an dicht mit der Elite trainieren – das geht in unserem Sport erstaunlich gut.

Bei der Hövelrunde im Rheinland treffen Hobbyfahrer auf Profis.

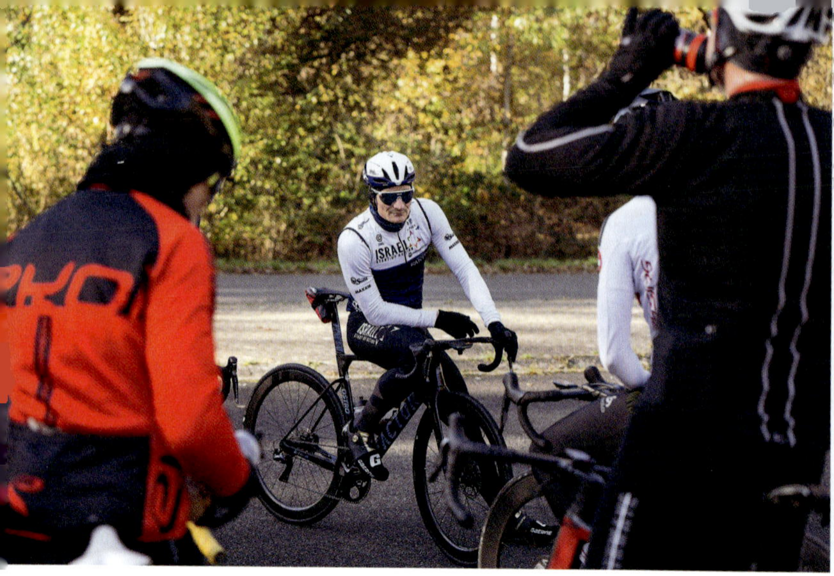

Sprintstar André Greipel macht Pause.

Ist das da nicht ein Profi? Es gibt zwar wahnsinnig viele gut trainierte Athletinnen und Athleten da draußen, aber die wenigsten haben dazu noch die Kombination aus aktueller Profiteam-Kleidung und dem passenden Elite-Fahrmaterial. Wer viel mit dem Rennrad unterwegs ist und dazu noch in der Nähe von Berufsradfahrern wohnt, trifft vermutlich früher oder später auf den bekannten Routen auch mal die Helden der Branche.

In Köln zum Beispiel, wo ich wohne, tummeln sich seit vielen Jahren Profis. Oft fahren sie auch in denselben Gruppen mit wie die ambitionierten Jedermänner, Nachwuchssportlerinnen und auch halbwegs zähe Hobby-Rennradler. In solchen Gruppen lässt sich ein bisschen am Hinterrad der Stars saugen, was je nach deren Trainingsplan sogar erstaunlich kommod verlaufen kann. Ich habe mitunter zufällig Profis getroffen, die mich auf der Landstraße überholten. Da hänge ich mich hinten rein, allerdings frage ich vorher: »Ist es okay, wenn ich ein bisschen mitfahre?« Da die Sportler meistens denselben Hintergrund und dieselbe Leidenschaft für die Tätigkeit haben wie wir Hobbyfahrerinnen und -fahrer, werden sie selten etwas dagegen haben. Ich würde allerdings besonders vorsichtig sein. Wer das Fahren im Windschatten nicht gewohnt ist, sollte nicht unbedingt mit Profis auf Tuchfühlung gehen. Wer will schon für einen Crash verantwortlich sein, der am

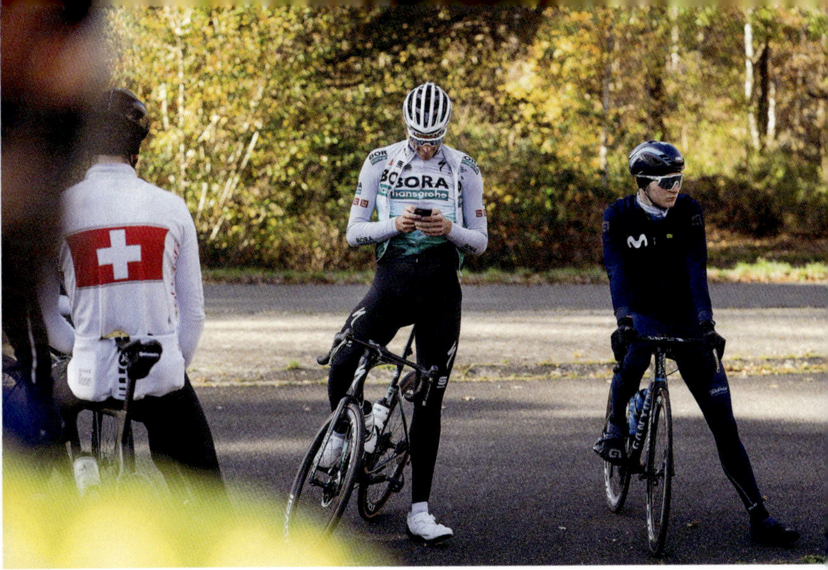

Nils Politt (m.) und Juri Hollmann warten mit der Gruppe.

Ende eine ganze Saison versaut – und damit eben die beruflichen Perspektiven des Promis.

Nichts dem Zufall überlassen

Neben dem zufälligen Zusammentreffen bieten sich noch andere Gelegenheiten, um mal gemeinsam mit Profis auf dem Rad zu sitzen. Beispielsweise findet man vor Teamhotels in deren Trainingslagern immer wieder morgens ganze Gruppen von Hobbysportlern, die mit dem Mannschaftstross mitrollen. Kann sein, dass das eine Weile gut geht – wenn aber der erste Berg auf dem Programm steht, sind die Profis sehr schnell wieder unter sich. Von Berufsradfahrern lernen lässt sich auch bei organisierten Reisen, bei denen ehemalige Profis die Guide-Rolle übernehmen. Das ist ungemein spannend, weil sie aus dem Peloton berichten und auch Fahrtipps geben.

Beinahe zu jeder Stunde lässt sich übrigens eine Fahrt mit Profisportlern im virtuellen Raum machen. Wer etwa bei der E-Radsport-Plattform Zwift schaut, findet dort fast kontinuierlich die Namen bekannter Frauen und Männer, mit denen zusammen alle anderen Teilnehmer durch die Trainingslandschaft pedalieren können. Es ist so auch möglich, sie anzuchatten – dass sie antworten, ist allerdings nicht garantiert.

Sonne und Serpentinen, für Rennradler ein Traum.

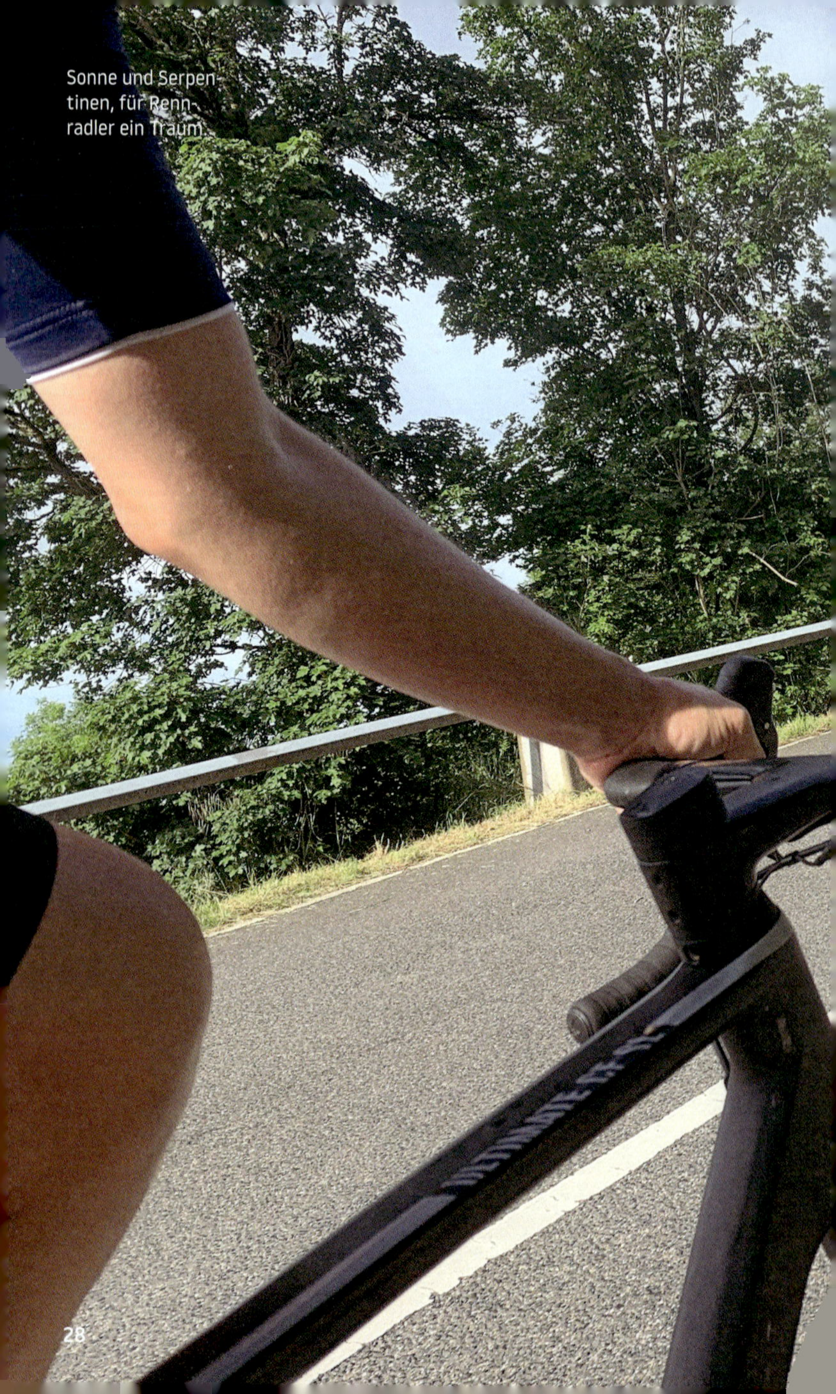

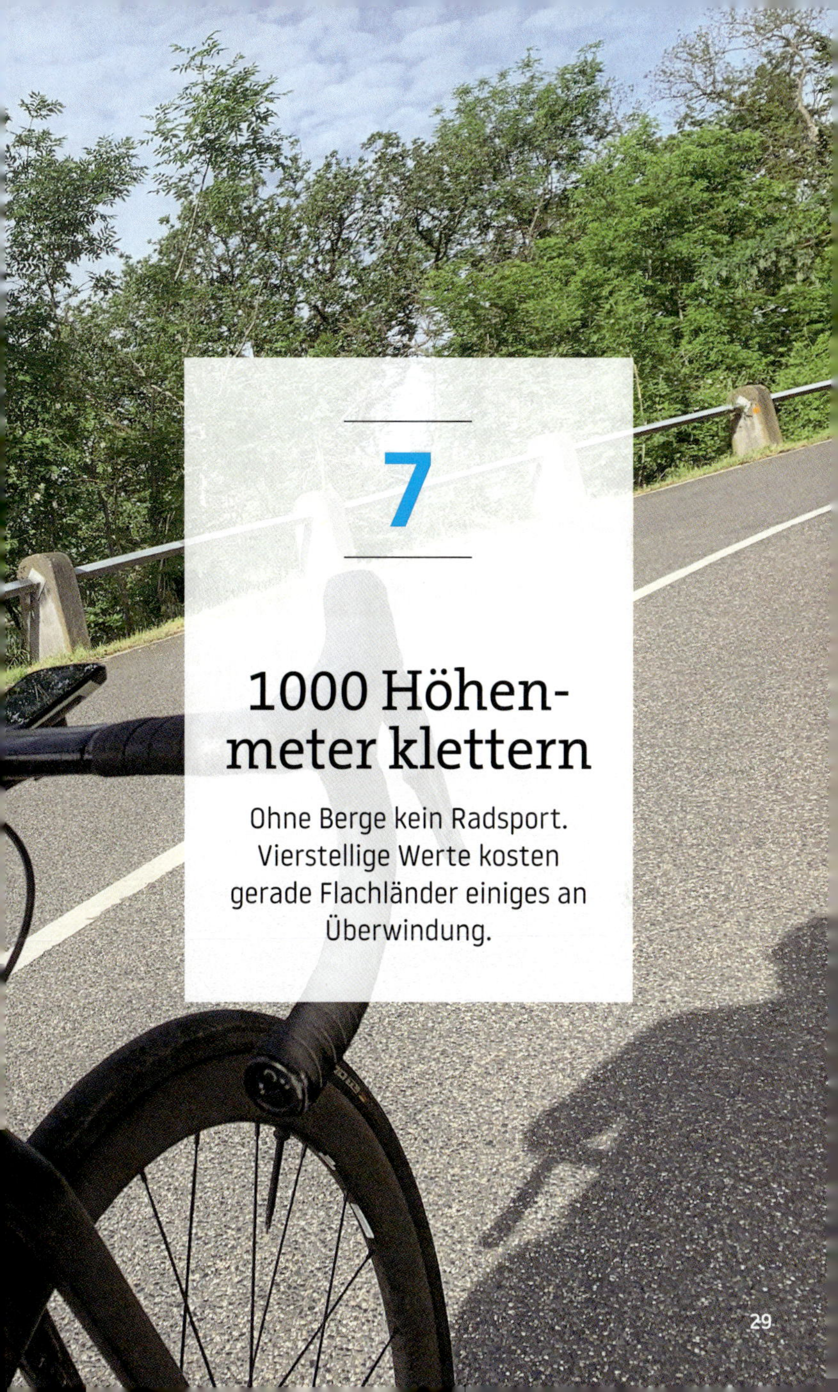

7

1000 Höhenmeter klettern

Ohne Berge kein Radsport. Vierstellige Werte kosten gerade Flachländer einiges an Überwindung.

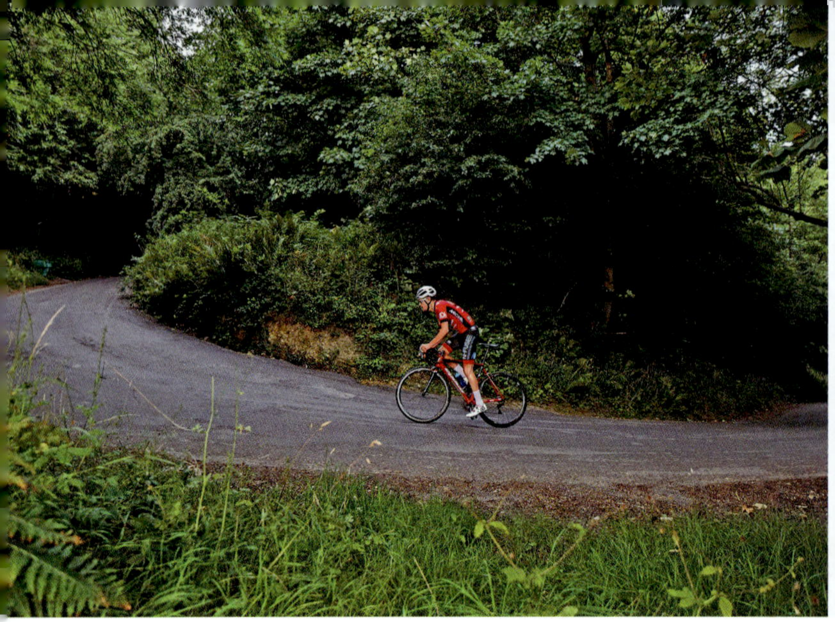

Der Wiegetritt macht locker beim Bergfahren.

Wie bei der Distanz von Radtouren gibt es eine zweite grundsätzliche Schwelle, die allgemeine Anerkennung genießt: die Anzahl der im Sattel zurückgelegten Höhenmeter, gemessen in Tausendern. Gemeint sind allerdings nur die bergauf gefahrenen Meter, um das klarzustellen. Im Flachland herumdaddeln können wir alle, aber sobald es bergauf geht, trennt sich schnell die Spreu vom Weizen.

Wenn du in deinem Training ein bisschen fortgeschritten bist, solltest du dich an deinen ersten Tausender heranwagen. 1000 Höhenmeter in einer Tour, das sind drei bis vier vernünftige Anstiege in einem herkömmlichen deutschen Mittelgebirge. Das ist schon was.

Ich erinnere mich noch gut an meinen ersten gemessenen Tausender. Damals war ich in Südfrankreich unterwegs, in der Nähe von Nizza. Im Hinterland dort gibt es einiges an Anstiegen und Schluchten, da konnte ich kaum anders als die Zähne zusammenzubeißen. Ich weiß noch, wie ich vorher die bange Frage nach den Höhenmetern gestellt hatte – und einen vierstelligen Wert als Antwort bekam. Das werde ich nicht schaffen, dachte ich. Gefahren bin ich trotzdem.

Der erste Schritt zur Bergetappe

Natürlich ist eine Tour mit 1000 Höhenmetern noch keine richtige Bergetappe. Man sollte sich merken, dass selbst ein vermeintlich brettflaches Rennen wie Paris–Roubaix noch deutlich mehr Meter Anstieg fordert. Aber wer diesen Wert überschreitet, ist schon ziemlich zäh. Ich persönlich versuche im Sommer so oft wie möglich, über diese Schwelle zu fahren. Dank Eifel, Siebengebirge und Westerwald schaffe ich das auch von Köln aus, wenn ich meine 100-Kilometer-Runden nur um wenige Anstiege erweitere. Für mich ist es immer ein gutes Gefühl zu wissen, dass ich die 1000 Höhenmeter nicht nur irgendwie schaffe – sondern dass meine Durchschnittsgeschwindigkeit auf derselben Strecke im Laufe des Jahres besser wird.

Man kann natürlich sagen: Das ist doch nur eine Zahl ohne Aussagekraft, was soll das alles? Aber genau diese Zahlen sind es, denen wir nachjagen. Wie vor einigen Jahren, als ich einen Freund zu seinem ersten Tausender begleitete. Der erste Anstieg ging noch gut, der zweite tat ihm schon sehr weh – aber die nötigen Höhenmeter zum Petersberg wollte er auf jeden Fall noch mitnehmen. Dort hinauf war es ein Kampf, es blieb kein Gedanke mehr für die Schönheit dieses Anstiegs, der wirklich sehenswert ist. Aber als wir es zusammen geschafft hatten, als auch er die 1000 Höhenmeter abgehakt hatte, da fuhren wir mit bester Laune der Abenddämmerung entgegen.

INFOS

HÖHENMETER sind die mit dem Fahrrad bergauf gefahrenen Meter. Sie summieren sich am Ende einer Tour: Kleine Wellen, Brücken und die großen Anstiege werden zusammengezählt. Um Höhenmeter zu erfassen, gibt es zwei Methoden: basierend auf dem von Satelliten übermittelten GPS-Daten lassen sich die Meter mittels Software abgleichen – oder wir setzen auf die bewährte und noch genauere Technik der Luftdruckmessung. Hierbei interpretiert der Radcomputer den gemessenen Luftdruck und erfasst Anstiege so metergenau.

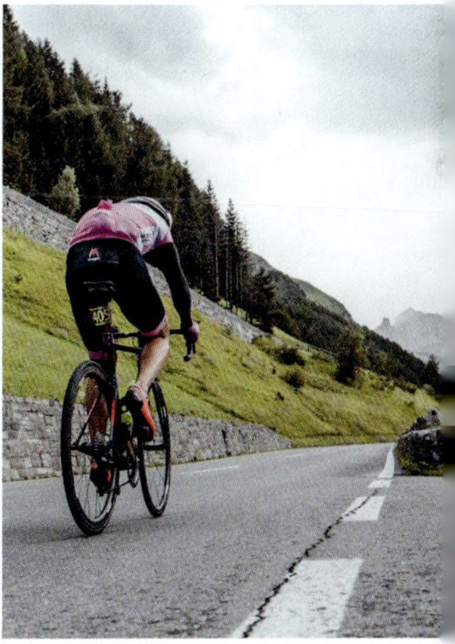

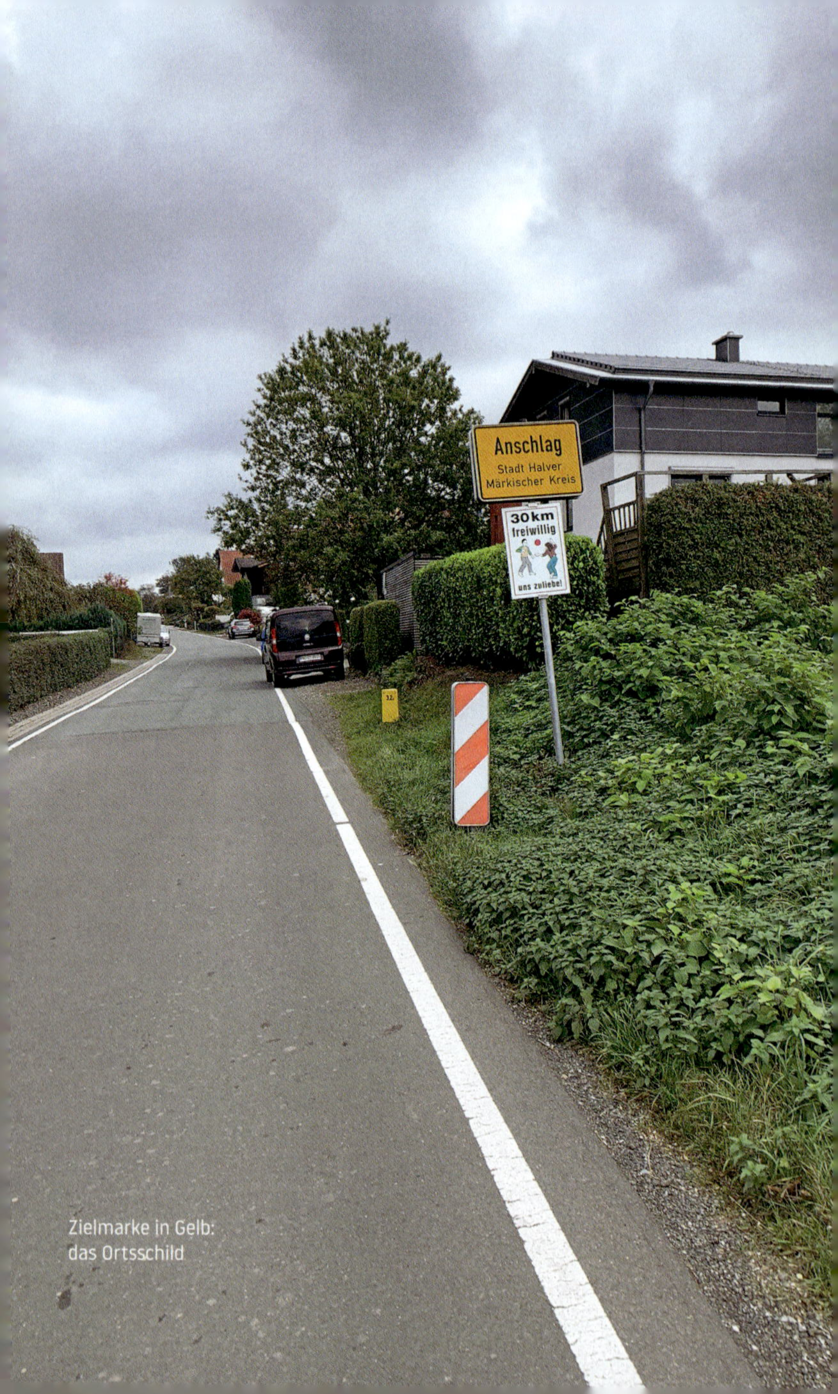

Zielmarke in Gelb:
das Ortsschild

8

Den Ortsschild-Sprint gewinnen

Jeder Sieg ist ein großer Sieg – auch bei den ganz spontanen Duellen musst du alles geben.

Gerade unterhält man sich noch entspannt auf irgendeiner Bundesstraße, dann sagt plötzlich einer: »Sprint am Ortsschild!« Damit ist klar, was in den nächsten Sekunden passieren wird. Die Konzentration der Fahrenden richtet sich schlagartig auf die Variablen, die einen persönlichen Erfolg ermöglichen. Da ist blitzschnell der Blick in den eigenen Körper, die Einschätzung, ob Beine und Geist heute spritzig genug sind. Als Nächstes prüfst du, wo die Kette liegt. Ist der Gang groß genug, um auf Geschwindigkeit zu kommen – aber auch klein genug, um überhaupt dynamisch in den nächsten zu kommen?

Nur einer kann gewinnen

Es ist ein bisschen gemein, den Sprint an Orten zu fahren, die einer der Blitz-Konkurrenten schon kennt, der andere aber nicht. Denn manche Aspekte wie Wellen in der Straße sind nicht unbedingt auf den ersten Blick erkennbar. Unerfahrene Sprinter werden relativ schnell ausreißen, ein Loch zu den hinteren Widersachern aufreißen – nur um dann kurz vor der Wertung »in den roten Bereich« zu fahren und locker geschlagen zu werden. Aber auch mit viel Erfahrung bist du manchmal einfach nicht fix genug. Einer muss schließlich gewinnen: Nächstes Mal bist du es!

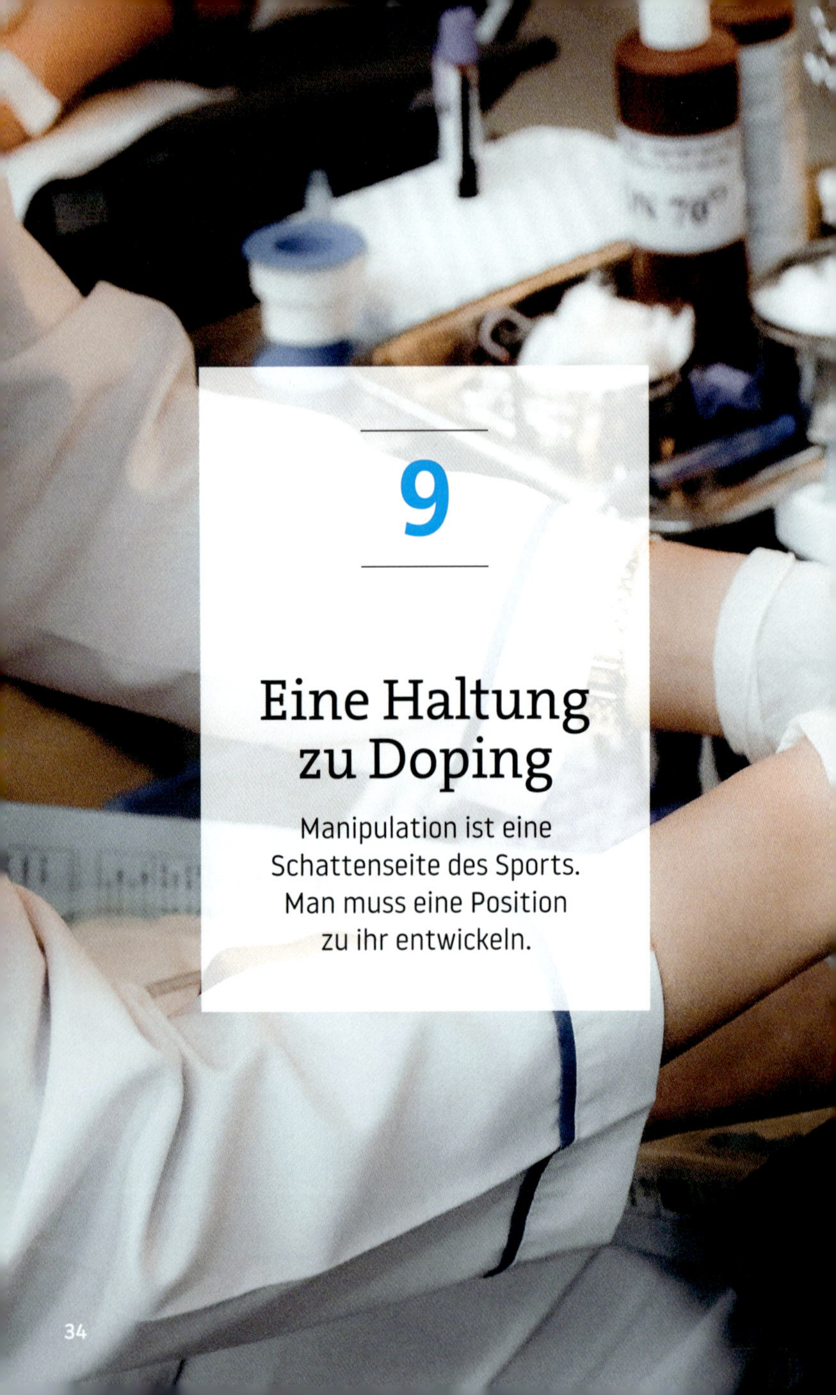

9

Eine Haltung zu Doping

Manipulation ist eine Schattenseite des Sports. Man muss eine Position zu ihr entwickeln.

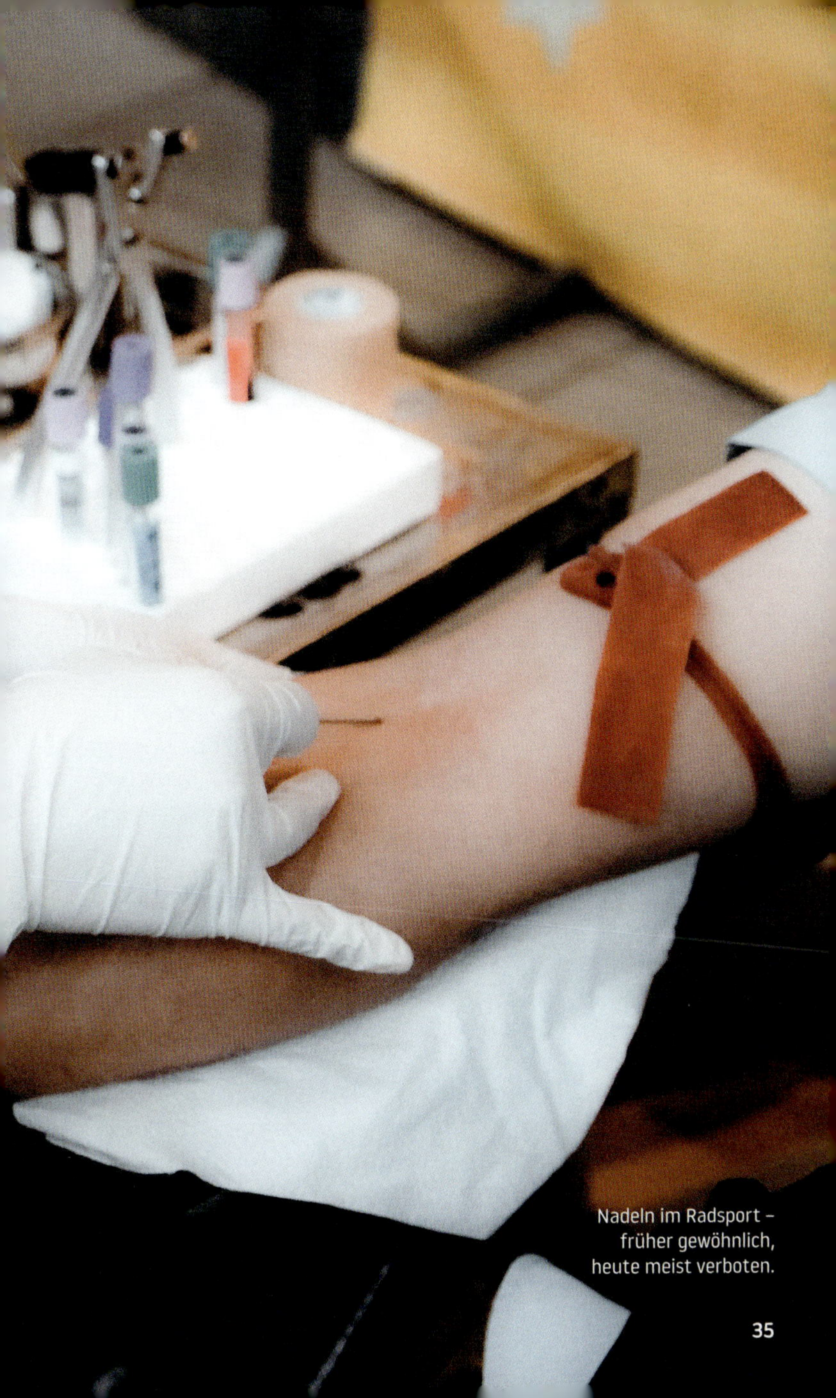

Nadeln im Radsport –
früher gewöhnlich,
heute meist verboten.

Es ist schon ein paar Jahre her, aber viele erfahrene Sportlerinnen und Sportler werden sich an ähnliche Erlebnisse erinnern: Aus einem Auto, das mich auf einer Hauptstraße in Bonn passierte, brüllte mich ein Fahrer an. »Du Gedopter!«, schallte es zu mir rüber. Der Mann war zornig, einen Radfahrer auf der Straße hatte er dem Anschein nach nicht gerne. Aber er brachte auch zum Ausdruck, was der Sport damals, nach den öffentlich ausgeschlachteten Dopingskandalen von 2006 und danach, für viele Menschen war – nämlich ein großer Sündenpfuhl. Ich, ein gnadenlos untalentierter Hobbyfahrer irgendwo im Rheinischen, war an einem Sonntagnachmittag komischerweise ein Symbol für dieses Problem. Die Profis bekamen damals noch viel mehr ab, wenn sie beim Training oder im Rennen unterwegs waren.

Noch immer ist Doping ein Aspekt, der untrennbar zum Radsport gehört. Noch immer hegen nicht wenige Experten Zweifel, wenn sie die Leistungen der Profi-Pelotons in Rennen analysieren. Zu viel ist in der Vergangenheit passiert, zu oft war zu hören, dass man jetzt wiederum endlich die Lehre aus der Vor-Vergangenheit gezogen habe. Nur, um dann mit neuen, bislang nicht nachweisbaren Methoden wieder die Leistung zu manipulieren.

Wer den Radsport liebt oder sich zumindest mit ihm abgibt, muss eine Haltung zu Doping entwickeln. Damit ist nicht gesagt, welche Haltung das sein soll. Es gibt da alle möglichen. Es geht eben auch darum, sich im Klaren zu sein, was die Stars verkörpern sollen – und auch, was wir von Wettbewerbern in einem Jedermannrennen erwarten. Denn es ist auch ein Teil der Wahrheit, dass gerade unter Hobbysportlern viele nicht gerade zimperlich mit Medikamenten umgehen.

Sport und Medikamente passen nicht zusammen

Ich erinnere mich an einen Bekannten, der eine Mehretappenfahrt durch Italien plante. Er fragte mich, ob ich an seiner Stelle zum Arzt gehen würde. Er brauche etwas, um mit den anderen mitzuhalten. Ohne Medikamente, so seine Ansicht, würde er diese Tour nicht bestehen. Diese Erinnerung hat sich mir eingebrannt. Sport und Medikamente passen in meinem persönlichen Leben nicht zusammen, außer man hat beispielsweise ganz akute Gelenkschmerzen und muss dagegen eine Schmerztablette nehmen.

Eine Haltung zum Doping, wie auch immer sie ausfällt, ist wichtig für jeden, der diesen Sport betreibt, mag oder sogar liebt. Man muss sich den Schattenseiten stellen. Auch das gehört dazu.

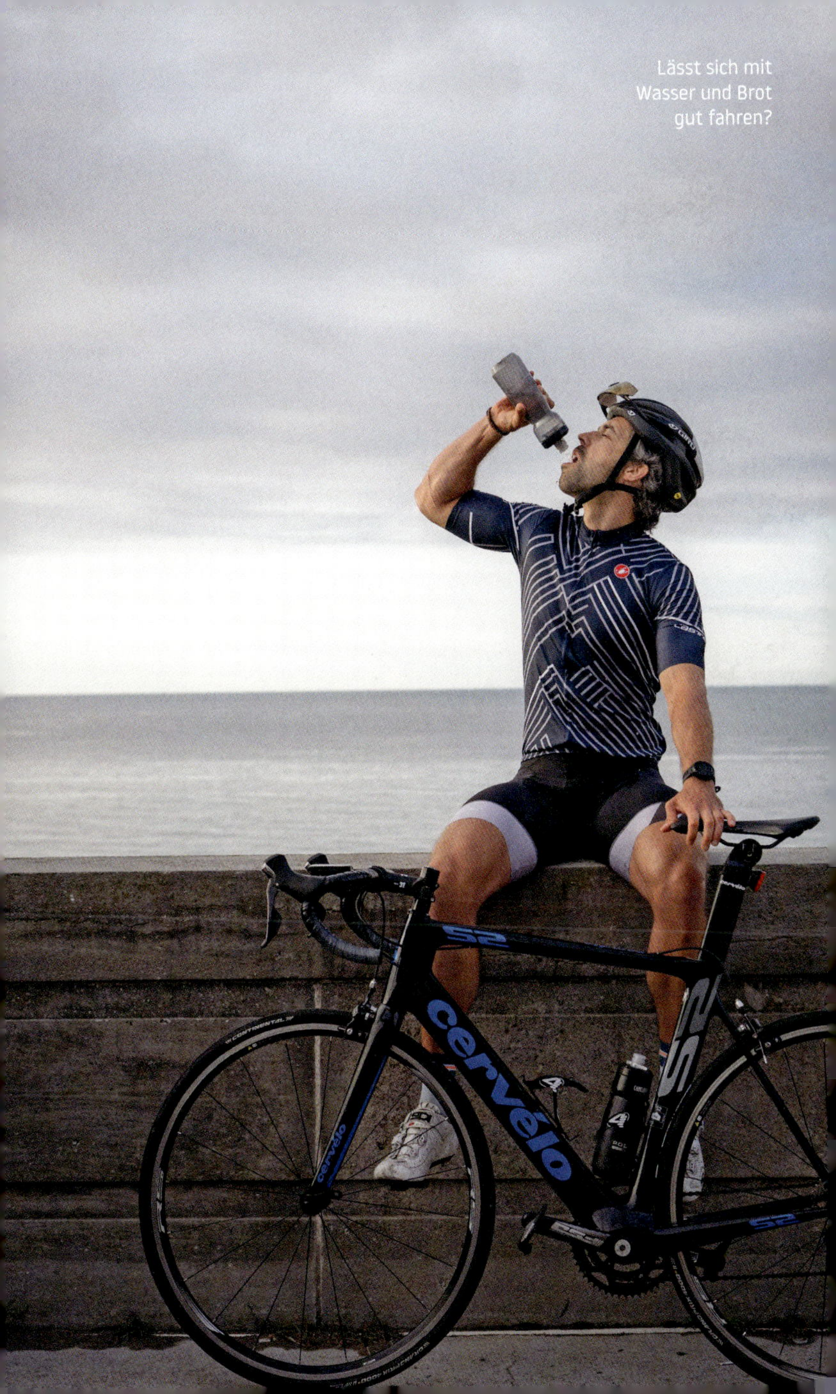

Lässt sich mit Wasser und Brot gut fahren?

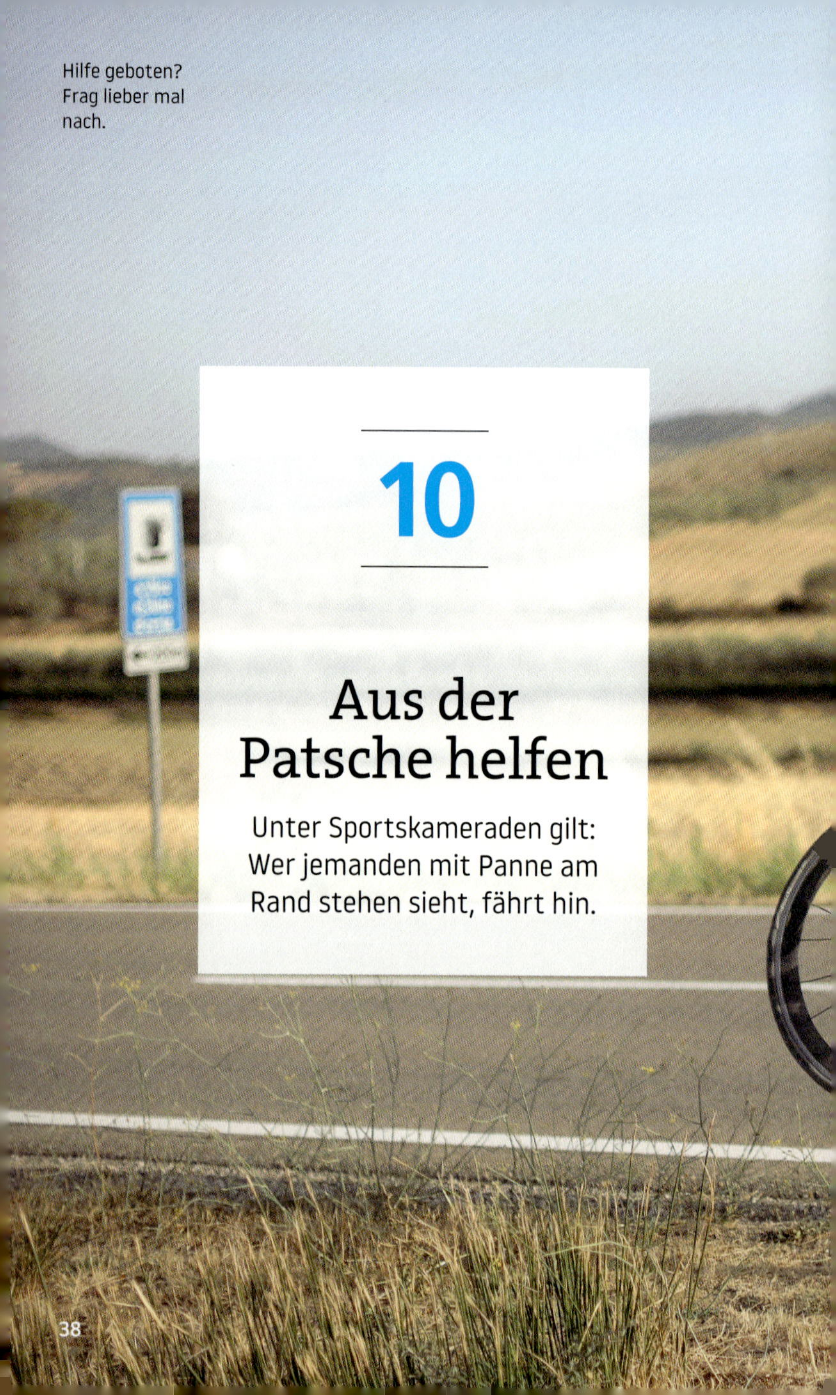

Hilfe geboten? Frag lieber mal nach.

10

Aus der Patsche helfen

Unter Sportskameraden gilt: Wer jemanden mit Panne am Rand stehen sieht, fährt hin.

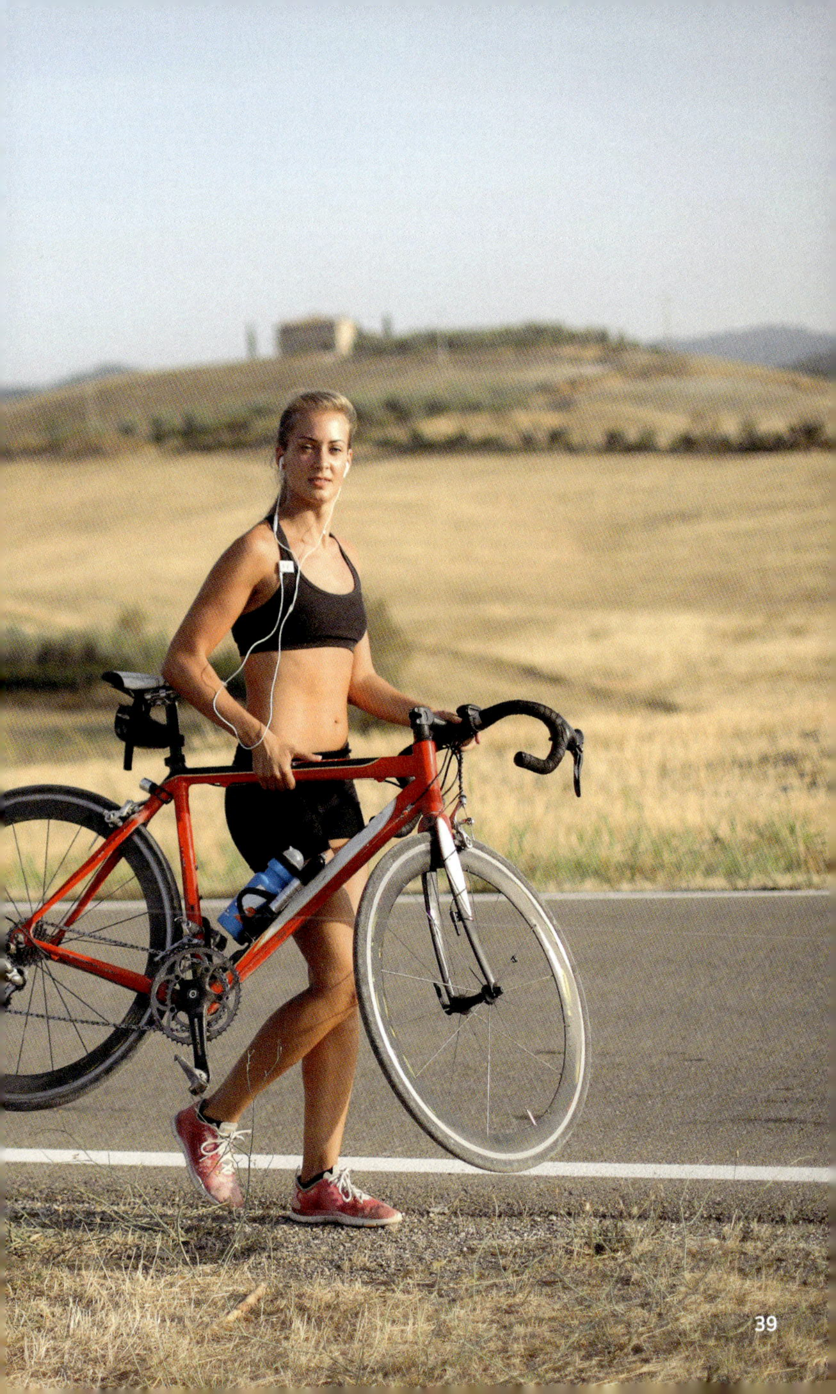

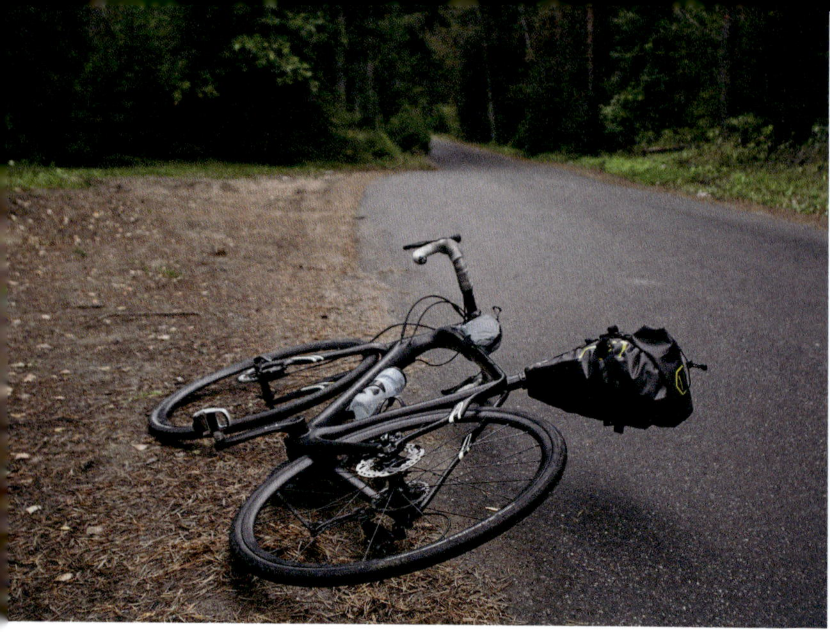

Vorsicht mit dem Lack beim Ablegen!

Es hat mich selbst verblüfft, als ich das erste Mal völlig überfordert mit einem platten Reifen auf einer Landstraße im Bergischen Land zum Stillstand kam. Ich war ratlos. Wenige Minuten später rollte ein Pärchen auf Rennrädern heran, die beiden hielten an, der Mann fragte: »Brauchst du was?« Damals war ich ehrlich gesagt noch perplex, ich hatte nicht einmal einen Ersatzschlauch dabei. Die Lage war mir einfach nur unangenehm, und als jemand, der ohnehin ungern nach Hilfe fragt, sagte ich: »Passt schon, kriege ich hin.« »Wirklich?« »Ja, ja, passt schon.«

Die spontane Hilfsbereitschaft der beiden war für mich eine ganz neue Erfahrung in unserer Gesellschaft. Ohne in Misanthropie abgleiten zu wollen, finde ich das allgemeine Geschehen im Straßenverkehr in puncto Rücksichtnahme meist fragwürdig. Hier aber deutete sich etwas an, das ich erst später in seiner ganzen Dimension begriff: Radfahrer, insbesondere Rennradfahrer, teilen ein Hobby, sie haben deswegen ein unsichtbares Band der Solidarität und helfen einander, wenn etwas nicht stimmt.

Wenn du also unterwegs bist und es steht jemand am Rand, dann fragst du, ob du helfen kannst. Steht die Person mit einer anderen zusammen und frickelt schon am Rad herum, stehen die Chancen gut, dass sie versorgt ist. Biete dennoch Unterstützung an. Und steht da eine ganze Gruppe, palavernd und mit den Händen in den Hüften, während einer vor sich hin pumpt: Auch hier bietest du dich am besten an. Das ist nett und aufmerksam. Und es ist auch wichtiger als der Stundenkilometerschnitt, den du dir für diese Tour vorgenommen hast.

Solidarität in der Gruppe

Wenn du in einer Gruppe unterwegs bist, halten selbstverständlich alle an, wenn einer Materialprobleme hat. Die anderen versuchen, sofern sie befähigt sind, das Problem mit dem Betroffenen zu lösen. Erst wenn derjenige nach wiederholten Versuchen sagt, dass es jetzt reicht, ist die Gruppe von der Solidarität entbunden. Aber frage lieber noch mal genau nach, denn es gibt eben Menschen wie mich, die sich sehr schwertun mit Beistand. Sie wollen anderen nicht zur Last fallen. Dabei ist es doch das Schönste, wenn die Gruppe den Platten gemeinsam repariert und dann noch eine gute Runde zu Ende bringt.

Und schließlich gibt es noch einen wichtigen ethischen Konflikt: Stell dir vor, du fährst eine längere Runde und hast nur einen Schlauch dabei, triffst aber jemanden, der einen neuen braucht. Wie würdest du handeln?

INFOS

Diese Utensilien solltest du immer dabeihaben:

ERSATZSCHLAUCH: Mindestens ein Schlauch, besser zwei, gehören in die Trikottasche oder unter den Sattel. Dazu Reifenheber, weil viele Mäntel sehr eng sitzen.

PUMPE ODER KARTUSCHE: Nimm genug Druck für das Auffüllen von Reifen mit. Die Pumpe sollte leistungsstark sein.

MULTITOOL: Wenn irgendetwas rappelt, wenn du etwas justieren oder befestigen musst, ist dieses Tool wertvoll.

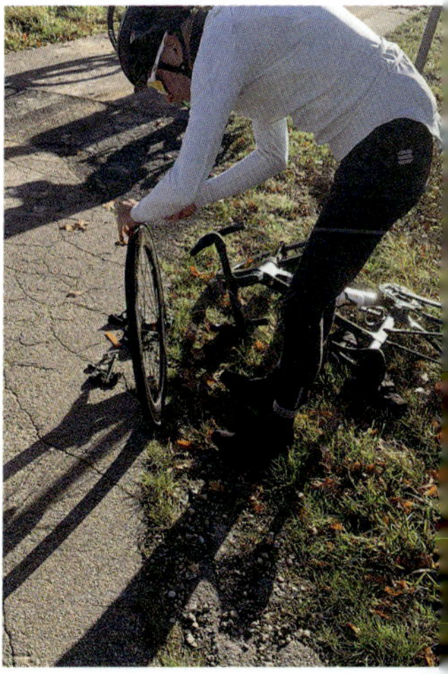

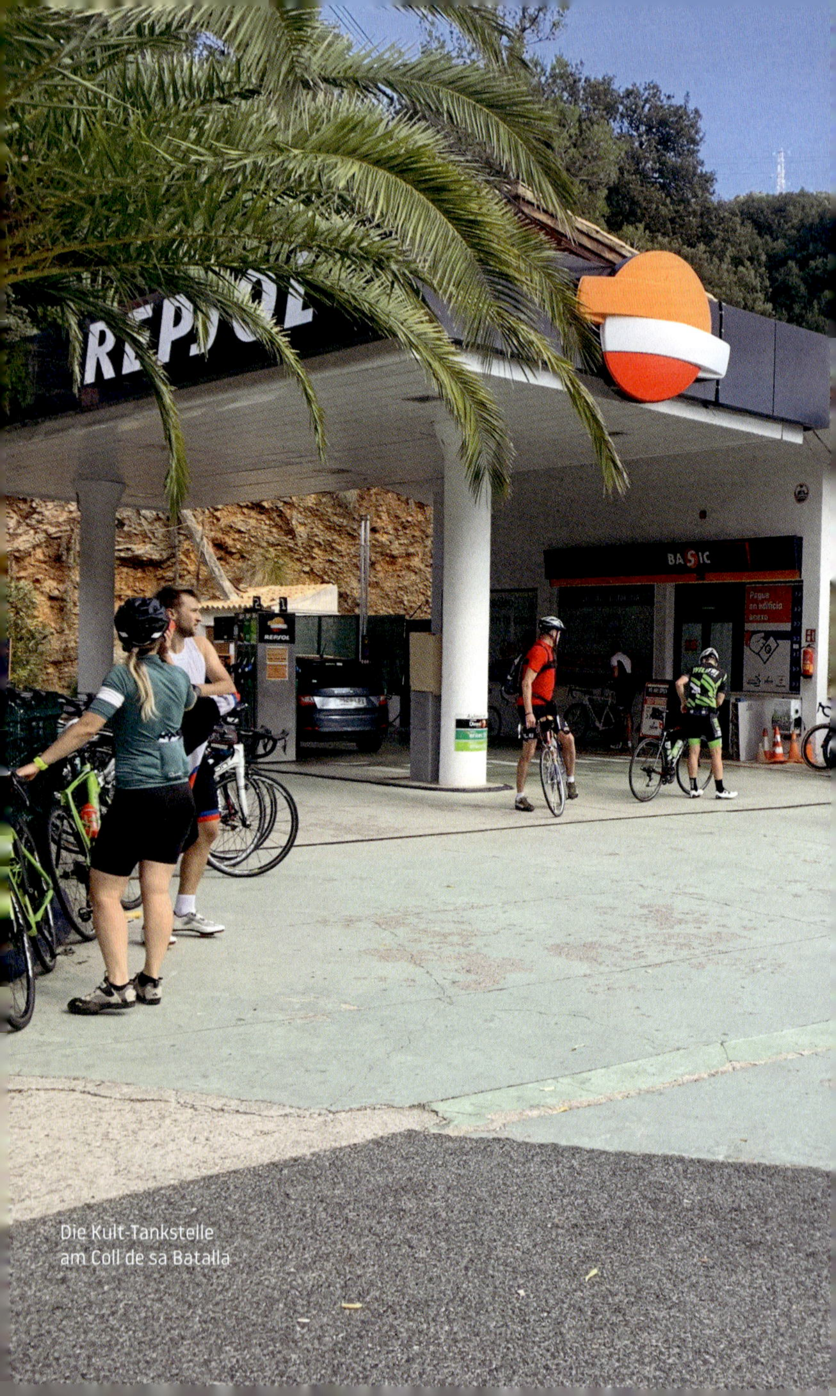

Die Kult-Tankstelle
am Coll de sa Batalla

11

Bier an der Tanke

Gönn dir auch im Training Verschnaufpausen. Ein paar Minuten runter vom Sattel.

Am Coll de sa Batalla, auf den Höhenzügen von Mallorcas Tramuntana-Gebirge, geht es doch eigentlich gar nicht anders. Dort ist eine der – für Radsportler – berühmtesten Tankstellen der Welt. Das Angebot an Verpflegung für Sportler ist so außergewöhnlich und auf Radfahrer zugeschnitten, dass es schon verwundert. Aber ich wundere mich auch jedes Mal darüber, wie viele Hobbyathletinnen und -athleten hier auf den Stühlen sitzen und gesellig plaudern. Nicht wenige zischen dabei ein Bierchen, denn es ist ja gerade so schön hier oben.

Boxenstopp für den Fahrer

Innehalten, Pause machen, einkehren: das kommt bei Rennradfahrern leider oft zu kurz. Wir sind Getriebene, wir wollen möglichst weit kommen in der uns zur Verfügung stehenden Zeit. Deshalb ist es eine schöne Idee, regelmäßig an einem fixen Stopp die Akkus kurz nachzuladen. Zur passenden Uhrzeit kann das mit einem, womöglich alkoholfreien, Bier gehen, es funktioniert aber zur Not auch mit Kaffee oder Kakao.

Manche Trainingsgruppen, wie etwa die Hövelrunde in Köln, bauen bei jeder ihrer Touren einen fixen Stopp an der Tanke ein. Natürlich könnte man weiterfahren. Aber darum geht es ja nicht immer. Gönn dir diesen Moment, halte an und inne, kauf dir ein BiFi – oder eben ein Dosenbier.

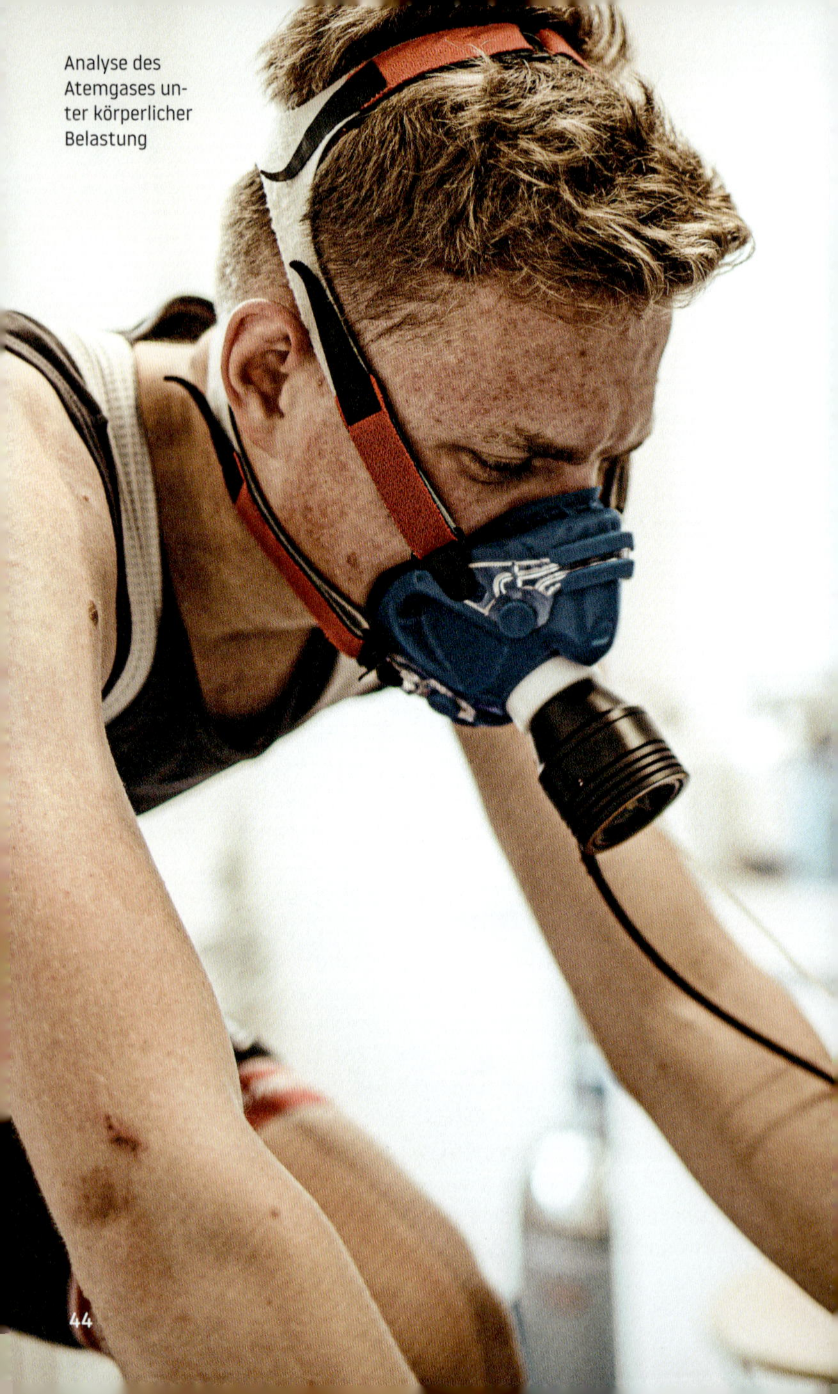

Analyse des Atemgases unter körperlicher Belastung

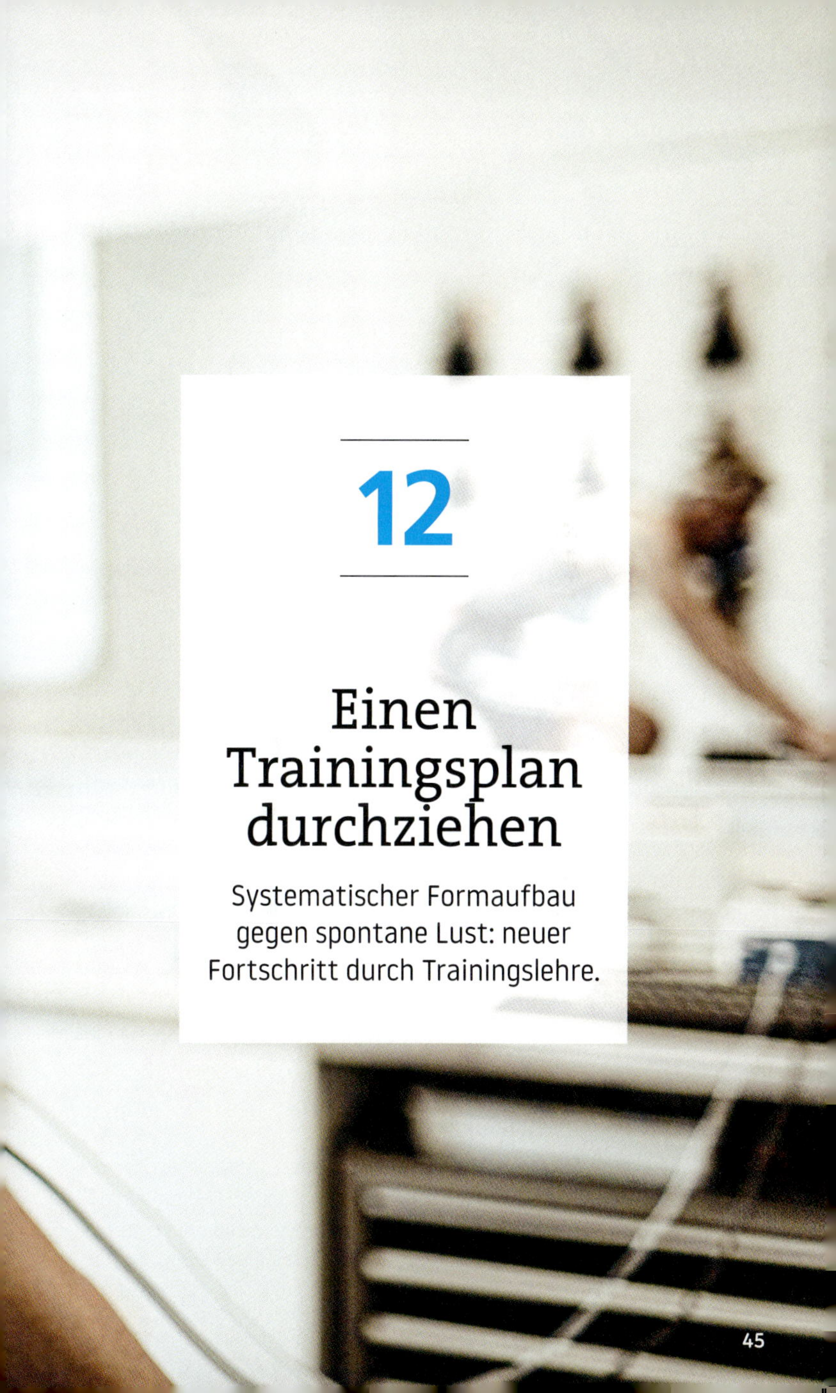

12

Einen Trainingsplan durchziehen

Systematischer Formaufbau gegen spontane Lust: neuer Fortschritt durch Trainingslehre.

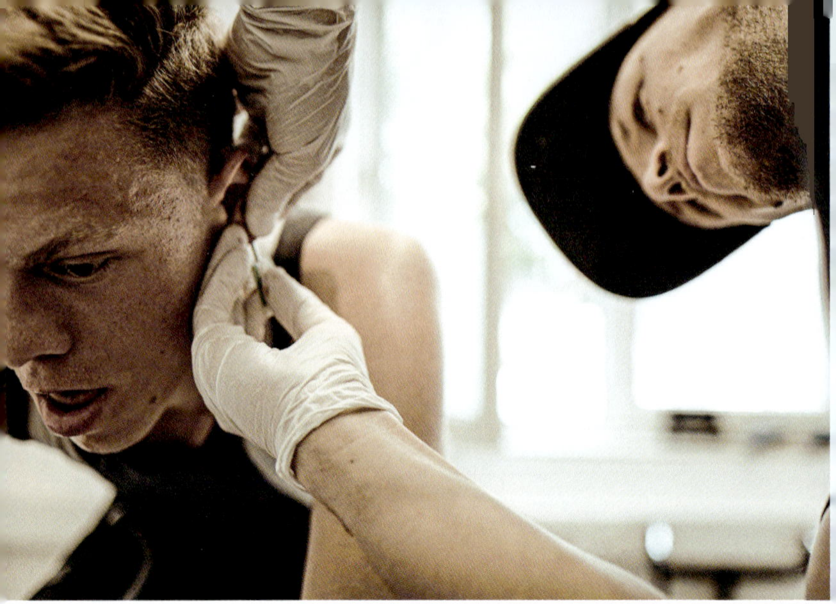

Laktattest mit Blutabnahme am Ohr

Dieses Problem ist ein Klassiker unter Hobbysportlern: Du trainierst, wirst auch besser, schneller und ausdauernder. Aber irgendwann stößt du ziemlich sicher ans Limit. In der Folge versuchst du, noch intensiver zu trainieren – aber deine Ergebnisse werden nicht besser. Das liegt wahrscheinlich daran, dass du zu holzschnittartig über physiologische Prozesse denkst. Wenn man viel macht, muss auch viel dabei herauskommen – doch so simpel ist es nicht. In Wahrheit ist der Aufbau körperlicher Leistungsfähigkeit ein Planspiel mit vielen Variablen: Grundlagenausdauer, intensivere Belastungen, grenzwertige Einheiten, Erholungsphasen und Ausgleichsübungen, all diese Aspekte lassen sich zu einem sinnvollen Gesamtwerk zusammenfügen. Nur muss man dann schon ein bisschen Ahnung haben.

Für jedes Niveau den geeigneten Plan

Einen Trainingsplan verfolgen Radsportler am ehesten, wenn sie ein Ziel haben. Wer beispielsweise Lust hat, im Juni an einem längeren Radrennen teilzunehmen, tut gut daran, einen 12-Wochen-Trainingsplan im März zu beginnen. Die großen Radmagazine wie etwa TOUR bieten jedes Jahr in

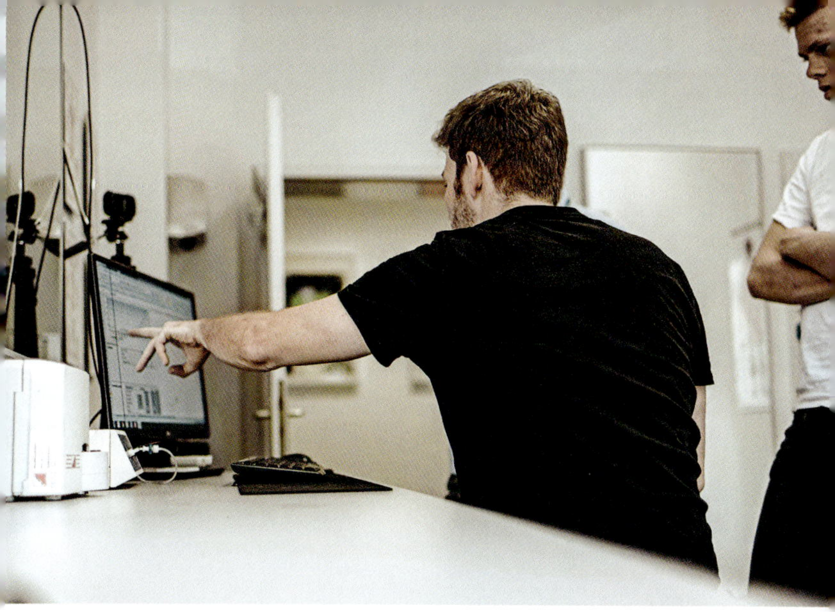

Analyse-Ergebnisse als Trainingsbasis

Vorbereitung auf die Saison einen ganzen Satz solcher Pläne an, unterschieden nach Leistungsniveau und Ziel des Sportlers. Mit diesen Tabellen lässt sich eine systematische Vorbereitung einfach in Angriff nehmen und man kann erkennen, was im Körper in der Folge dieser Einheiten passiert. Du wirst vielleicht überrascht sein, wie wenig Zeit nötig ist, um die erwünschten Effekte zu erzielen. Trainingspläne gibt es auch in diversen Büchern.

Es fehlt hier aber eine entscheidende Komponente: Nicht jeder Mensch hat die gleichen Ausgangswerte. Das Training wird spezifischer, je mehr Daten bei der Planerstellung über dich bekannt sind. Im Internet gibt es smartere Anbieter, die basierend auf deinen persönlichen Angaben und deinen Leistungswerten einen passenden Plan zusammenstellen. Wenn du es wirklich genau wissen willst und bereit bist, dafür auch ein bisschen Geld in die Hand zu nehmen, dann ist die Zusammenarbeit mit einem Sportwissenschaftler eine hervorragende Idee. Im Austausch mit diesem Experten kannst du deine Trainingsbelastung genau planen und jede Menge Wissen aus der Trainingslehre abgreifen. Grundlage ist eine genaue Analyse der körperlichen Leistungsfähigkeit unter sportlichen Bedingungen. Im Labor kommt die Wahrheit schonungslos zutage.

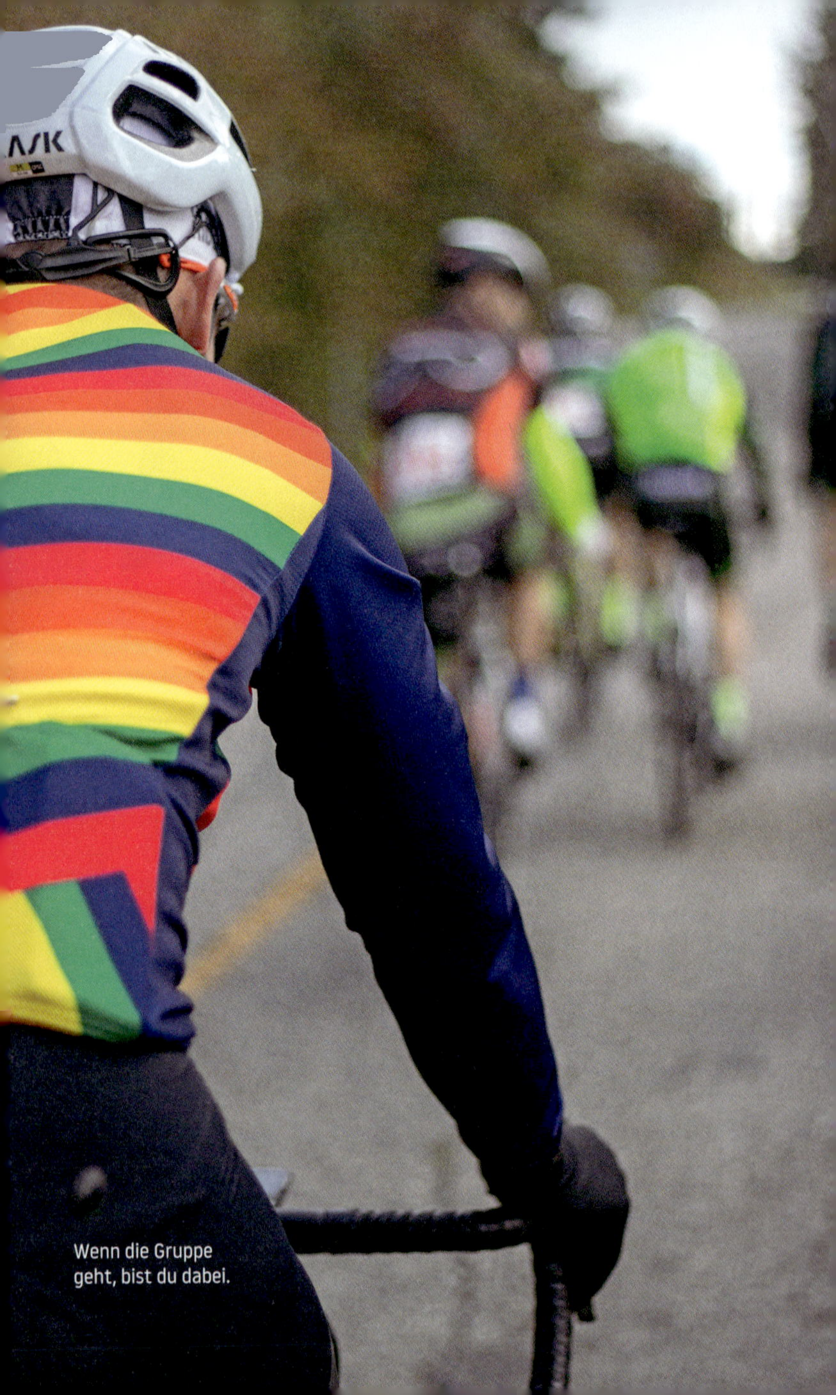

Wenn die Gruppe geht, bist du dabei.

13

Verteidige deine Trainingszeiten!

Soziale Pflichten bringen das Hobby in Gefahr. Stell sicher, dass du nicht darunter leidest.

Rennradfahren? Kostet das nicht viel zu viel Zeit? Je mehr du mit anderen Menschen, und das auch gerne, im Austausch bist, desto eher wirst du diese Frage so oder in ähnlicher Form hören. Der Radsport ist ein ausuferndes Hobby. Ehrlich gesagt ist er in zusammengeschrumpfter Form – nur zwei, drei Stunden in der Woche – kaum denkbar und auch gar nicht mehr so schön.

Damit der Sport nicht zur Belastung für dein Sozialleben, aber das Zusammensein mit den anderen auch nicht zum Hemmschuh für dein lebenswichtiges Hobby wird, sei dir eine möglichst klare Position empfohlen. Mach deiner Familie und deinen Freunden klar, dass du als Rennradfahrerin oder Rennradfahrer ein festes Pensum an Trainingszeiten hast und zum Seelenfrieden benötigst. Setze Grenzen und verlass dich nicht auf die Hoffnung, dass es sich schon irgendwie von alleine arrangieren wird. Denn das, da sei dir sicher, wird nicht passieren.

Mit offenen Karten spielen

Ich kenne Beispiele von Beziehungen, in denen der Sport zur Belastung wurde – oder die sogar am Sport gescheitert sind. So weit kommt es nicht, wenn du direkt mit offenen Karten spielst und deine Bedürfnisse klar benennst. Gleichzeitig solltest du dich aber dann auch an diese Absprachen halten. Schwärme zum Beispiel in »Nicht-Trainingszeiten« nicht vom perfekten Rennradwetter, das du gerade beim Familienausflug im Eiscafé verplemperst. Könnte sein, dass das nicht gut ankommt.

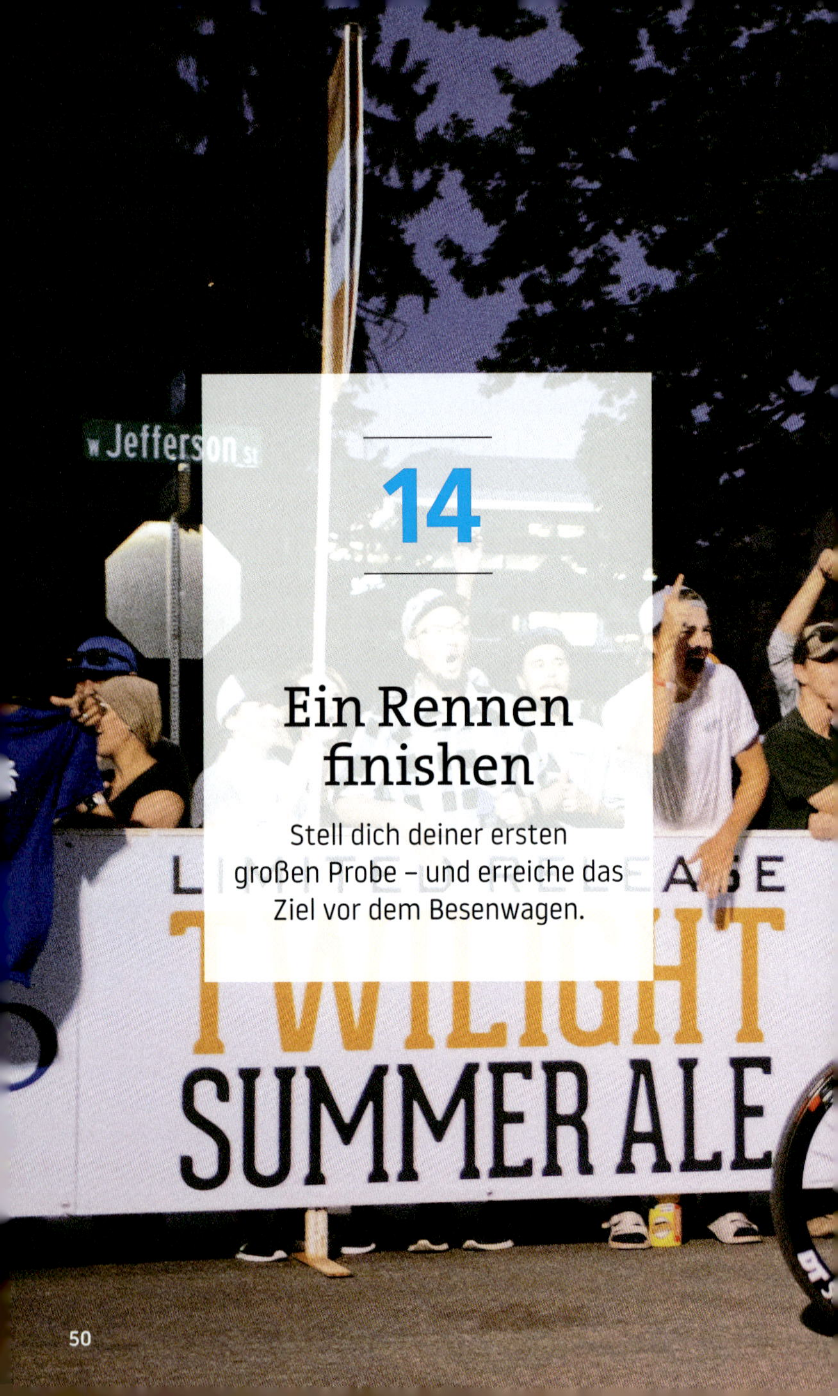

14

Ein Rennen finishen

Stell dich deiner ersten großen Probe – und erreiche das Ziel vor dem Besenwagen.

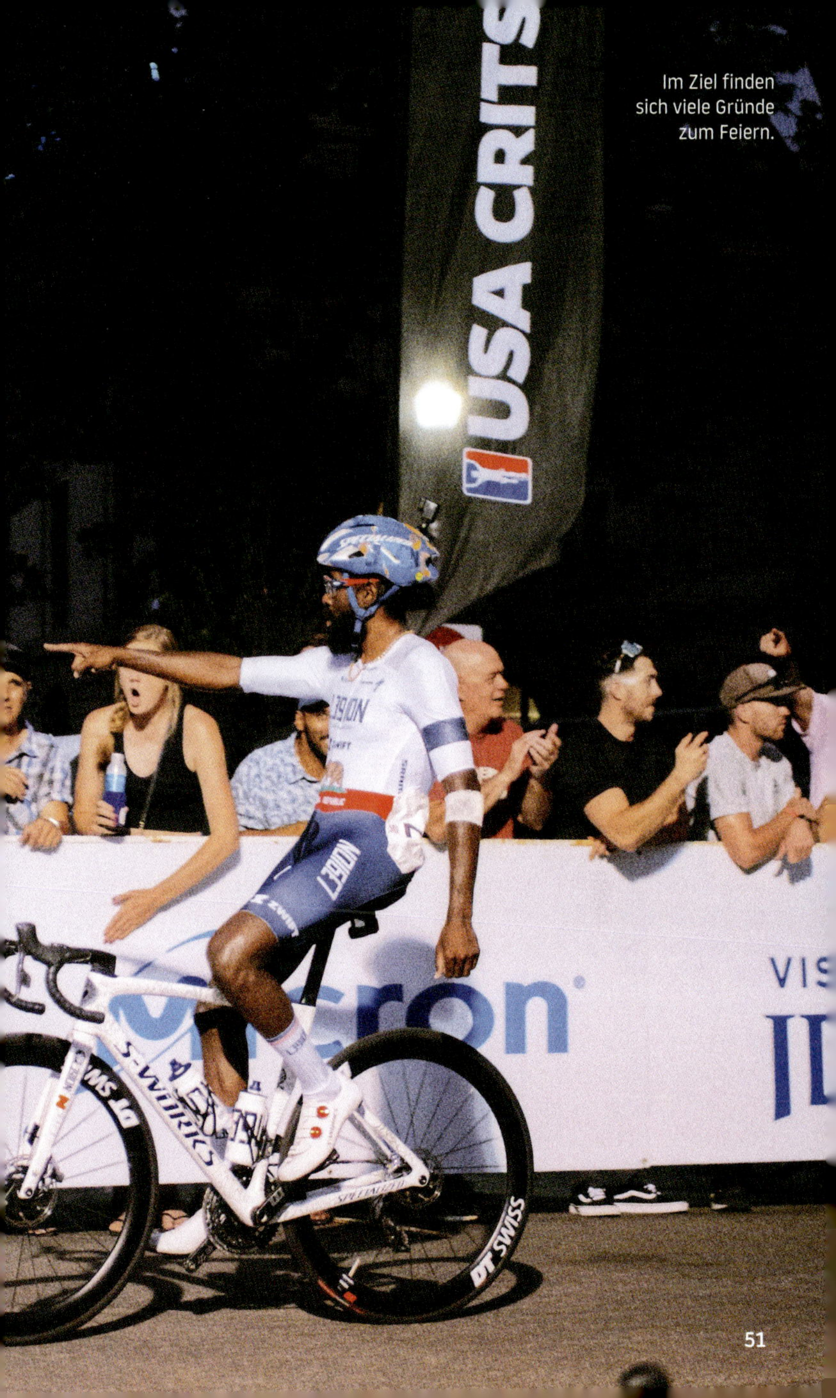

Im Ziel finden
sich viele Gründe
zum Feiern.

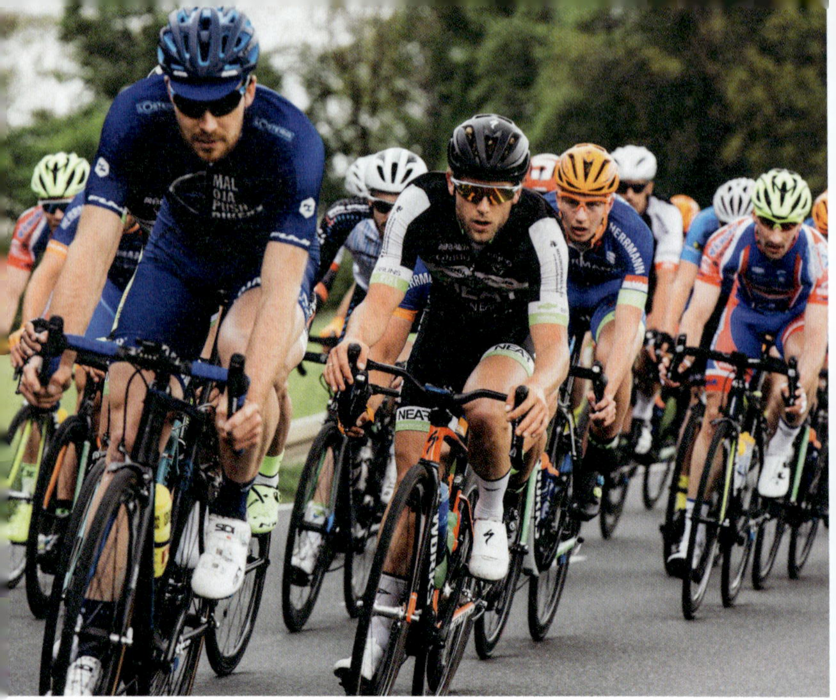

Stundenlage Anspannung im Rennen

Die meisten Einsteiger haben gewaltigen Respekt vor ihrem ersten Radrennen. Das ist auch gut so. Ein Rennen ist keine Spazierfahrt, es soll sich für die Teilnehmenden auch gar nicht bequem anfühlen. Vielmehr geht es darum, Unsicherheiten durch eigene Stärke zu überwinden, über die Schmerzgrenze hinauszukommen und am Ende den Zielstrich abgekämpft zu erreichen.

Das wichtigste Ziel für jede Neueinsteigerin und jeden Anfänger ist tatsächlich: das Ziel. Genauer: Es muss darum gehen, auf der angegebenen Strecke das Finish in der maximal zur Verfügung stehenden Zeit zu erreichen. Die Währung dafür ist der Kilometerschnitt pro Stunde. Rennveranstalter veröffentlichen vorab Tabellen mit der Durchschnittsgeschwindigkeit, die nötig ist, um nicht aus der Wertung zu fallen.

Diese Mindestgeschwindigkeit macht Menschen ohne Routine schnell nervös. Fordert ein Organisator auf einem hügeligen 60-Kilometer-Parcours etwa einen Stundenschnitt von 30 Kilometern, wirkt das auf Unerfahrene erst mal monumental. Denn wer die Strecke im Training alleine oder mit einer Freundin abfährt, wird diesen Stundenschnitt ganz sicher nicht erreichen. Daran darfst du aber bitte nicht verzweifeln. Deine Trainingszeiten und -leistungen und die geforderte Zeit im Rennen – das sind tatsächlich völlig verschiedene Größen.

Nur nicht den Anschluss verlieren

Im Rennen selbst wirst du sehr schnell merken, woran das liegt. Schon ab dem ersten Kilometer entwickelt sich ein Zug, wie du ihn noch nie erlebt hast. Das kann auf Debütanten respekteinflößend wirken, sie machen sich Sorgen ob der Hektik und Unübersichtlichkeit der Lage. Entscheidend ist, dass du nicht den Anschluss an eine zügig fahrende Gruppe verlierst – auch wenn die nicht auf Anhieb als solche erkennbar ist. Wenn du im Training mit 25er-Schnitt über eine solche Runde fährst, gelingt dir das im Rennen ganz sicher mit einigen km/h oberhalb der 30. Sofern du die physikalischen Effekte auch nutzt.

In deinem ersten Rennen solltest du eine kompakte Distanz anpeilen (die meisten Organisatoren veranstalten zwei bis drei Varianten) und wirklich nur aufs Durchkommen zielen. Du wirst merken, dass es gar nicht so einfach ist, sich im hektischen Treiben cool zu verhalten. Das reicht als Ergebnis und wird dich hinterher ganz sicher mit Stolz erfüllen. Verbessern kannst du dich später, und das wird auch passieren.

INFOS

Gute Jedermann-Einstiegsrennen sind:

ESCHBORN–FRANKFURT: Der Klassiker am 1. Mai bietet drei Strecken. Der Termin ist gut gelegen, wenn man im Frühjahr ordentlich trainiert hat. Längere Strecken mit ordentlichen Anstiegen.

SCHLEIZER DREIECK: Die älteste Naturrennstrecke Deutschlands in der wunderschönen Umgebung Thüringens bietet einiges an Höhenmetern. Das Rennen steigt im Sommer mit wechselndem Termin.

CYCLASSICS HAMBURG: Sehr schnelles Rennen, das beinahe vollständig flach verläuft. Hier holst du dir einen Geschwindigkeitsrausch. Termin immer Ende August.

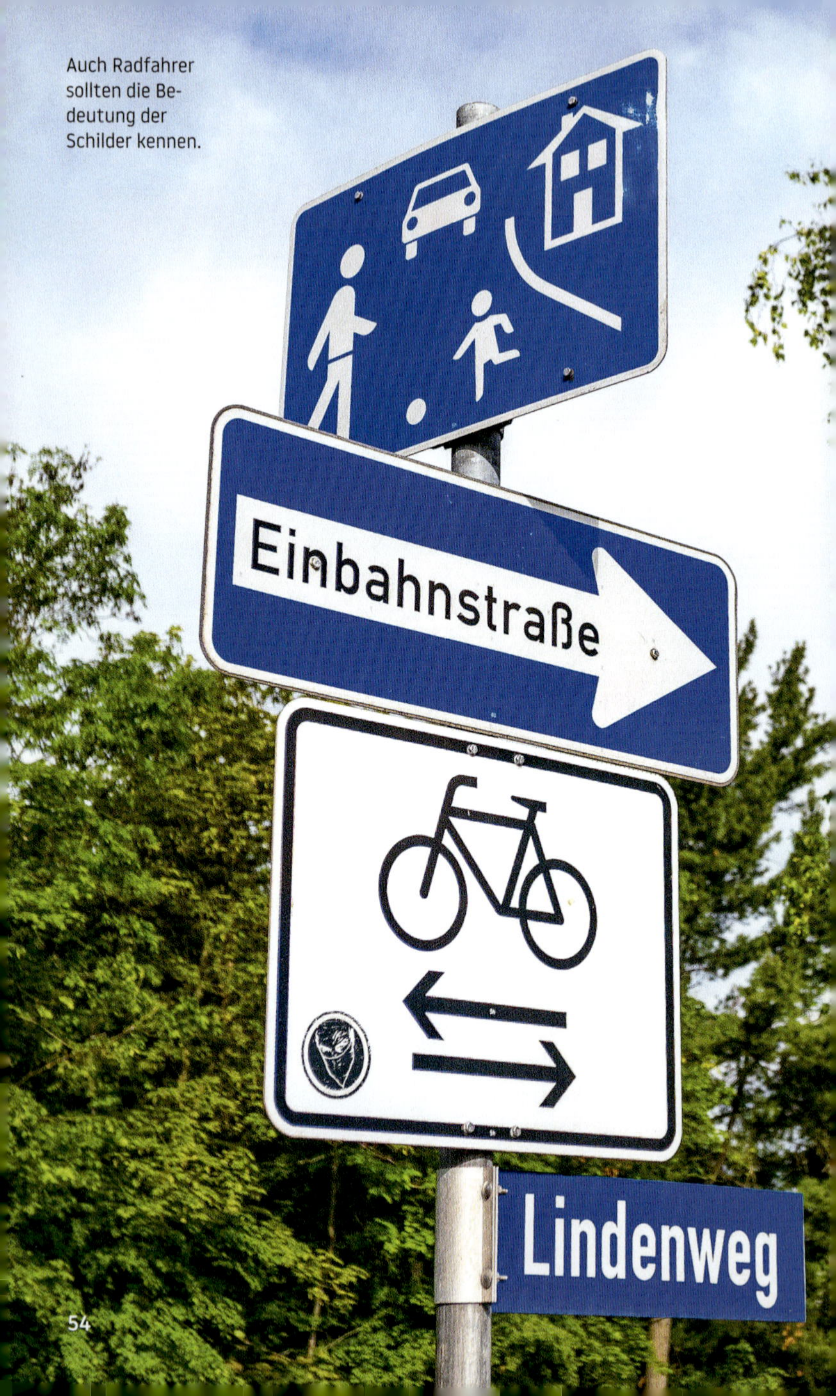

Auch Radfahrer sollten die Bedeutung der Schilder kennen.

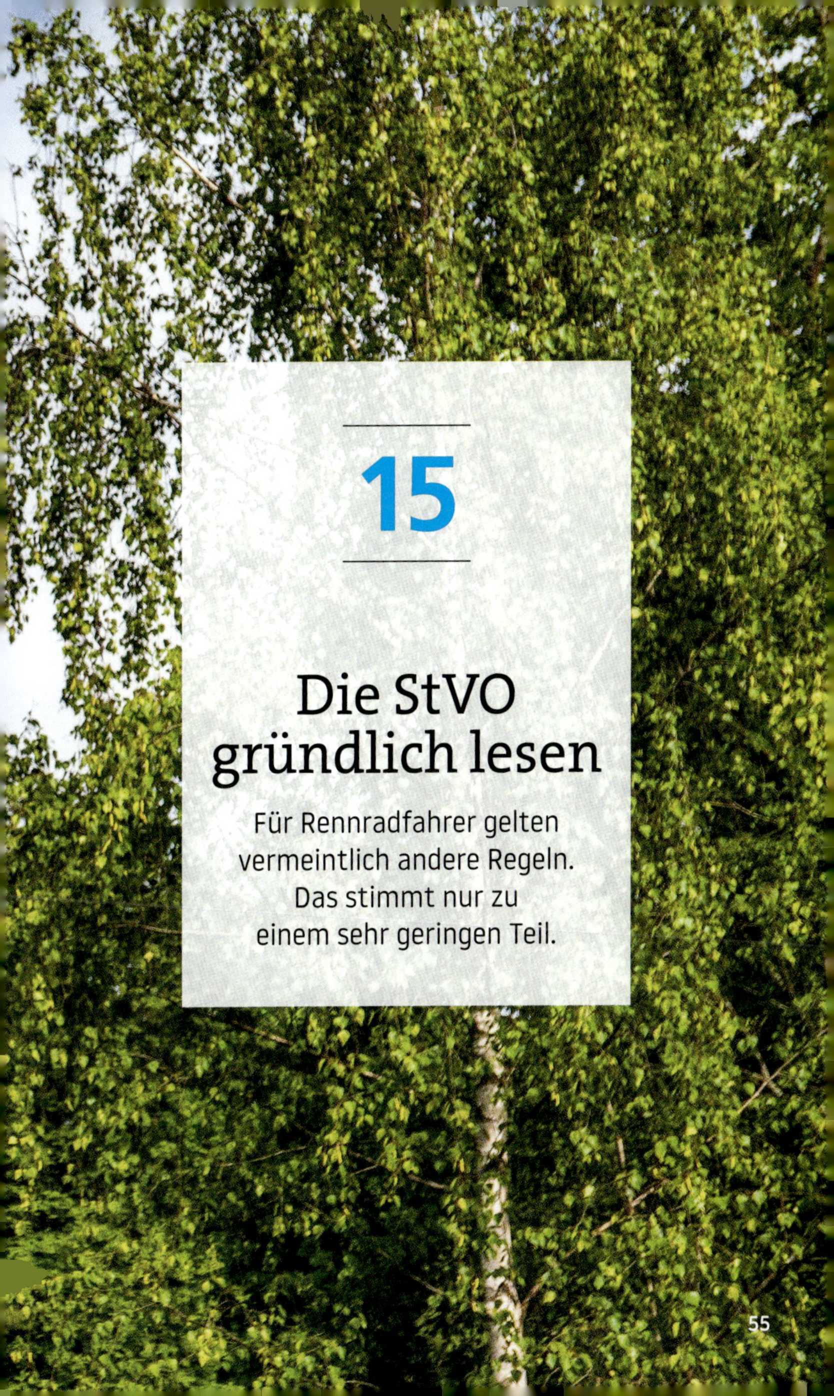

15

Die StVO gründlich lesen

Für Rennradfahrer gelten vermeintlich andere Regeln. Das stimmt nur zu einem sehr geringen Teil.

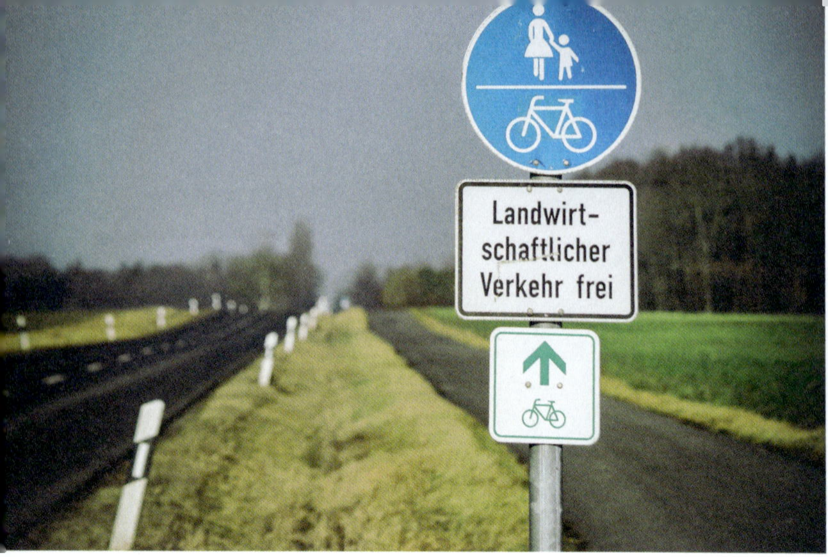

Radwegenutzung: Pflicht auch für Rennradler.

Bei diesem Thema hört der Spaß schnell auf. Wer viel unterwegs ist auf Deutschlands Straßen, aber auch in anderen Ländern der Welt, kennt folgendes Muster. Da sind zum einen die Autofahrer, die Rennradsportler mit engem Abstand überholen und dann noch gestikulieren oder hupen. »Da drüben ist der Radweg!«, schreien sie dann oft noch mit Verweis auf einen Seitenstreifen. Auf der anderen Seite rollt ein Radler vor sich hin, der im Leben nicht auf die Idee käme, sich seinen Stundenschnitt durch das Wechseln auf einen wurzelübersäten, löchrigen Fahrradweg versauen zu lassen. Und so treffen die unterschiedlichen Eigeninteressen auf Verkehrswegen sehr oft sehr konfliktreich aufeinander.

Die grundsätzliche Frage wäre aber ja, ob der Rennradfahrer an einer bestimmten Stelle oder überhaupt den Radweg nutzen muss. Die Antwort ist eindeutig: Hängt davon ab, wo man ist. Befindest du dich beispielsweise in Österreich, geht dich der Radweg beim Rennradtraining gar nichts an. Dort nämlich gilt eine rechtliche Ausnahme. In Deutschland ist das anders. Egal, ob du auf dem Klapprad fährst oder mit deiner 10 000-Euro-Zeitfahr-Maschine, du musst nach dem blauen Schild schauen. Das zeigt eine Pflicht an, die für dich als Radfahrer gilt. Nämlich: den Radweg nutzen. Wenn du es nicht tust, solltest du zumindest wissen, dass du widerrechtlich handelst.

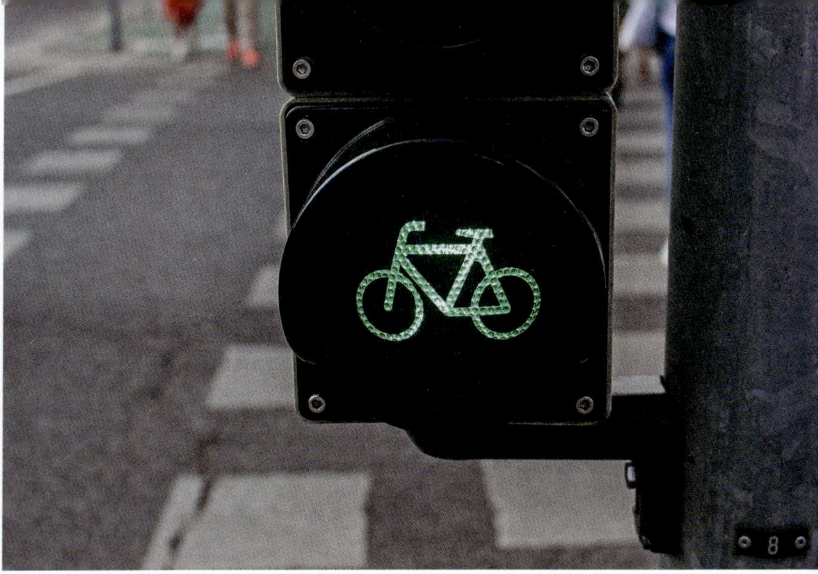
Schön, wenn's fahrradfreundliche Zeichen gibt.

Das kann ein Bußgeld bedeuten, aber eben auch Ärger und noch dazu das schlechte Gefühl, im Unrecht zu sein.

Wer die Regeln kennt, ist klar im Vorteil

Daher sollte es früher oder später für jeden Rennradfahrer eine Selbstverständlichkeit sein, sich noch einmal genau in die Regeln der Straßenverkehrsordnung und der Straßenverkehrszulassungsordnung einzulesen. Sollte dir ein Polizeibeamter einen Rüffel erteilen, weil du tagsüber kein Licht am Lenker hast, so hast du dann die passende Antwort parat. Wenn dieses Gespräch dann aber auf deine nicht vorhandene Glocke kommt, solltest du ebenfalls deine juristische Position kennen. Ja: auch wenn Rennradfahrer die schnelleren, athletischeren und eigentlich viel besseren Verkehrsteilnehmer sind, sie befinden sich immer noch im öffentlichen Raum und unterliegen den entsprechenden Regeln. Interessant wird es aber, wenn du in Deutschland in einer größeren Gruppe unterwegs bist. Mit einem 16 Personen starken »geschlossenen Verband« gelten wieder ganz andere Regeln. Solltest du ganz hinten in dieser Gruppe rollen und die Ampel springt auf Rot um: Halte bitte nicht an. Denn in diesem geschlossenen Verband gilt für dich, was für den Fahrer ganz vorne gilt.

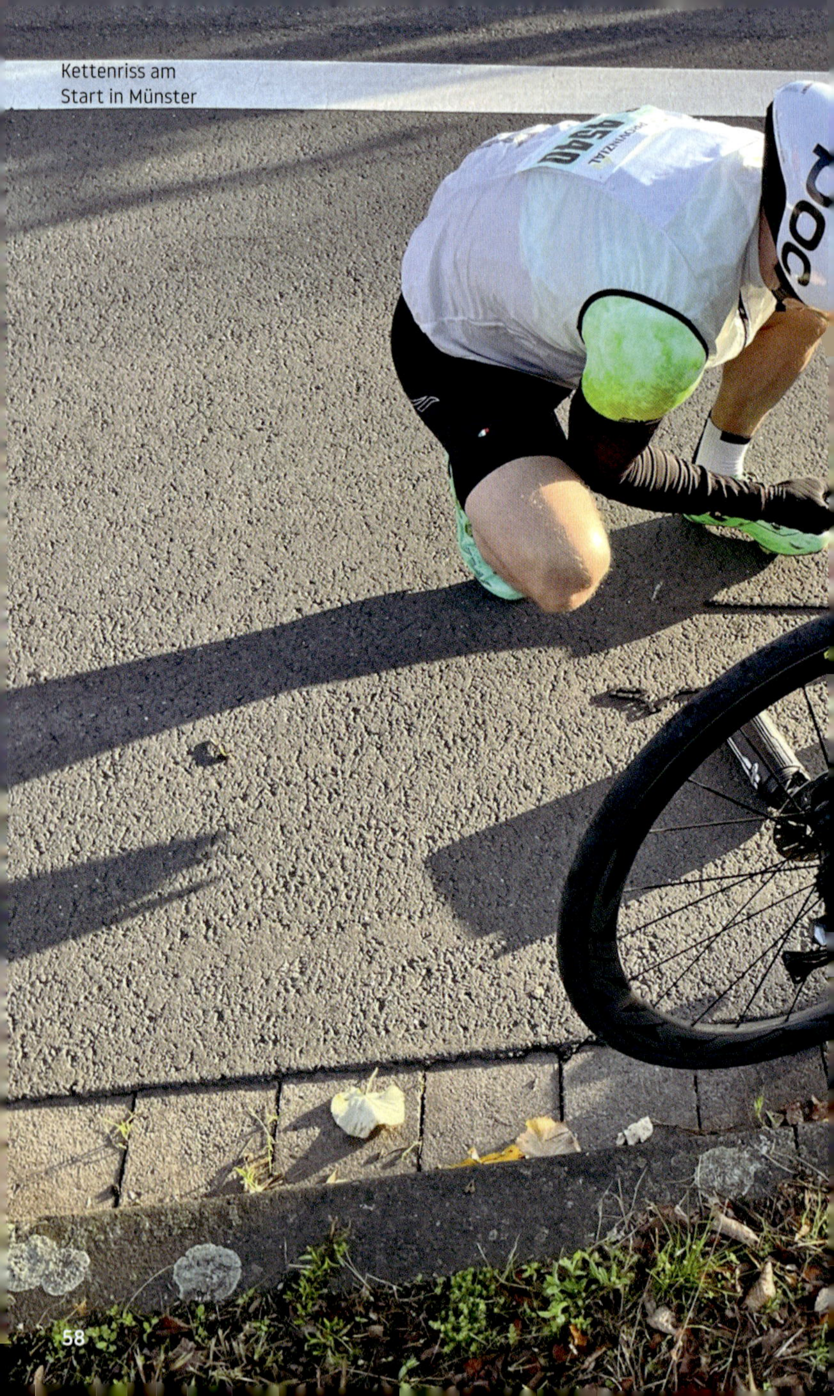

Kettenriss am
Start in Münster

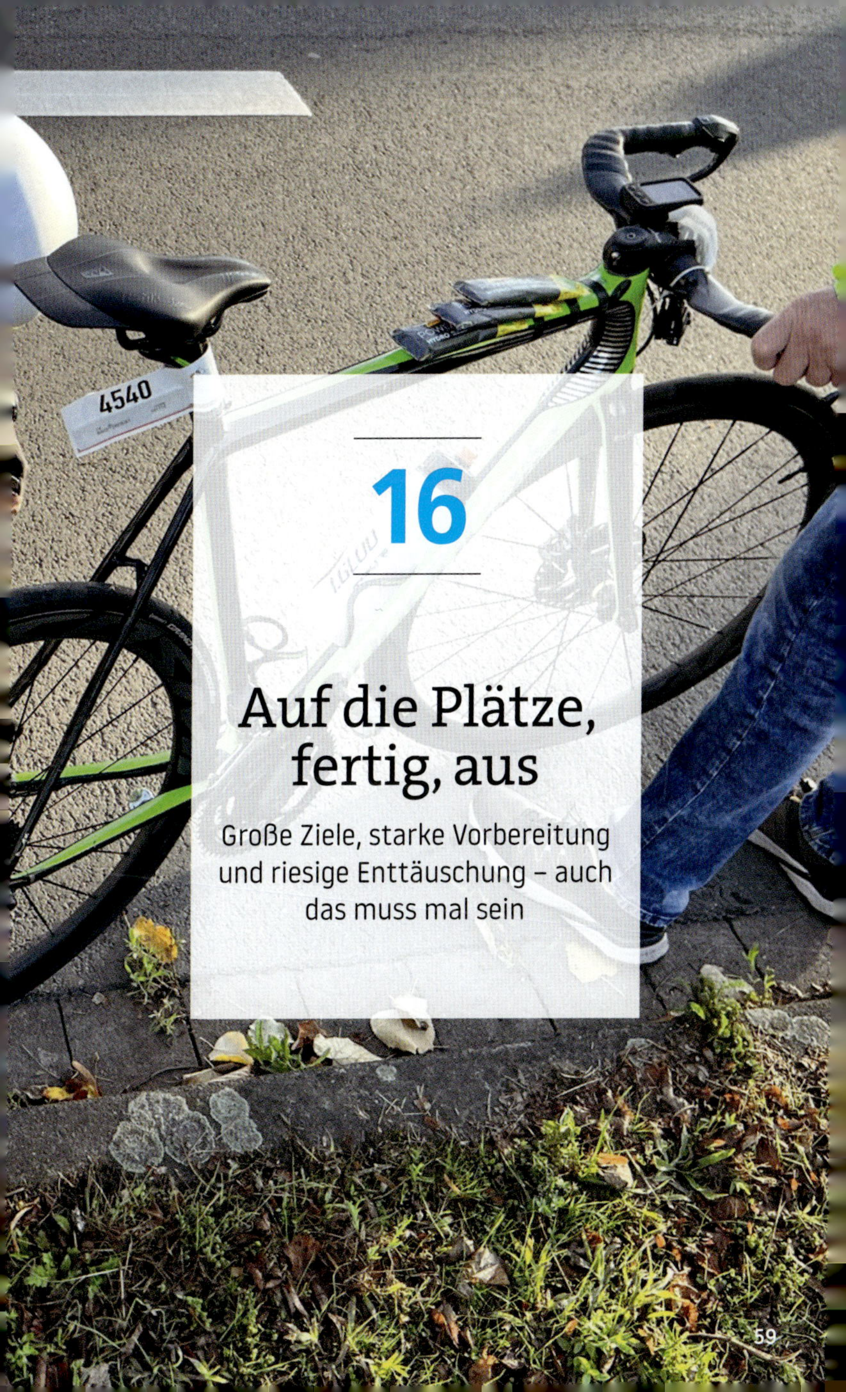

16

Auf die Plätze, fertig, aus

Große Ziele, starke Vorbereitung und riesige Enttäuschung – auch das muss mal sein

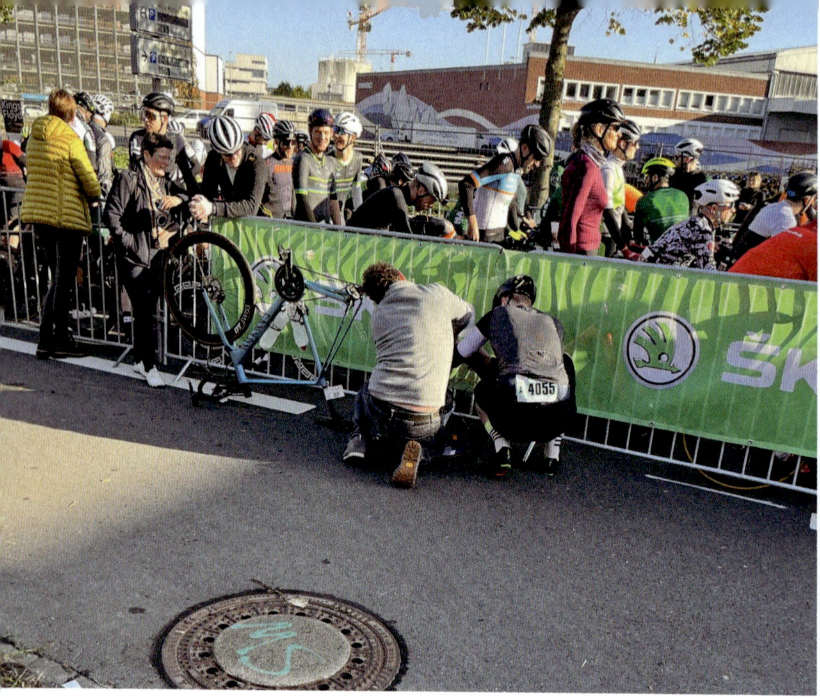

Hektische Last-Minute-Arbeiten gehören auch zu Rennen.

Der Frust war enorm, als ich beim Riderman in Bad Dürrheim an einem nasskühlen Samstagmittag vom Start weg antreten wollte. Einen Tag zuvor hatte ich noch beim Einzelzeitfahren eine solide Leistung gezeigt, ich war körperlich gut in Form und freue mich auf ein hartes Rennen durch die Schwarzwald-Ausläufer im Südwesten Deutschlands. Doch als das Feld losrollte, trat ich immer wieder ins Leere. Dann ging es wieder – ich trat noch kräftiger rein, holte das Feld wieder ein, doch dann setzte irgendetwas immer wieder aus, die Kette rutschte, ich hielt an. Ich suchte nach Ursachen, drehte hier, schlug dort gegen, fuhr wieder weiter, mit aller Kraft, bis ich bald merkte: das wird heute nichts. Statt Saisonhöhepunkt dann ein Kettenklemmer, weil mir beim letzten Antrittsversuch das schlackernde Metall noch vor die Kurbel rutschte. Ende.

Es sind diese Erlebnisse, die uns so richtig aus der Laune reißen, die aber schon auch dazugehören. Der missglückte Start ist eine der größten Prüfungen für Einsteiger. In meinem Fall lag es beim Riderman an einem

Problem, von dem im Vorfeld überhaupt nichts zu spüren gewesen war: der Freilauf am Hinterrad hatte, wie sich bei der mechanischen Prüfung später herausstellte, einen schlagartig aufgetretenen Schaden. Das schob die Kette immer wieder mit, mal lag sie dann einfach daneben. Einen Monat später beobachtete ich beim Münsterland-Giro am Start einen Vorfall, der mir schon beim Zuschauen sehr wehtat. Ein Teilnehmer preschte mit Vollgas von der Startlinie, dann riss ihm die Kette. Ein Knall, ein Tritt ins Leere. Zum Glück schaffte es der Mann, das Fahrrad und sich selbst rechts von der Fahrbahn zu manövrieren, ohne zu stürzen oder andere in einen Sturz zu verwickeln. Das Erstaunliche: Er frickelte so lange an der Kette rum, holte sich Hilfe und bastelte weiter, dass er am Ende sogar noch dem um mindestens zehn Minuten enteilten Feld hinterhersetzte.

Da zeigt sich auch, wie man so drauf ist. Mir selbst wiederum entwich gleich auf den ersten paar Hundert Metern eines großen Rennens in Bremen gleich so viel Luft, dass ich in der ersten richtigen Kurve kaum noch steuern konnte. Für mich war in dem Moment klar: das Rennen ist vorbei. Pumpen, hinterherfahren – bei einem Flachlandrennen war das für mich keine Alternative. Denn ich hatte mir in den Kopf gesetzt, mit der ersten Gruppe ins Ziel zu fahren. Das konnte ich mir nach Sekunden abschreiben. Die Verarbeitung dauerte ungleich länger.

INFOS

Wer sich vor **UNNÖTIGEN PANNEN** am Start schützen möchte, sollte vorab auf eine **PROBERUNDE** die Reifen prüfen, den Druck anpasse, Dichtmilch nachfüllen und vor allem alle mechanischen Teile einmal checken.

Als Ersthelfer fürs Rennen lohnen sich Pumpe/Kartusche, Reifenheber und ein Multitool, um auch mal ein Schräubchen oder den Sattel nachzuziehen.

Für Tubeless-Fahrer gibt es zudem spezielle Repairsets.

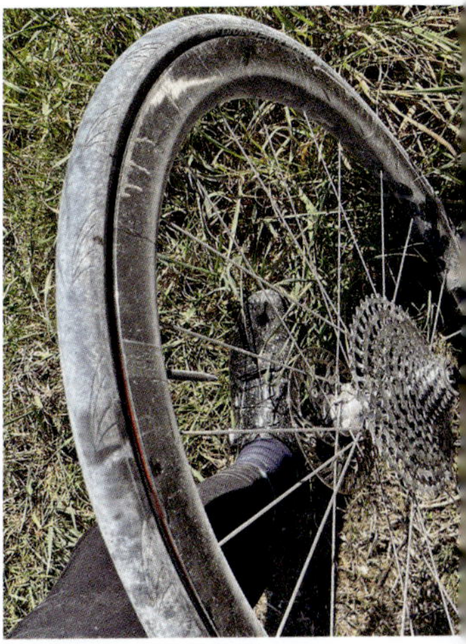

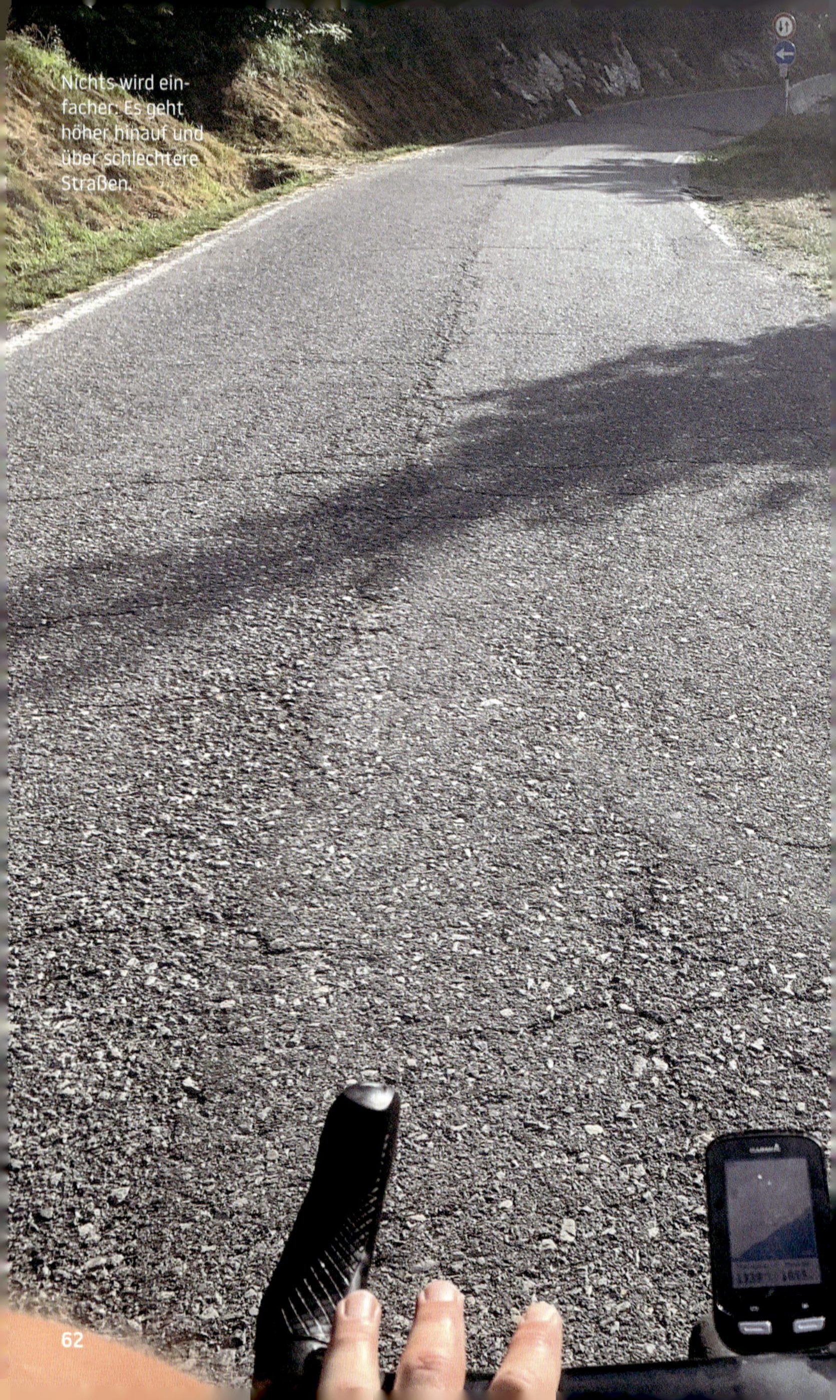

Nichts wird einfacher: Es geht höher hinauf und über schlechtere Straßen.

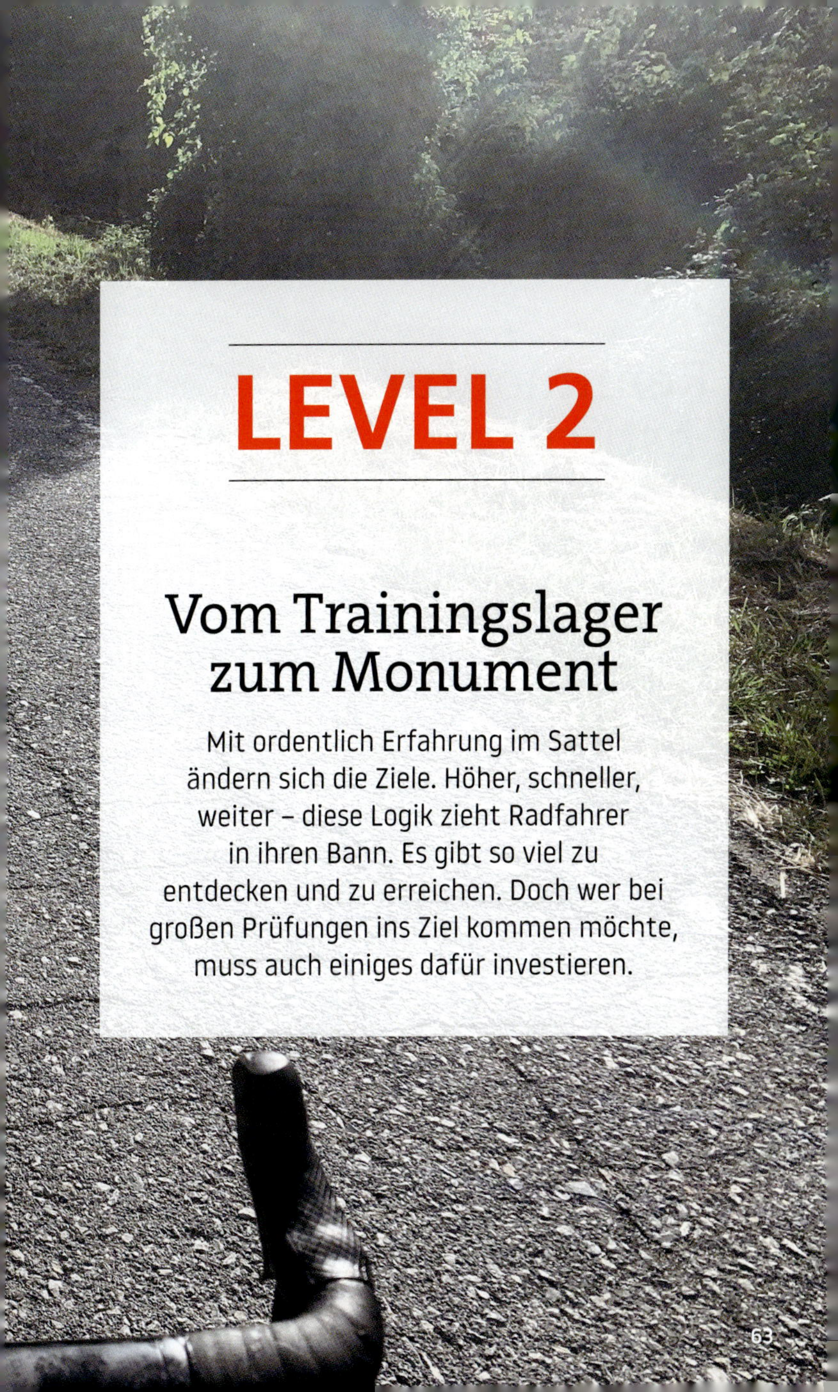

LEVEL 2

Vom Trainingslager zum Monument

Mit ordentlich Erfahrung im Sattel ändern sich die Ziele. Höher, schneller, weiter – diese Logik zieht Radfahrer in ihren Bann. Es gibt so viel zu entdecken und zu erreichen. Doch wer bei großen Prüfungen ins Ziel kommen möchte, muss auch einiges dafür investieren.

17

In Rennmontur frühstücken

Von der Aufgabe jeglicher Konvention zugunsten des Sports.

Du musst hart drauf sein, wenn du diesen Punkt wirklich umsetzt. Ansonsten schmunzelst du bitte nur und überlegst dir, wie es bei den anderen so weit kommen kann. Stell dir vor, du sitzt in einem schicken Hotel beim Frühstück und herein kommt eine Gruppe Männer und Frauen, allesamt in hautenger Synthetik-Kleidung, mit Hose und Trikot. Die besockten Füße stecken in Adiletten und bei manchen sitzt sogar schon der Helm auf dem Kopf, während sie sich beim Rührei mit Speck anstellen. Klingt surreal? Ist es allerdings nicht, wenn du mal eine Veranstaltung im Rennradumfeld besucht hast, sei es ein Rennen oder ein Trainingslager.

Dinner im Jogginganzug

In Hotels, die monatelang auf Radsporttouristen setzen, gibt es ohnehin kaum Hemmungen. Da schlendern die Herren mit dem Jogginganzug oder gar den Schwimmshorts und blanken Füßen durchs Restaurant und laden die Teller randvoll. Die herkömmliche Etikette weicht der Funktionalität. Alles richtet sich auf den Sport aus, auf Bequemlichkeit und Funktion. Da bleibt kein Platz mehr für die verwunderten Blicke der anderen Gäste, die sich auf ein schönes Dinner gefreut haben. Es ist also eine Frage der Prioritätensetzung, und da bist du gefragt: Wann schlenderst du in Lycra zum Büfett?

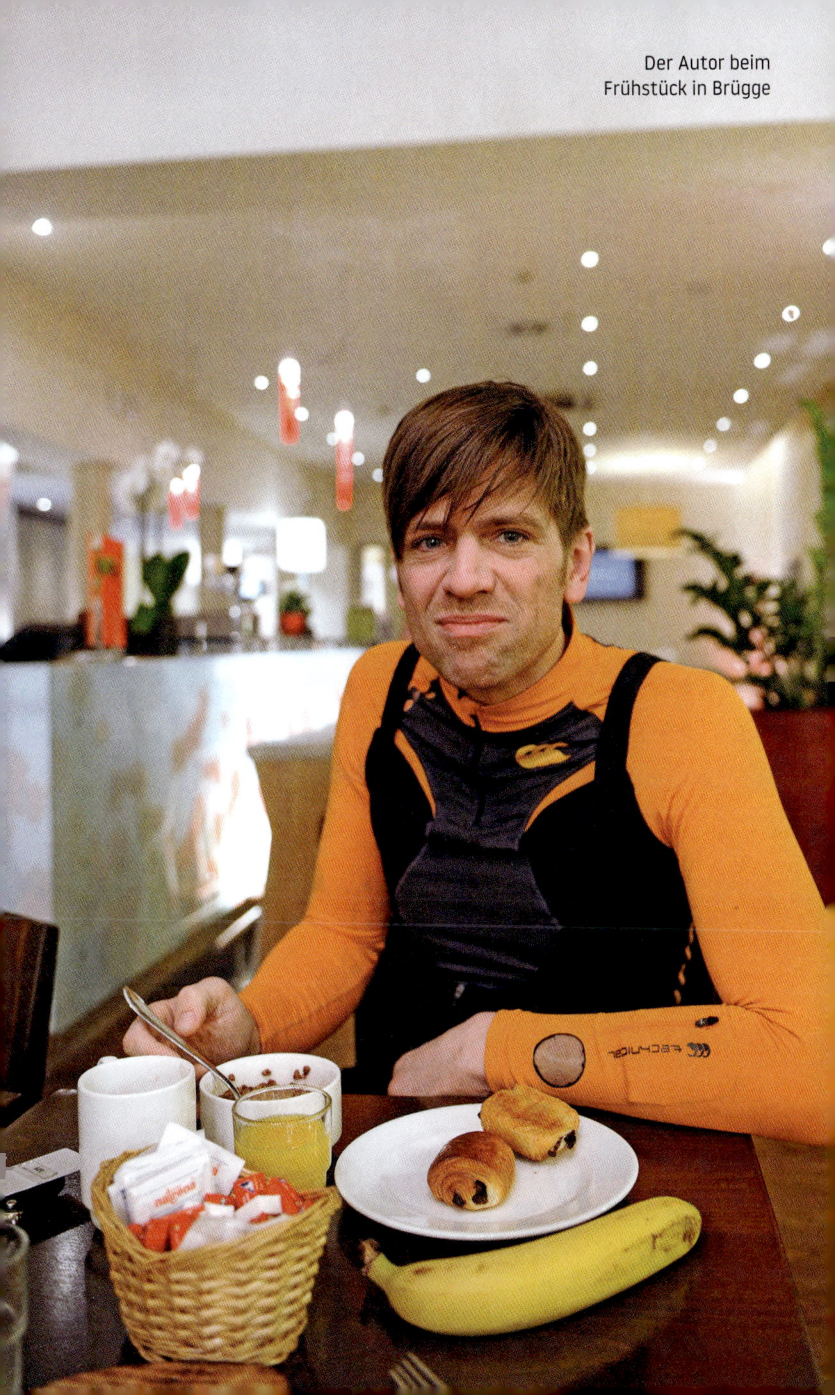

Der Autor beim
Frühstück in Brügge

Andere Eindrücke sammelt, wer nachts fährt.

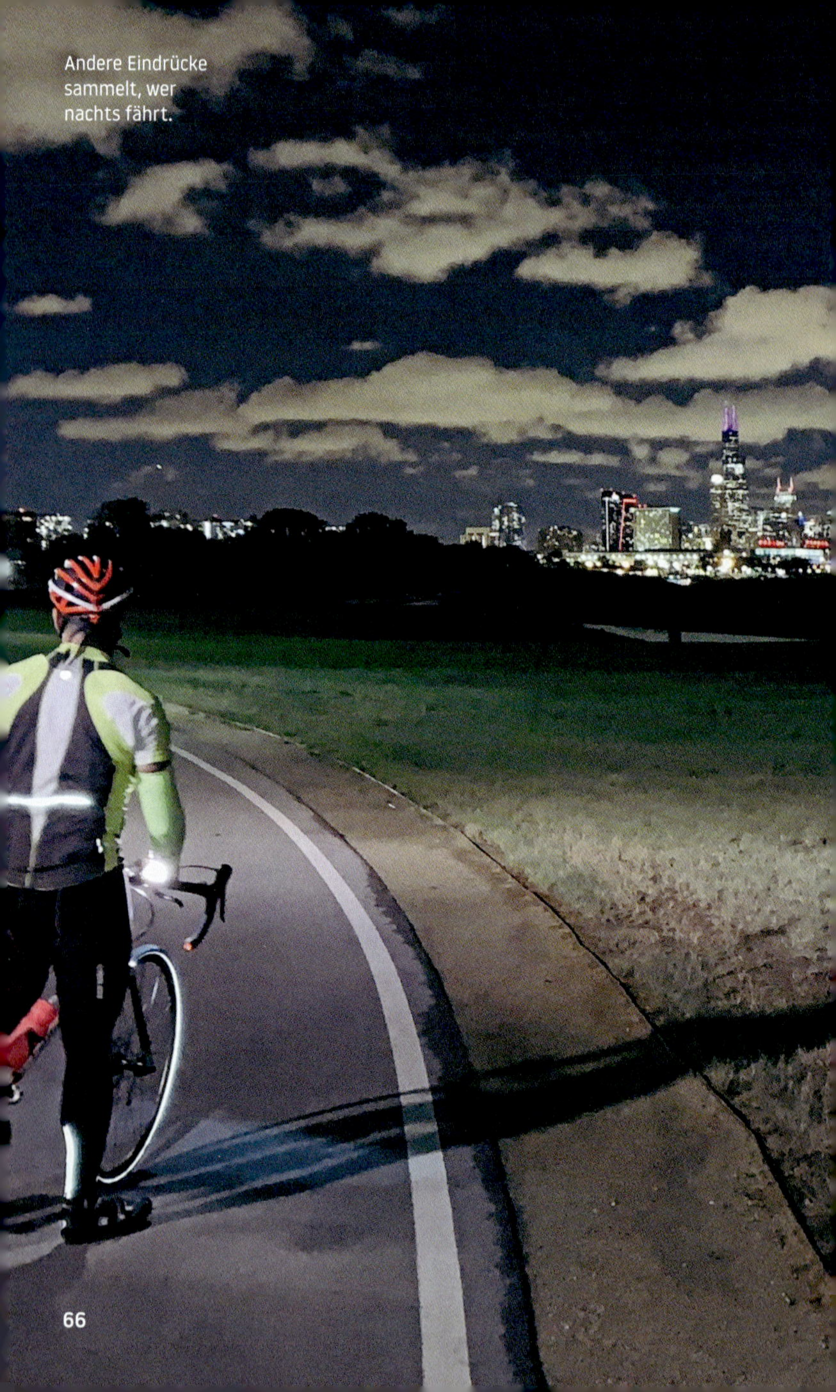

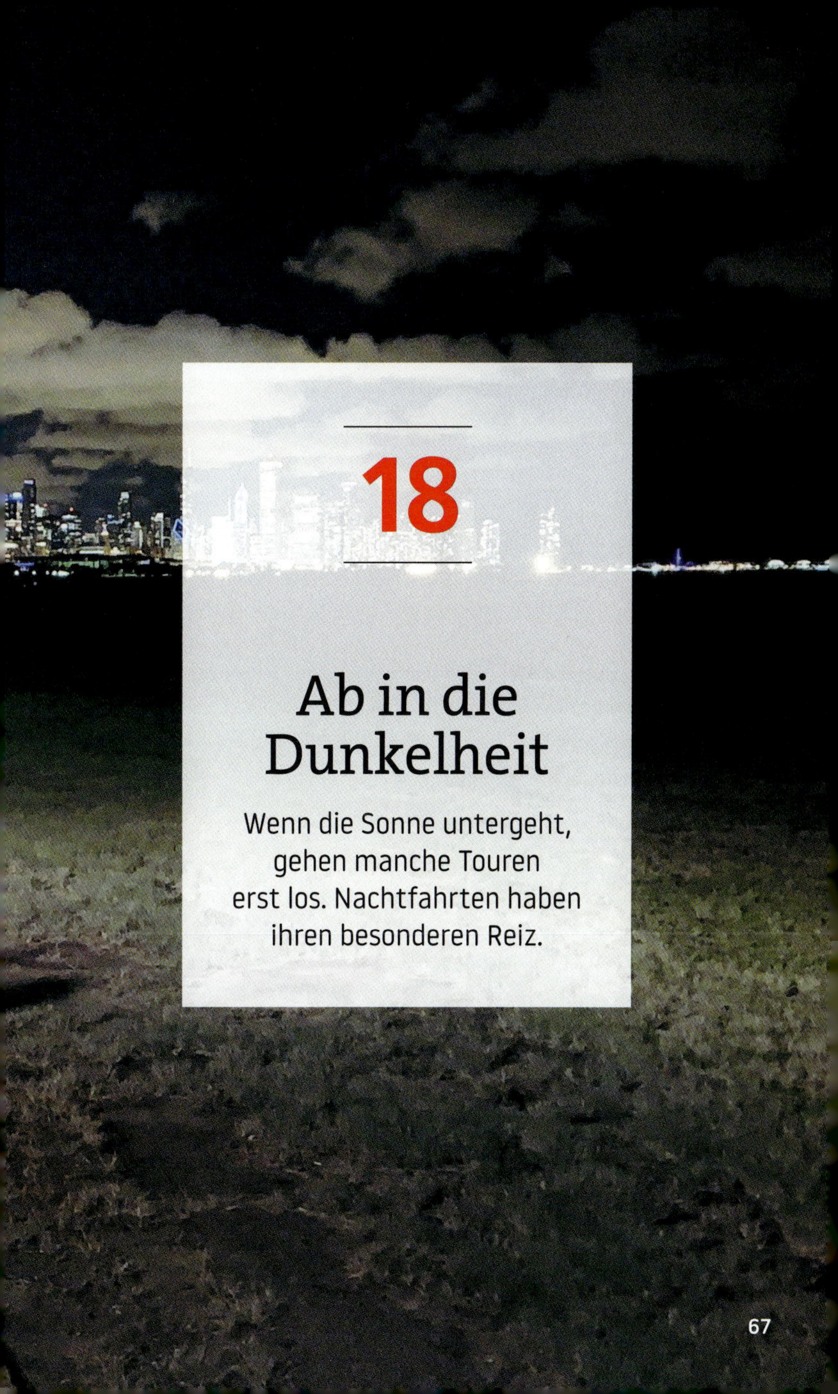

18

Ab in die Dunkelheit

Wenn die Sonne untergeht, gehen manche Touren erst los. Nachtfahrten haben ihren besonderen Reiz.

In den Tagen des sogenannten Lockdowns kam ich auf eine Idee: Ich versuchte als freier Journalist und unfreier doppelter Vater zweier Homeschooling-Töchter ab dem Morgengrauen, Haushalt, Erziehung, Spaß und Broterwerb unter einen Hut zu bekommen, und abends dann noch nett zu kochen. So verausgabte ich mich zunehmend. Viele Wochen hatte ich mehr oder weniger die ganze Zeit in diesem heimischen Setting verbracht, einer immer schlapper machenden Enge. Eines Abends sagte ich dann zu meiner aus dem Dienst zurückgekehrten Frau: »Ich glaube, ich fahre jetzt mal ne Runde Rennrad.« Denn meine Mutter, Covid-kritisches Alter, brauchte noch ein paar Sachen aus dem Supermarkt – und ich fuhr sie mit dem Rucksack zu ihr. Knapp 85 Kilometer hin und zurück, das klang nach einem guten Plan.

Tatsächlich war es für mich der Eintritt in eine neue Art des Radfahrens. Ich fuhr mit dem letzten Licht los und ins Dunkel. Dabei bemerkte ich, wie sehr sich das nächtliche Radeln vom Fahren bei Sonnenschein unterscheidet. Wenn man alleine unterwegs ist, ist der Kontrast noch stärker. Ich bin allein aufs Fahren konzentriert und vor allem auf den schmalen Korridor vor mir, den der Lichtkegel erhellt. Dazu kommt eine hohe Aufmerksamkeit auf Geräusche und Dinge, die sich abseits der Straße nur andeuten. Das kann ein Rascheln sein oder ein Grauton im Gebüsch. Bei all dem scheint die Zeit ganz anders zu vergehen, die sportliche Leistung wirkt größer, isolierter, ich nehme mehr von ihr wahr.

Eine neue Form von Freiheit

Manche Trainingsgruppen fahren regelmäßig nachts. Das führt durchaus auch zu Kritik, denn zweifellos sind nächtliche Fahrten auch risikobehafteter als große Gruppenausritte am helllichten Tag. Außerdem gehört das Fahren im Dunklen bei vielen Veranstaltungen dazu, etwa bei 300-Kilometer-Touren oder Ultra-Rennen, bei denen Einzelstarter mehrere Tage lang Tausende von Kilometern abspulen.

So weit muss ich gar nicht gehen, um den Reiz der Nachtfahrt zu spüren. Ich kann sie jeden Tag spontan einbauen und erhalte eine neue Form von Freiheit: die Freiheit, allein unterwegs zu sein, ganz bei mir, ohne störende Einflüsse. Damit ich das auch genießen kann, sollte ich auf jeden Fall in sehr gutes Licht und gute Reflektoren am Rad investieren, denn mit Leuten wie mir rechnen die nächtlichen Landstraßenraser am allerwenigsten. Und vor denen ist wirklich Respekt angebracht.

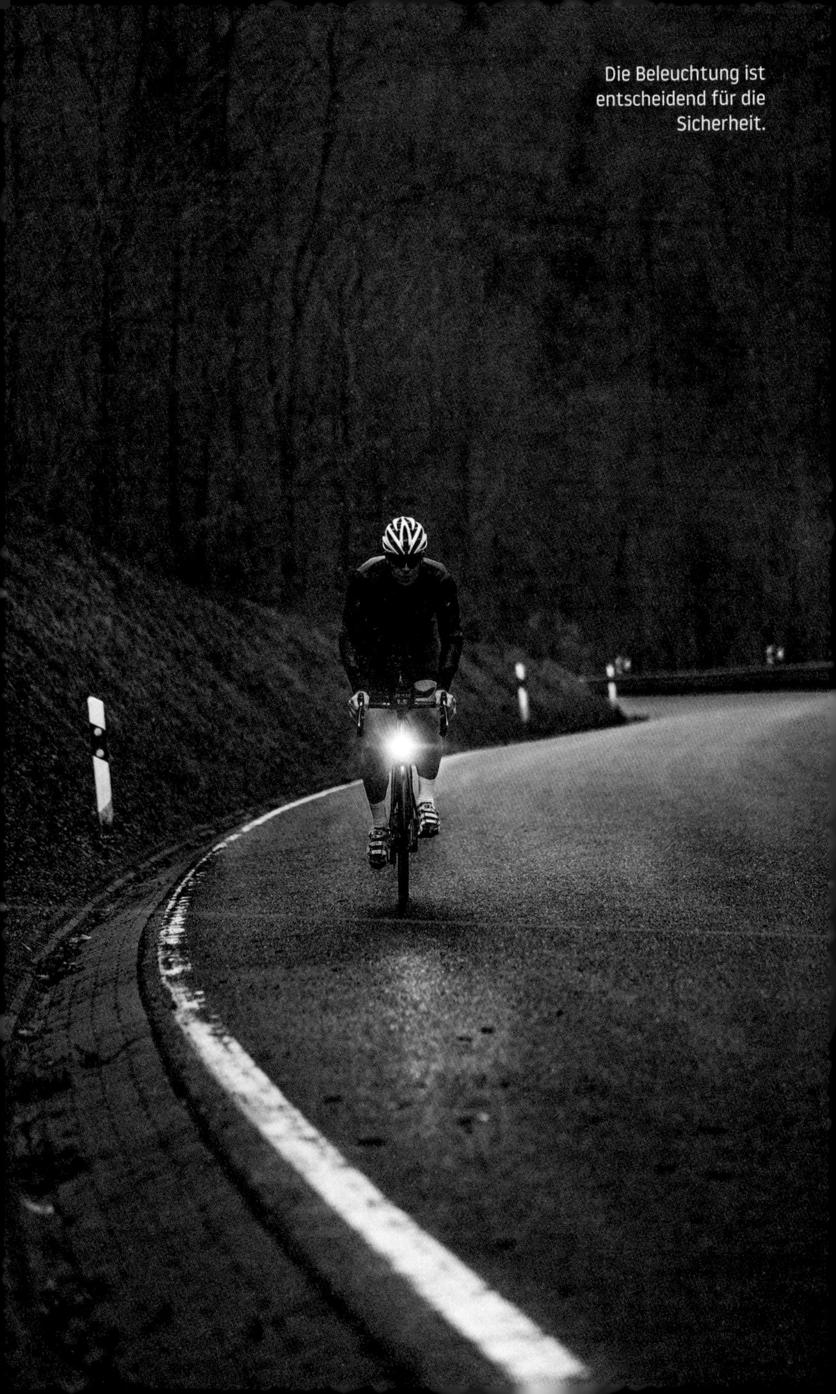

Die Beleuchtung ist
entscheidend für die
Sicherheit.

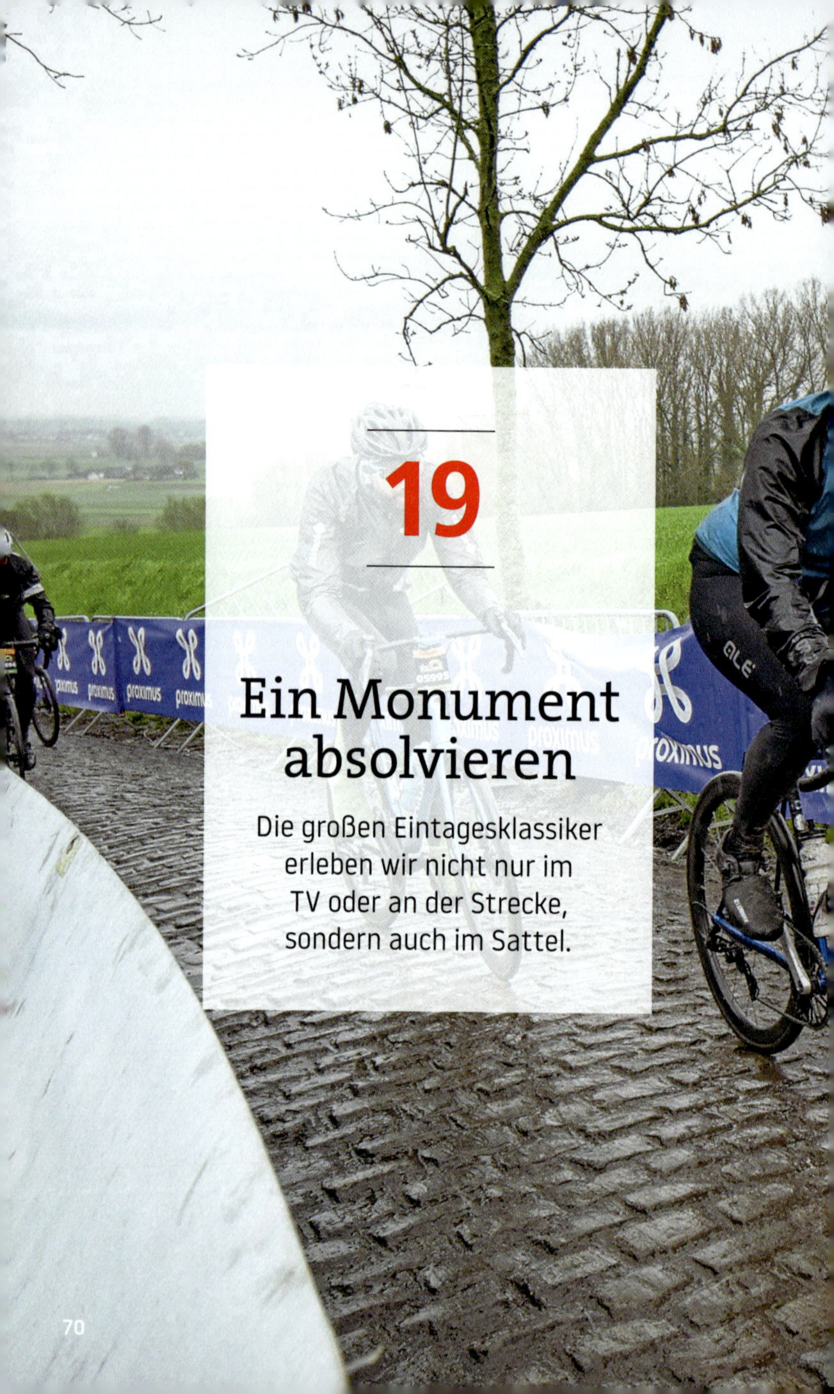

19

Ein Monument absolvieren

Die großen Eintagesklassiker erleben wir nicht nur im TV oder an der Strecke, sondern auch im Sattel.

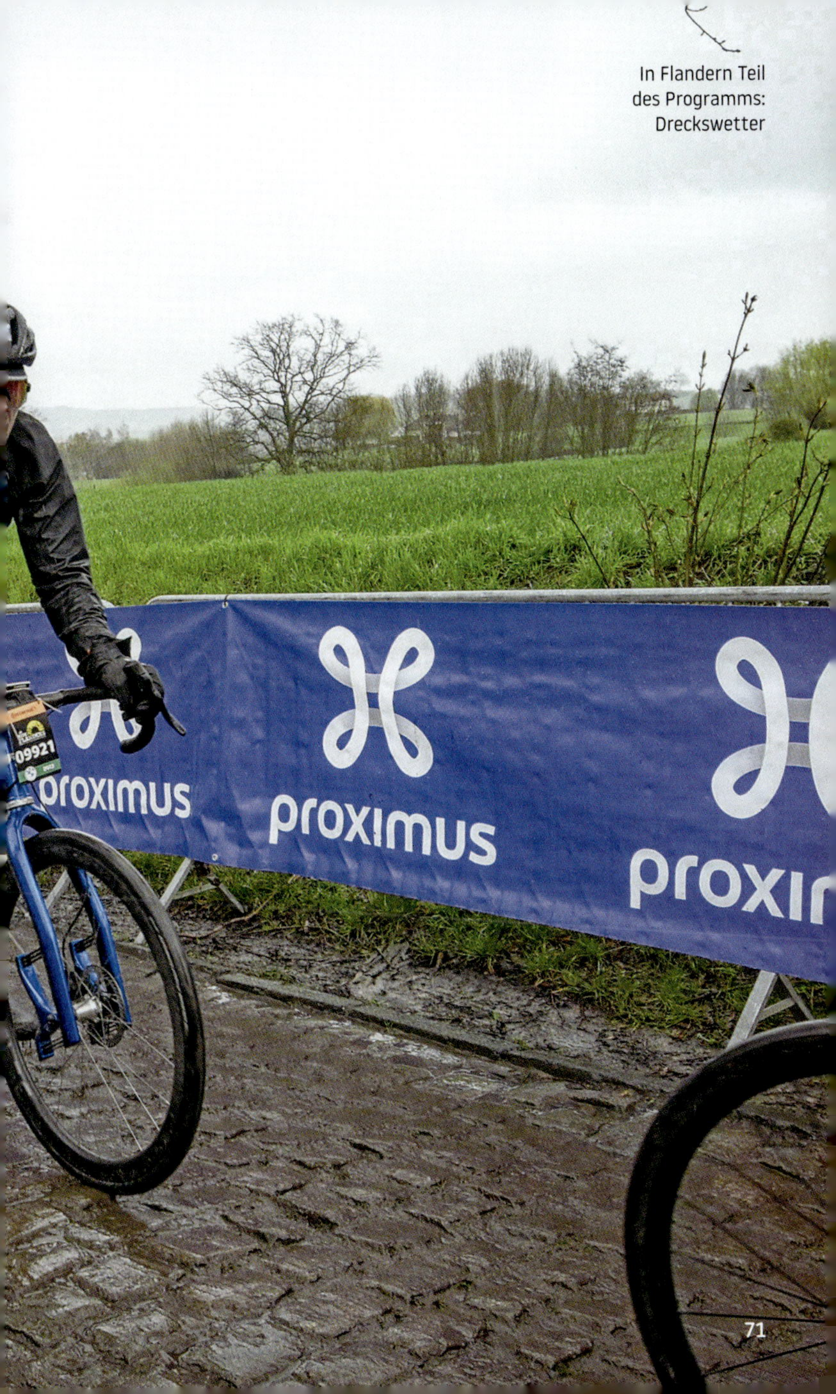

In Flandern Teil des Programms: Dreckswetter

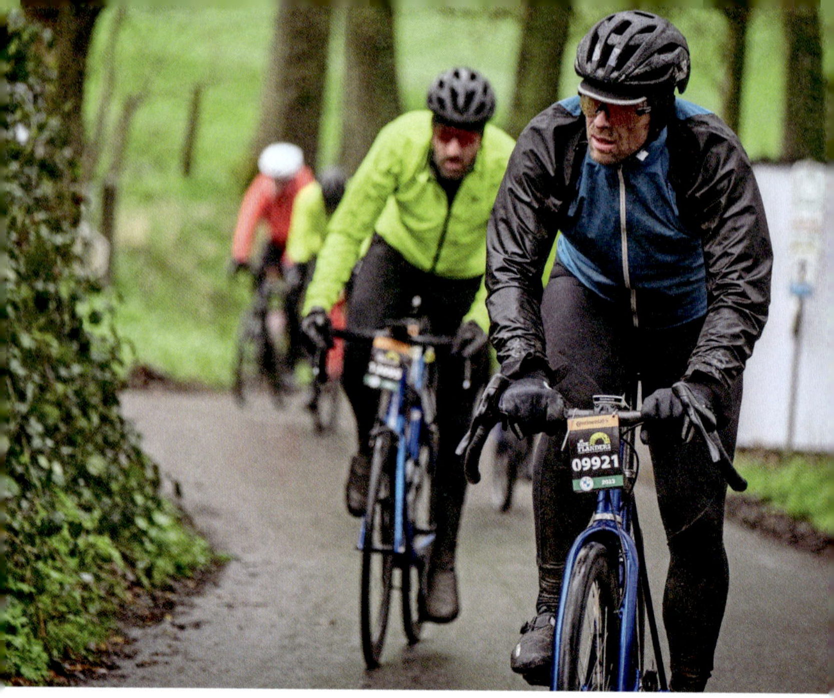

Kämpfen wie die Profis, nur eben langsamer

Es ist zwar schon Frühling, trotzdem schneit es jetzt kurz vor der letzten Verpflegungsstation. Der Tag war grau und kalt – und wurde immer dunkler und kälter. Ich quäle mich einen Hügel in Flandern hinauf, inmitten einer riesigen Horde von Menschen in bunten Trikots, die in dieselbe Richtung fahren. Noch liegen einige der bekanntesten Anstiege des Radsports vor uns, kurz, aber giftig. Der Oude Kwaremont, der Paterberg, die Worte klingen großartig, aber nach all den Kilometern über Kopfsteinpflaster und steile Waldsträßchen reicht es einfach bald. An diesem Punkt gibt es kein Lächeln mehr, hier tut alles einfach nur noch weh.

Die Flandernrundfahrt ist das Heiligtum des belgischen Radsports und aus dem Kalender des Profisports nicht wegzudenken. Sie ist eines der fünf Monumente des Sports, mit Liège–Bastogne–Liège, Mailand–Sanremo, Paris–Roubaix und der Lombardei-Rundfahrt bildet sie das Quintett der ruhmreichsten Veranstaltungen unter den vielen Eintagesrennen. Verbunden mit all diesen Rennen ist ein enormer Schatz an epischen Erzählungen.

Und all diese Rennen können auch Hobbysportlerinnen und -sportler nacherleben. Denn es gibt für alle diese Monumente auch einen Termin, an dem sich jeder Radsportler in seinem eigenen Tempo ausprobieren kann.

Auf den Spuren der Profis

Wer diesen Sport ganz und gar begreifen möchte, der kommt um die Erfahrung eines solchen Monuments nicht herum. In den meisten Fällen passiert das viele Tausend Fahrerinnen und Fahrer starke Peloton die Strecke einen Tag vor den Hauptprotagonisten. Nur bei Mailand–Sanremo, dem längsten aller Klassiker, haben die Organisatoren ein etwas freundlicheres Datum ausgewählt. Denn wer würde sich schon Ende März in der Lage sehen, locker die beinahe 300 Kilometer von der lombardischen Metropole ans Mittelmeer zu pedalieren, bei oft eher ungemütlichen Wetterbedingungen?

Nur für besonders Wagemutige empfiehlt sich die Teilnahme an der »Paris–Roubaix Challenge«, wo es über die Originalschauplätze des vermutlich schmerzhaftesten Profirennens geht. Die Kopfsteinpflaster sind derart fies arrangiert, dass sie sich nur mit hoher Geschwindigkeit halbwegs ertragen lassen – aber dafür wird irgendwann die Kraft fehlen. Außerdem ist diese Tour eine echte Härteprobe fürs Material, auf die sich nur die Allerhärtesten einlassen.

INFOS

Die Jedermann-Versionen der fünf Monumente:

WE RIDE FLANDERS: zwischen 75 und 260 Kilometer, am Samstag vor dem Profirennen bei der Flandernrundfahrt.

PARIS–ROUBAIX CHALLENGE: zwischen 70 und 150 Kilometer, im April am Samstag vor dem Männer-Profirennen. Harte Probe fürs Material.

LIÈGE–BASTOGNE–LIÈGE CHALLENGE: zwischen 70 und 260 Kilometer, zum Abschluss der Klassikersaison am Samstag vor dem Profirennen, viel Auf und Ab.

GRANFONDO MILANO–SANREMO: etwa 300 Kilometer, der Termin liegt normalerweise im Juni (das Profirennen ist Ende März).

GRANFONDO IL LOMBARDIA: einen Tag nach dem Profirennen geht es für Hobbyfahrer auf einen Highlight-Parcours.

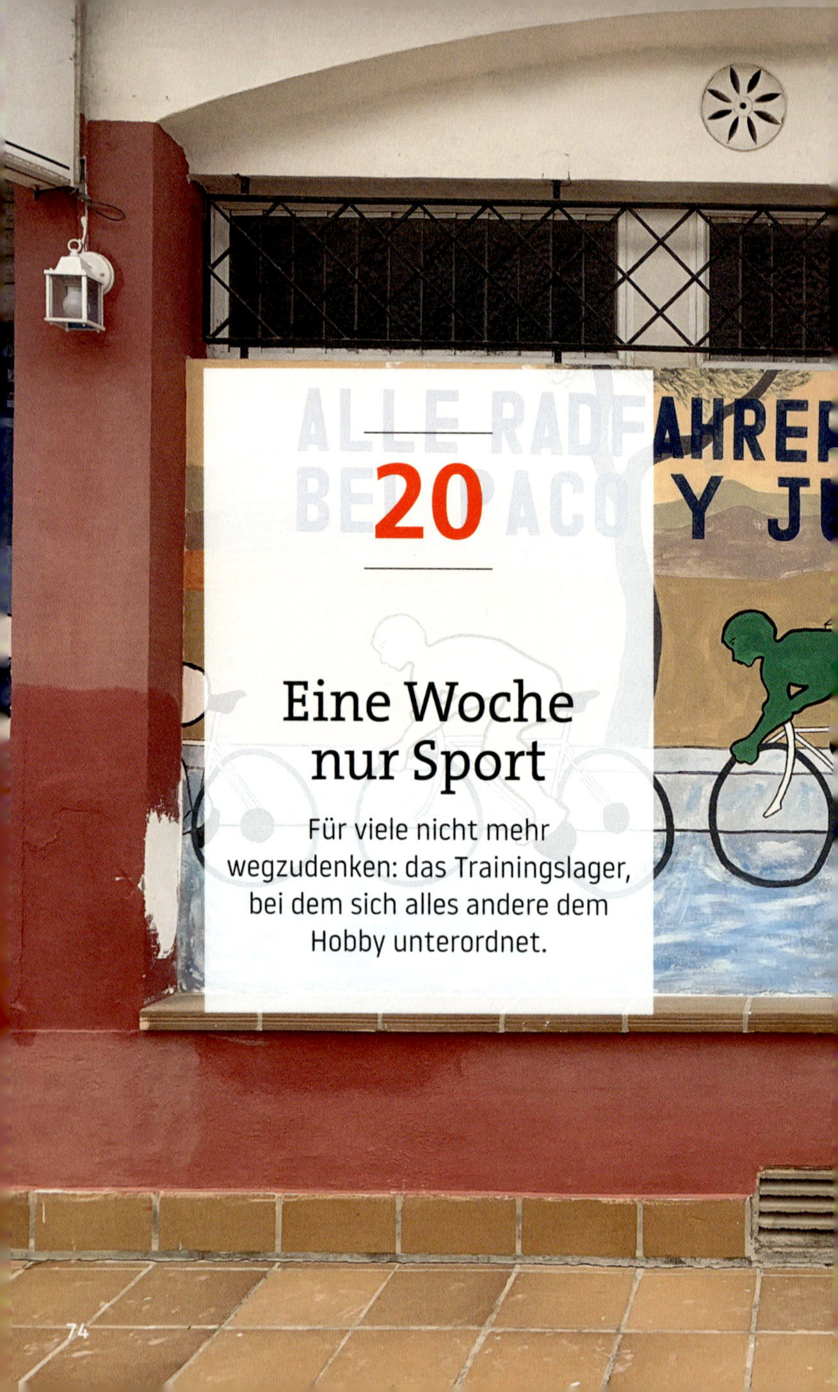

20

Eine Woche nur Sport

Für viele nicht mehr wegzudenken: das Trainingslager, bei dem sich alles andere dem Hobby unterordnet.

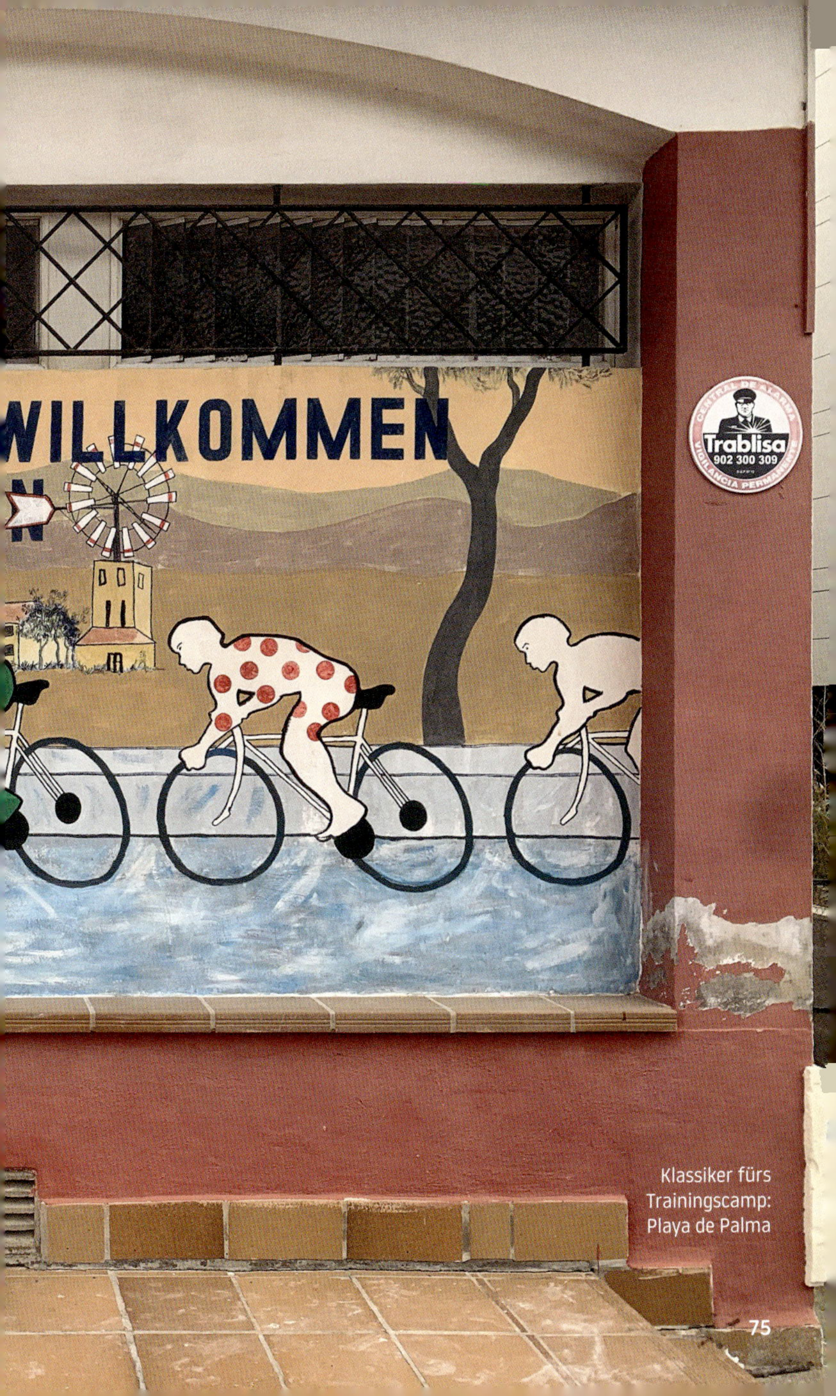

Klassiker fürs Trainingscamp: Playa de Palma

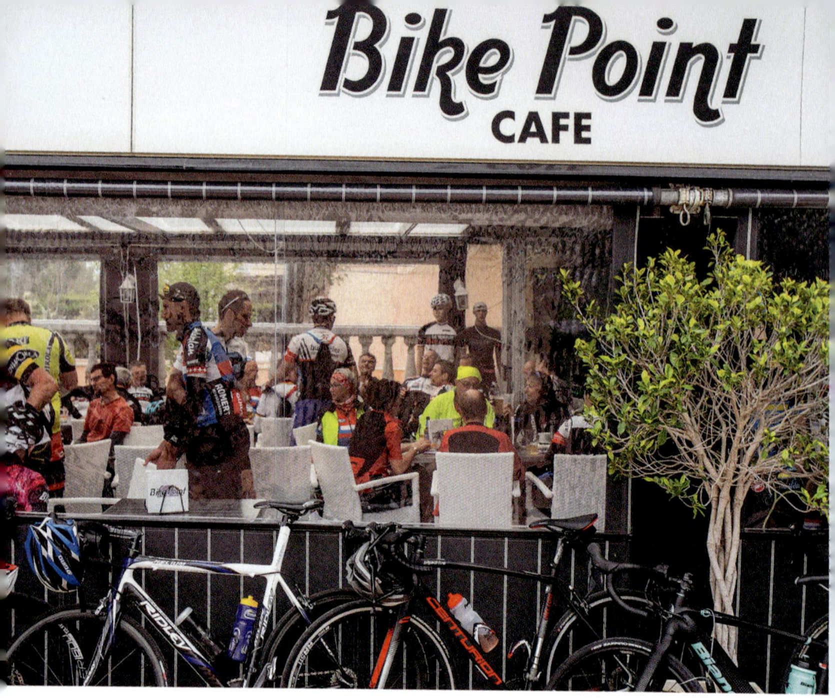

Der Bike Point in Playa de Muro

Es mag verwundern, aber für viele Hobbysportlerinnen und -sportler ist es selbstverständlich: Im März setzen sie sich ins Flugzeug und checken für eine Woche, manchmal sogar mehr, aus ihrem üblichen Leben vollständig aus. Es geht ins Trainingslager, wo sie sich mit kaum etwas anderem beschäftigen als dem Sport und dem eigenen Körper. Okay, vielleicht kommt noch ein bisschen Sozialleben dazu, denn die meisten reisen ja in Gruppen an, teilen sich Hotelzimmer mit anderen und fahren auch gemeinsam jeden Tag zu fixen Zeiten los.

Man muss keine Profiambitionen haben, um sich genauso konzentriert wie die Topathleten für eine Woche wegzusperren. Jeder, der aus dem Sport auch so etwas ziehen kann wie Erholung oder gar psychische Ausgeglichenheit, wird nach einem ersten Anlauf den Reiz dieser Art des Urlaubs schnell erfassen. Denn man hat immer etwas zu tun, aber entkommt doch zugleich den Belastungen, die man von zu Hause kennt. In dieser Zeit gehört die Aufmerksamkeit der wichtigsten Tätigkeit überhaupt, und alles andere muss sich unterordnen. Selbst das Bier am Abend wird, über kurz oder lang, nicht vervielfacht – denn ansonsten leidet ja die Erholung, und die nächsten Runden tun umso mehr weh.

Südliche Ziele bevorzugt

Ein echter Radsportler plant über kurz oder lang ein Trainingslager. Man kann das auch zu Hause machen oder im Schwarzwald, aber die Wahrscheinlichkeit für erträgliche Bedingungen und schöne Routen wächst mit der Auswahl eher südlicher Reiseziele. Wer das auf eigene Faust angehen möchte, findet gerade an bekannten Radsportzielen wie eben auf Mallorca, in Andalusien oder auch den Kanaren problemlos alles, was er oder sie braucht: Räder, Touren, geführte Gruppen und Hotels, die sich nicht wundern, wenn du dein Gefährt zum Aufzug schiebst.

Wer sich auf sportliche Ziele vorbereitet, für den ist eine solche Reise zum Aufbau der Grundlagenkondition enorm wertvoll. Schon in einer Woche ist es problemlos möglich, 700 Kilometer zu fahren – und sich dabei nicht zu zerstören, denn auf den Ruhetag gilt es auch zu achten. Wenn der gesamte Tag zur Verfügung steht, ist auch das Training ganz entspannt. Ein paar Wochen nach dem Trainingslager wirst du spüren, wie sehr es sich gelohnt hat. Fortgeschrittene passen natürlich die Wahl der Termine und die Belastungen im Sporturlaub an ihre Saisonplanung an – und fahren nicht nur einmal im Jahr ins Camp.

INFOS

Beliebte Trainingslager-Reviere sind:

MALLORCA, PLAYA DE PALMA: Große Auswahl an günstigen Hotels mit Vollversorgung und Radvermietung, sehr nah am Flughafen.

MALLORCA, BUCHT VON ALCÚDIA: Die Ferienorte im Nordosten der Insel besuchen im Frühjahr beinahe ausschließlich Radler.

KANAREN: Die Kanarischen Inseln Gran Canaria, Fuerteventura, Lanzarote und Teneriffa bieten ganzjährig gutes Wetter und spannende Strecken.

ANDALUSIEN: Der spanische Süden hat nicht nur schöne Küsten, sondern auch imposante Berge für kraftzehrendes Training am Berg im Angebot.

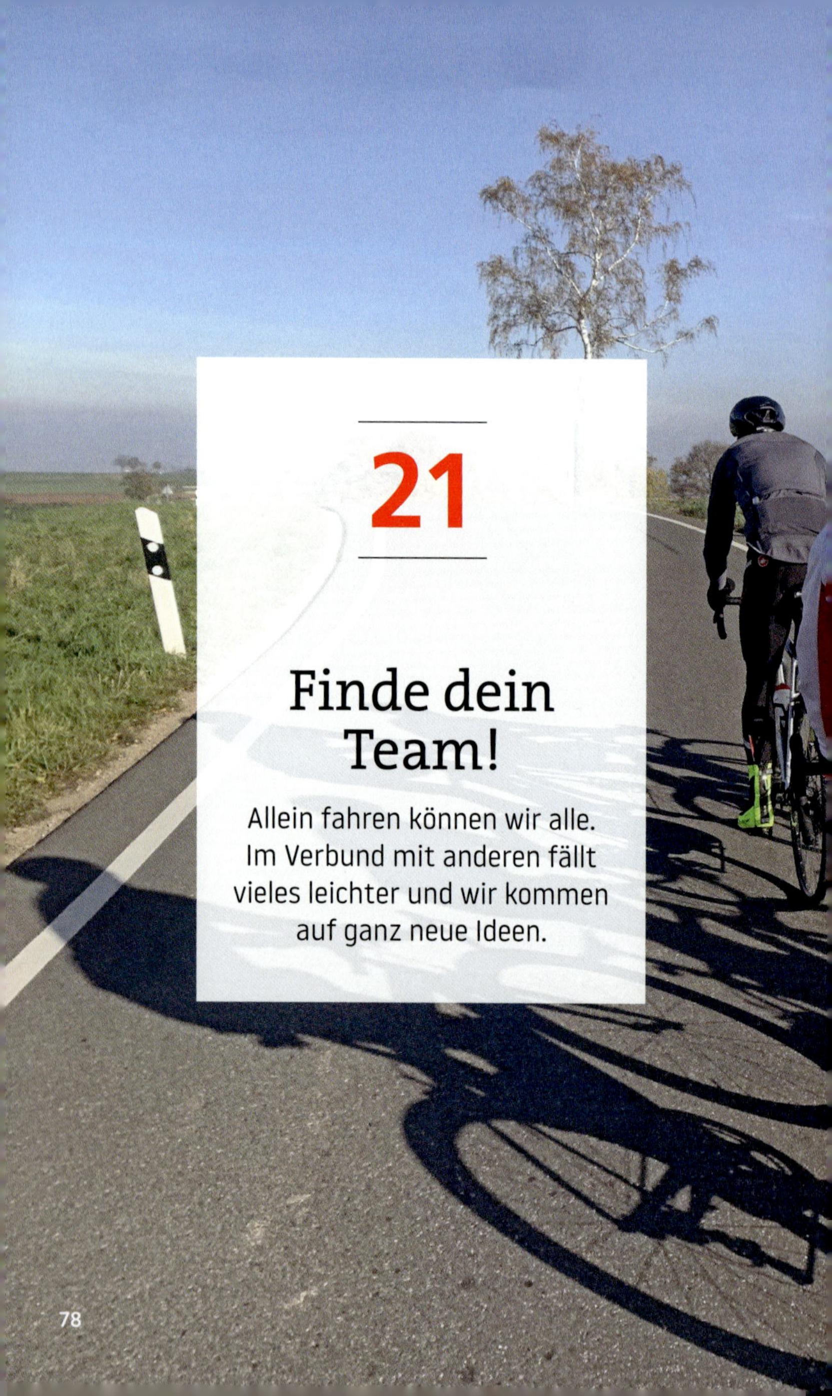

21

Finde dein Team!

Allein fahren können wir alle. Im Verbund mit anderen fällt vieles leichter und wir kommen auf ganz neue Ideen.

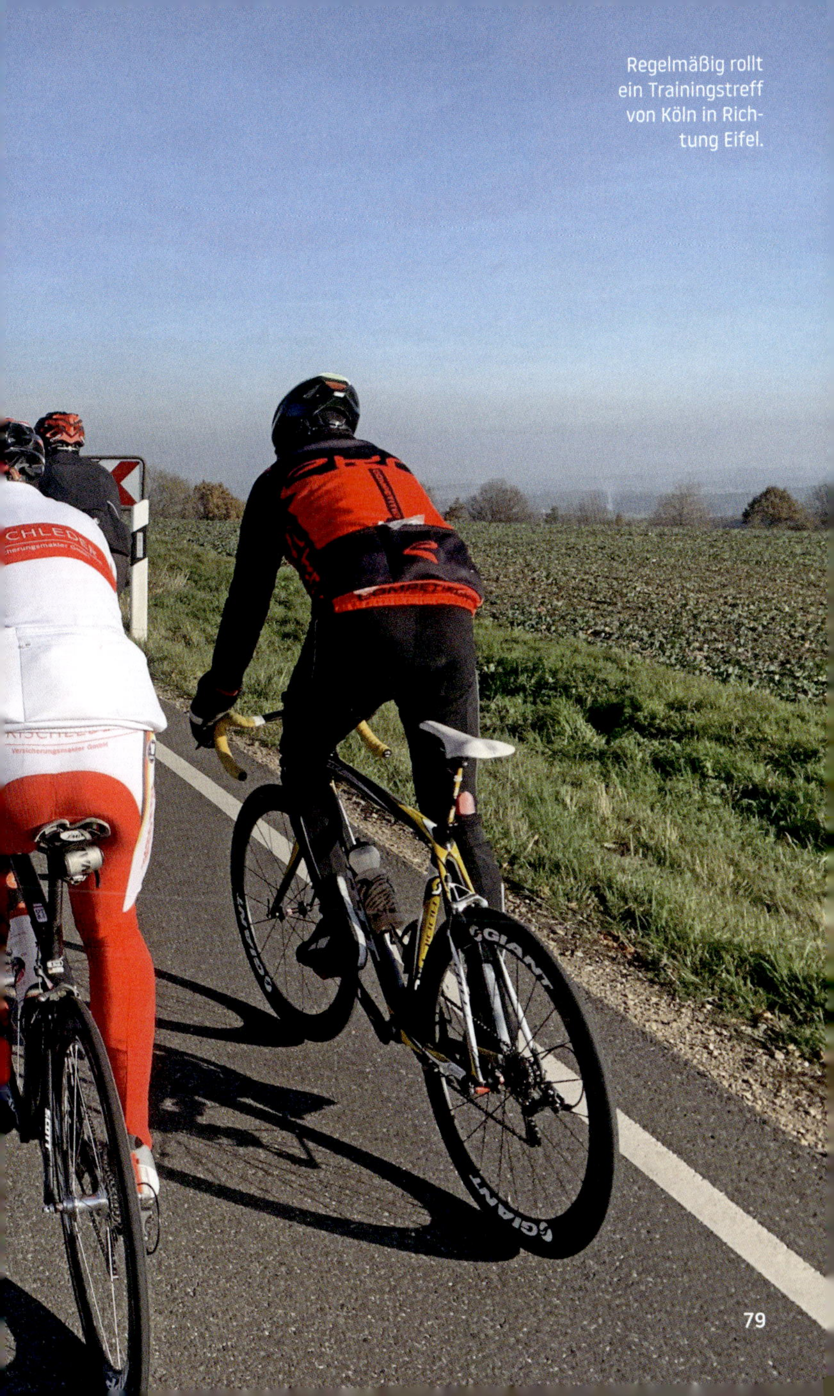

Regelmäßig rollt ein Trainingstreff von Köln in Richtung Eifel.

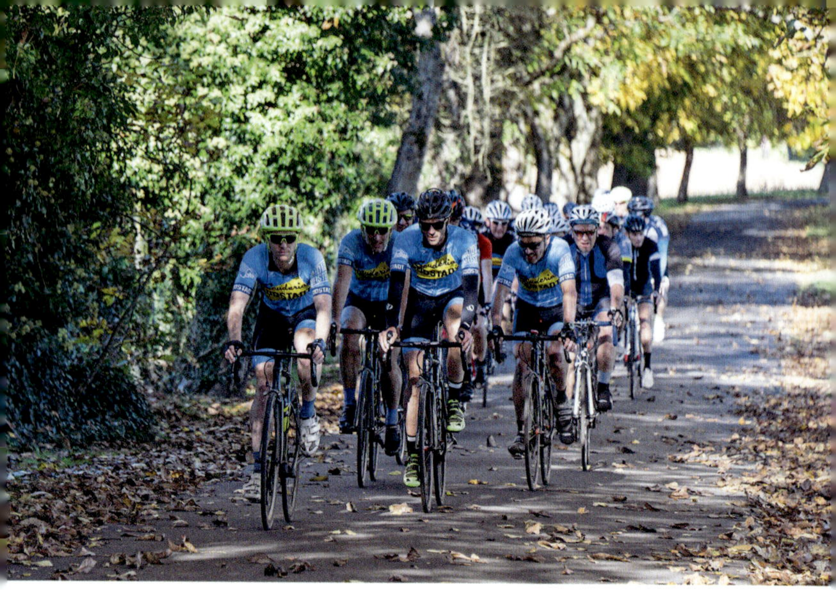

Gruppenfahrt der Kölner Scuderia

Mag sein, dass die Mitgliedschaft in einem Sportverein nicht mehr zu den modernsten Persönlichkeitsmerkmalen gehört. Wir gehen ins Fitessstudio, wann wir wollen; wir joggen, wenn es uns in den Tagesablauf passt; wir fahren Rennrad, ohne uns an Zeit und Strecke gebunden zu fühlen. Das alles ist schön individualistisch, doch geht dabei etwas anderes unter: Gewisse Dinge werden erheblich einfacher, wenn wir sie im Verbund mit anderen machen.

Das beginnt schon mit dem Training. Ist es nicht wunderbar, mit anderen zusammen eine ordentliche Distanz abzuspulen und, je nach Tagesform, auch mal hinten in der Gruppe ein bisschen lockerer zu fahren? Das geht natürlich nur, wenn du auch eine Gruppe hast, in der man dich »lutschen« lässt. Rennradvereine haben den Vorteil, dass sie gruppenweise zu festen Zeiten trainieren – samstags, sonntags, abends unter der Woche. Darauf kannst du dich verlassen und in diesen Gruppen lässt sich von erfahreneren Fahrern allerhand lernen, sowohl was die Strecken anbelangt als auch die Fahrtechnik oder das Leben an sich. Daraus werden ganz oft neue Ideen geboren, Pläne für Wettkämpfe in anderen Ländern oder es ergibt sich sogar die Gelegenheit, günstig an Material zu kommen.

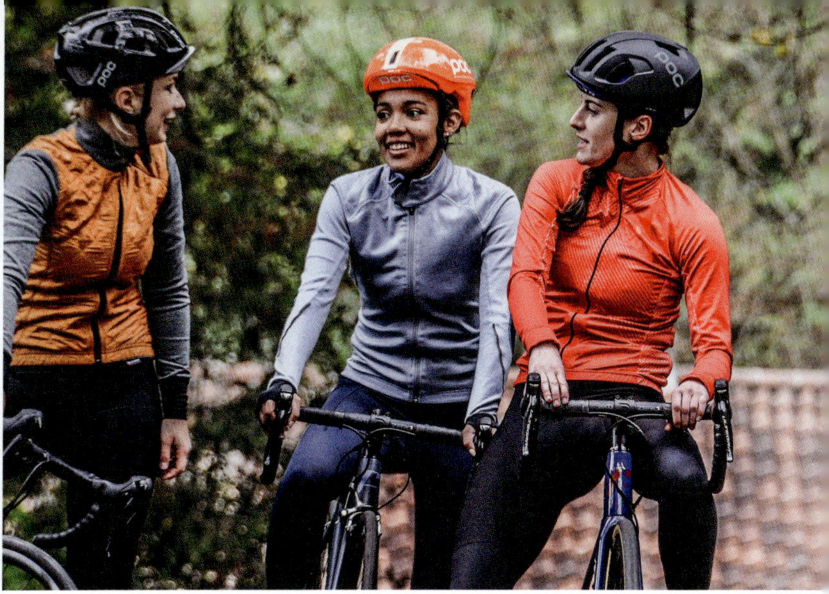

Sport ist meistens auch Konversation.

Motivation in der Gruppe

Radsportvereine machen noch mehr. Sie bieten ihren Mitgliedern beispielsweise Kurse für den sogenannten Ausgleichssport. Den solltest du nicht vernachlässigen, und gerade diese Aspekte des Trainings fallen vielen Menschen mit festem Termin und in der Gruppe deutlich leichter. Verabredungen unter Gleichgesinnten steigern die Motivation, das weiß auch die Sportwissenschaft zu berichten. Außerdem finden sich in den Sportvereinen immer wieder Angebote für größere Abenteuer, beispielsweise Mehretappenfahrten mit guter Organisation. Die sind auf eigene Faust weitaus schwieriger zu stemmen.

Man kann auch ohne Vereinsmitgliedschaft zum Teil von Teams werden. Es gibt Rennrad-Treffs an vielen Orten, die sich zu ihren Runden zusammenfinden und untereinander Kontakte knüpfen. Es gibt im Umfeld von Fahrradläden oder Cafés regelmäßige Runden und hinterher Bier oder Kaffee. Und auch beim E-Radsport ist es längst üblich, dass sich Athleten einem Club anschließen und gemeinsam auf der Rolle und im Internet trainieren. Dort gehört das lockere Gequatsche, im Chat oder über die digitale Tonspur, genauso dazu wie auf der Straße. So holt man einfach noch mehr heraus.

22

Eine Tour-Etappe live

Das größte aller Radrennen zieht uns magisch an. Mit dem Velo fahren wir hin und staunen über das Spektakel.

Eine echte Rennradfahrerin beziehungsweise ein echter Rennradfahrer kommt kaum umhin, das wichtigste aller Ereignisse dieses Sports zu verfolgen. Die meisten großen Erzählungen dieser Disziplin und die meisten Dinge, die wir selbst auf dem Rad erleben, verweisen auf dieses großartige und oft auch etwas großkotzige Mega-Event, das dem Sommer in Frankreich und darüber hinaus eine wichtige Struktur gibt.

Als Rennradfahrer sollten wir es uns zur Pflicht machen, das Treiben nicht nur am Bildschirm zu verfolgen, sondern uns auch mindestens einmal in unserem Leben an die Strecke wagen. Egal ob wir dafür einen Ort in der Normandie auswählen, eine kleine Landstraße im Zentralmassiv, einen Anstieg in den Vogesen oder einen der legendären Pässe: Wir werden gut vorbereitet sein müssen und Geduld benötigen. Einfach nur hinfahren, sich an den Rand stellen – das ist nicht so simpel. Es gibt gewaltige Staus und viele Sperrungen schon lange vor dem eigentlichen Rennen.

Ein dreiwöchiges Fest

Die Tour de France bietet weitaus mehr als nur das Rennen selbst. Sie ist eine rollende Ausstellung der Schönheit Frankreichs, ein kulturelles Fest von drei Wochen Dauer. Sie ist tief verwurzelt in der Tradition der Gastgebernation. Sie hat einen Wert, der sich am besten bei einem Besuch in Frankreich ermessen lässt.

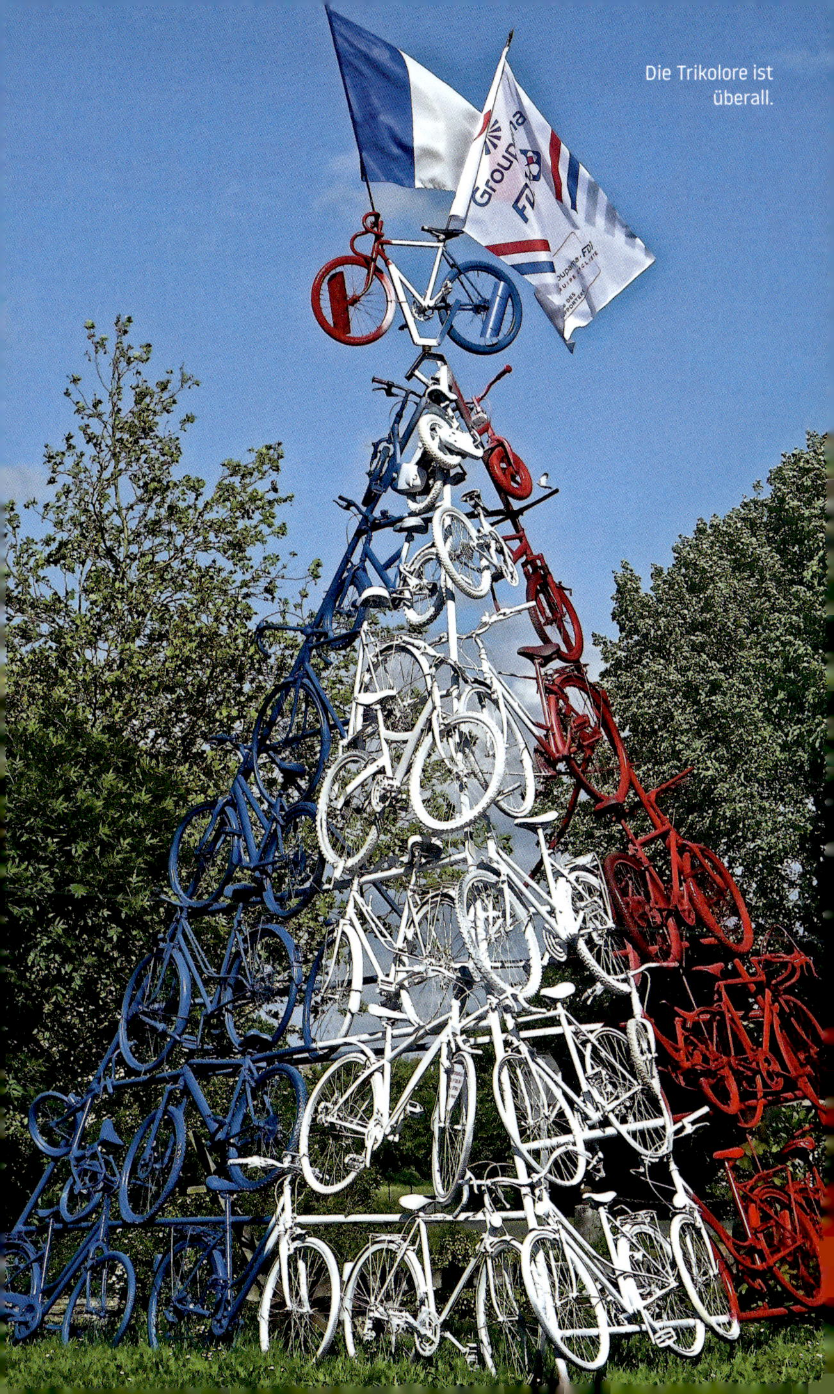

Die Trikolore ist überall.

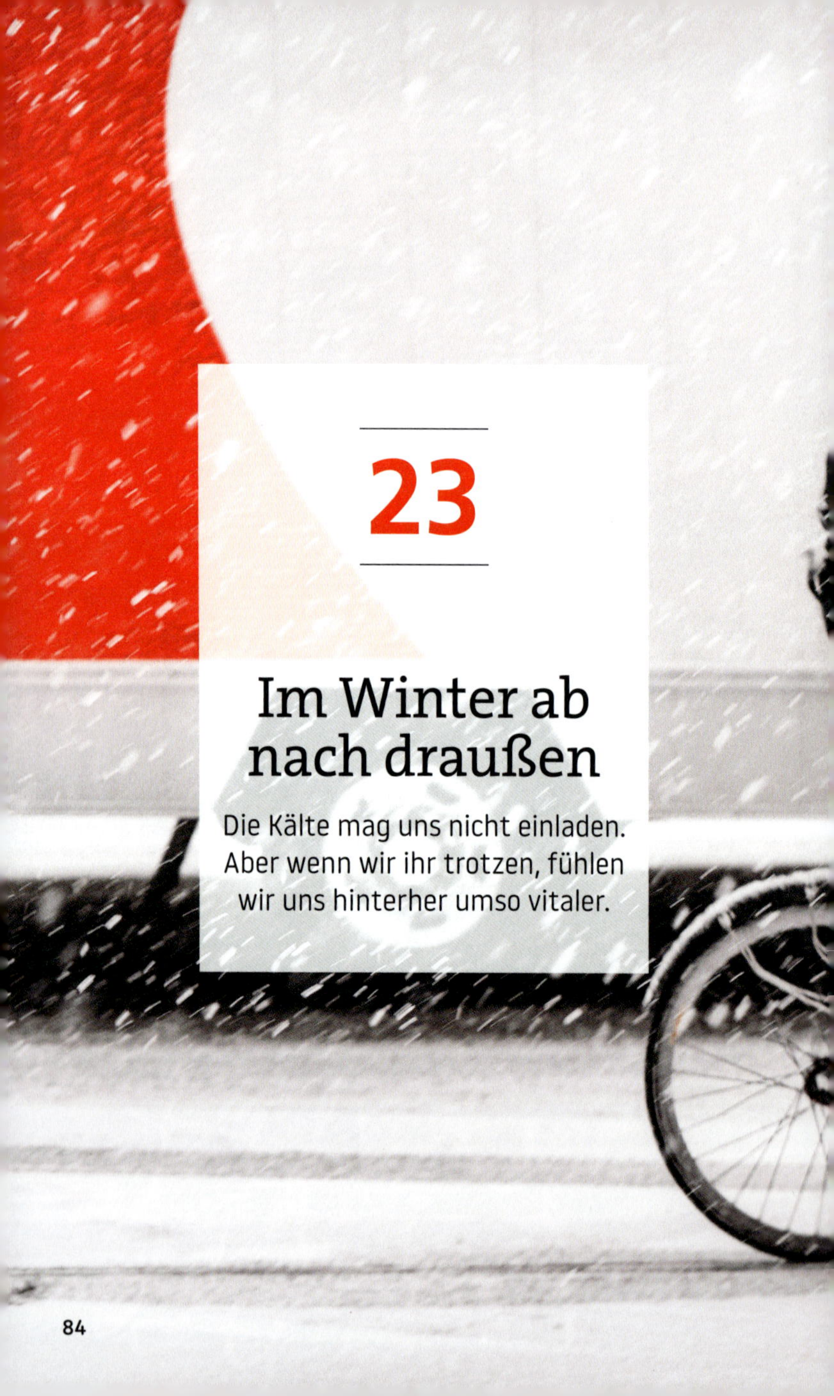

23

Im Winter ab nach draußen

Die Kälte mag uns nicht einladen. Aber wenn wir ihr trotzen, fühlen wir uns hinterher umso vitaler.

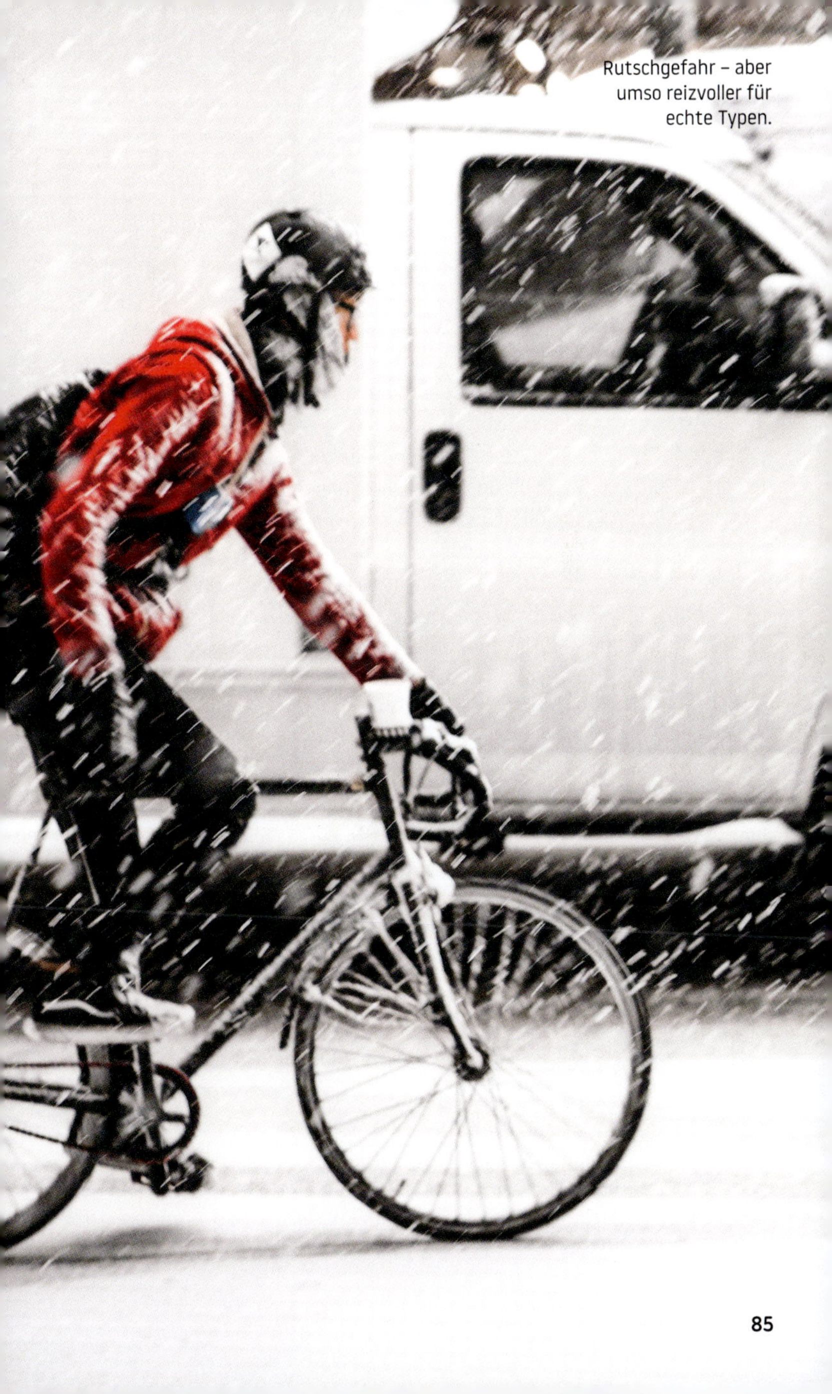

Rutschgefahr – aber umso reizvoller für echte Typen.

Normale Rennradfahrer suchen sich in den kalten und dunklen Monaten des Jahres eine andere Sportart. Der Radhandel und das Tourengeschehen kennen auch eine eindeutige Saisonalität. Irgendwann ab Ende Oktober hören unbeleckte Hobbyfahrer auf mit dem Fahren auf der Straße – und irgendwann im Frühjahr, wenn Frost und Schnee nicht mehr im Programm stehen, wagen sie sich zurück. Nach einer solch langen Pause fühlt es sich mitunter an, als wäre das die erste Radtour im Leben. Sehr viele Abläufe gilt es wieder neu zu lernen und die Kondition, die im Vorjahr noch da war, ist verloren. Selbst wenn du den Winter über stattdessen ordentlich joggst, geht dir etwas von der radsportspezifischen Leistungsfähigkeit verloren.

Wie wäre es mit einer anderen Idee? Bleib doch auch zwischen Spätherbst und März und auch bei den, zugegeben, ungemütlichen Bedingungen in unseren Breiten zumindest hin und wieder auf der Straße. Starte vielleicht nicht direkt bei Temperaturen unter dem Gefrierpunkt, aber knapp darüber geht es schon. Plane erst mal eine, vielleicht zwei Stunden ein. Danach schaust du, wie du die Sache vertragen hast – und ob du das richtige Equipment dabeihattest.

Auf die richtige Kleidung kommt es an

Es gibt einige Aspekte des Winterfahrens, die dir garantiert zunächst einmal Probleme bereiten werden. So dick vermummt fallen viele Bewegungen schwerer, außerdem ist es eine Wissenschaft für sich, im Innern der Kleidungsschichten nicht so heiß zu werden, dass der Schweiß am Ende zum Problem wird – weil wir, mit nasser Kleidung, in der Kälte schneller frieren, zumal bei rasanten Abfahrten. Anders als im Sommer ist das Potenzial von gut angelegtem Geld für entsprechende Kleidung im Winter wirklich entscheidend. Wenn du knapp bei Kasse bist, tun es im Sommer auch die etwas abgetragenen Hosen; eine Kombination aus Winterhose, Jacke und Unterschichten hingegen darf und muss sogar ins Geld gehen.

Fortgeschrittene Fahrer ziehen das ganze Jahr über draußen durch, von gelegentlichen und empfohlenen Pausen abgesehen. Sie treffen im Winter sogar Leute auf der Straße, die niemals eine Alternative nutzen würden, sei es traditionelles Rollentraining oder hochmodernes virtuelles Radeln. Wenn du mal in einer solchen Gruppe mitgefahren bist, wenn du dann bei null Grad und Nebel die Hundert-Kilometer-Marke überschreitest, wirst du dich hinterher großartig fühlen.

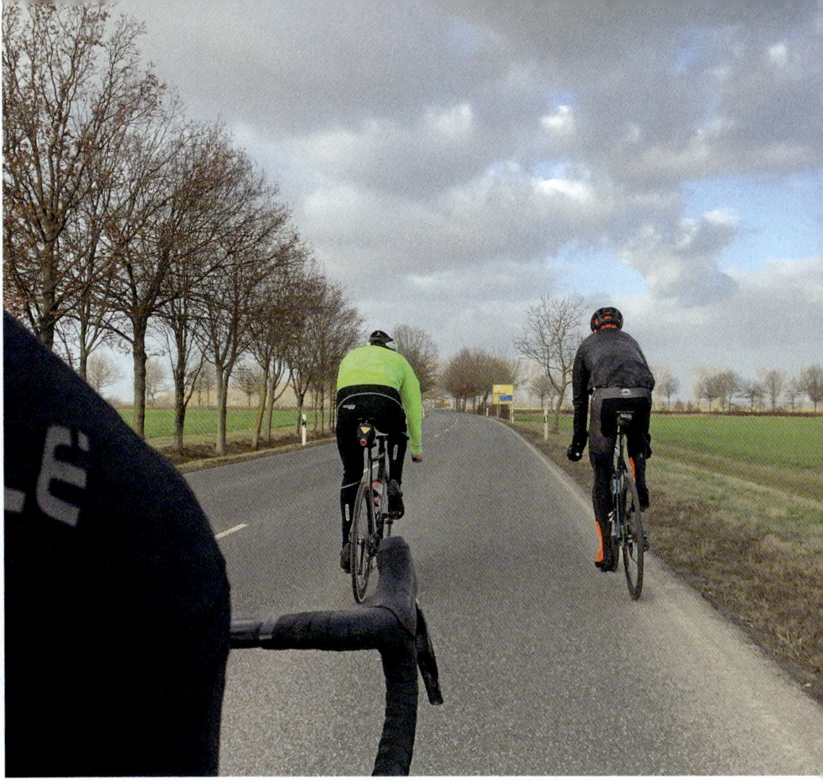

Gut verpackt gegen Wind und Wetter

INFOS

Was im Winter dazugehört:

WINTERJACKE UND THERMOHOSE: Die Oberschicht muss den Temperaturen trotzen und auch Regen standhalten. Schau genau hin – und wähle am besten leuchtende Farben, um gesehen zu werden.

ÜBERSCHUHE: Nutze Neopren-Überzieher, die sich beinahe vollständig um die Schuhe schmiegen. Die Füße sind bei Kälte sehr empfindlich.

UNTERHEMD: Ein wertvoller Artikel im Kleiderschrank ist ein Unterhemd aus Merinowolle, das in vielen Fällen eine dritte Schicht überflüssig macht.

24

Ein Loch zufahren

Wage dich aus dem Windschatten, überbrücke den Abstand und zeige deinen großen Kampfgeist.

Viele von uns sind nicht als Siegfahrer geboren, und trainieren tun wir erst recht nicht entsprechend. Daher stellt sich bei Rennteilnahmen natürlich auch die Frage, wofür wir das eigentlich machen und wann ein Ergebnis ein Erfolg wäre. Möglichst weit vorne ankommen, das wäre schön. Damit das funktioniert, werden wir in den meisten Fällen eine kluge Strategie anwenden, die wir von den alten Hasen lernen. Vernünftige Fahrerinnen und Fahrer sparen Kraft, suchen sich eine gut gehende, möglichst harmonische Gruppe und setzen darauf, dass dieses spontan zusammengefundene Häuflein möglichst viele Fahrer einholt und von hinten nicht »kassiert« wird. So weit, so gut. Gegen diese Art des Rennenfahrens ist überhaupt nichts zu sagen.

Trau dir die Attacke zu

Ich habe einen anderen Vorschlag für dich, wenn du stolz auf dich sein möchtest – weil du, zumindest innerhalb deiner Möglichkeiten, eine Rolle gespielt hast. Wie wär's, wenn du dich in deiner Gruppe nach vorn orientierst und Ausschau hältst nach der Gelegenheit, ein »Loch zuzufahren«. So heißt das, wenn du den relativ großen Abstand zu den Fahrern eine Position weiter vorne überbrückst. Das zu schaffen, erfordert Hingabe. Du kämpfst sowohl gegen eine ganze Gruppe vor dir, die den Windschatten nutzt, als auch gegen den Wind selbst. Zieh durch, trau dich! Ziemlich sicher bist du bei einer erfolgreichen Attacke auf die Vorderleute bald nicht mehr allein, sondern ziehst gleich einige Fahrer mit. Bringt deinem Ergebnis nicht viel, fühlt sich aber wertvoll an.

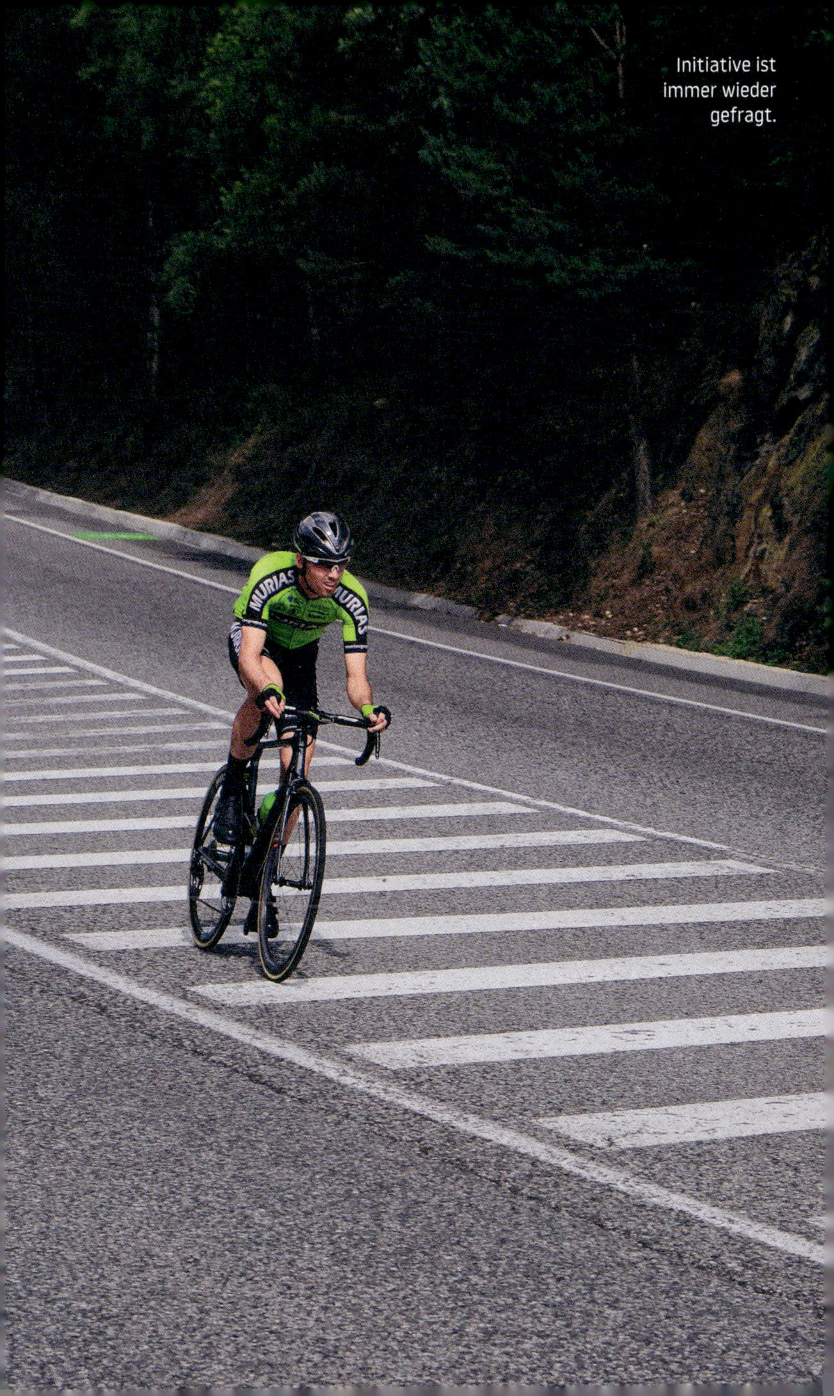

Initiative ist immer wieder gefragt.

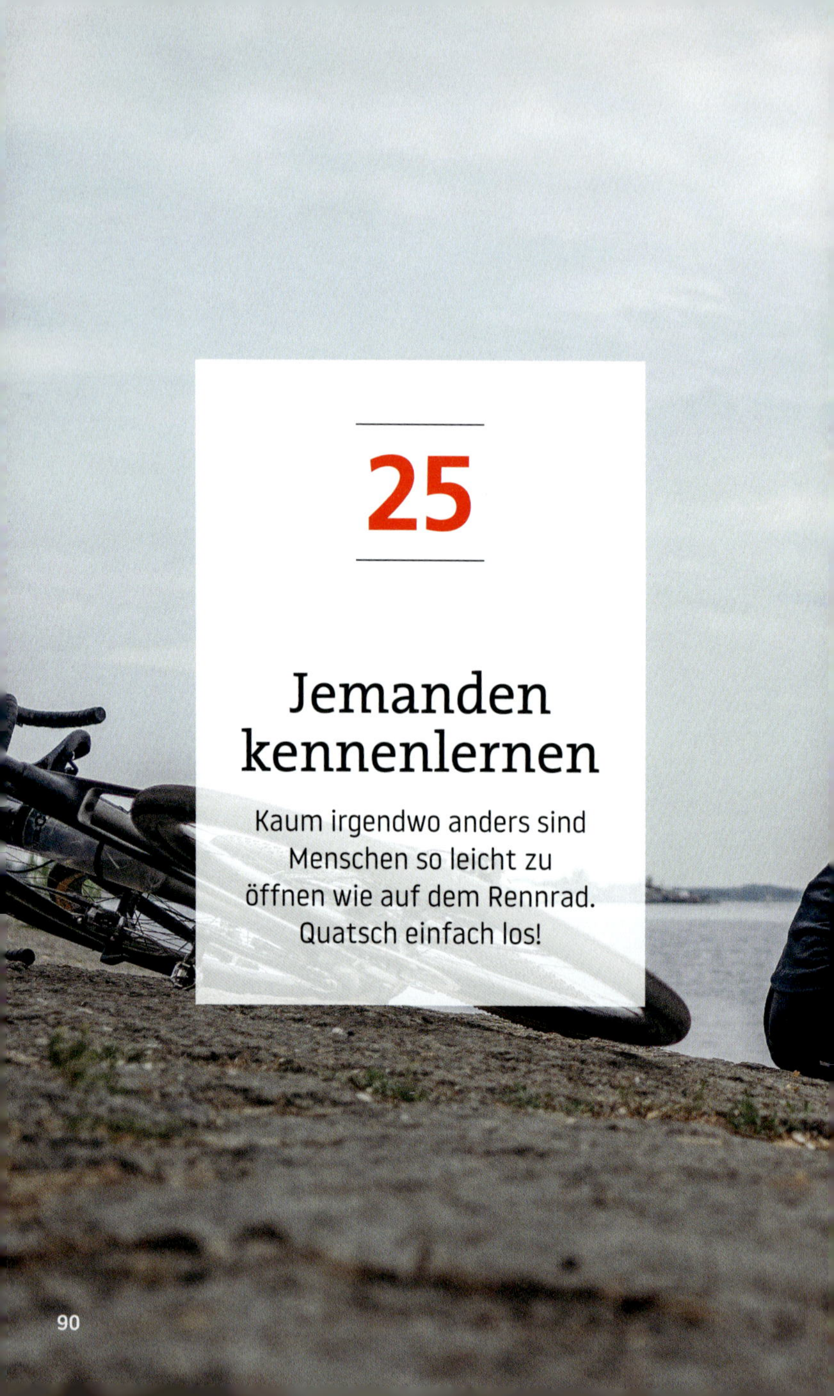

25

Jemanden kennenlernen

Kaum irgendwo anders sind Menschen so leicht zu öffnen wie auf dem Rennrad. Quatsch einfach los!

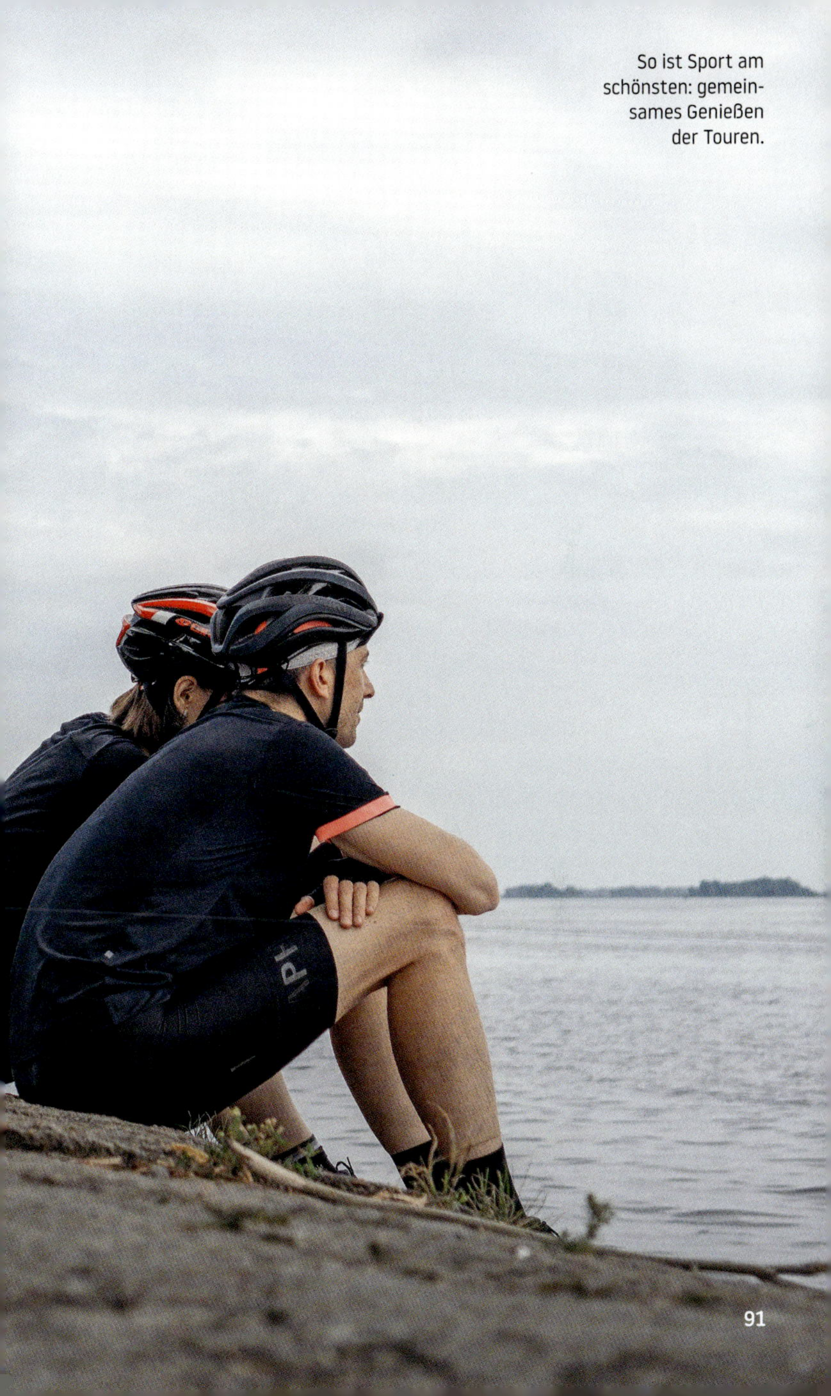

So ist Sport am schönsten: gemeinsames Genießen der Touren.

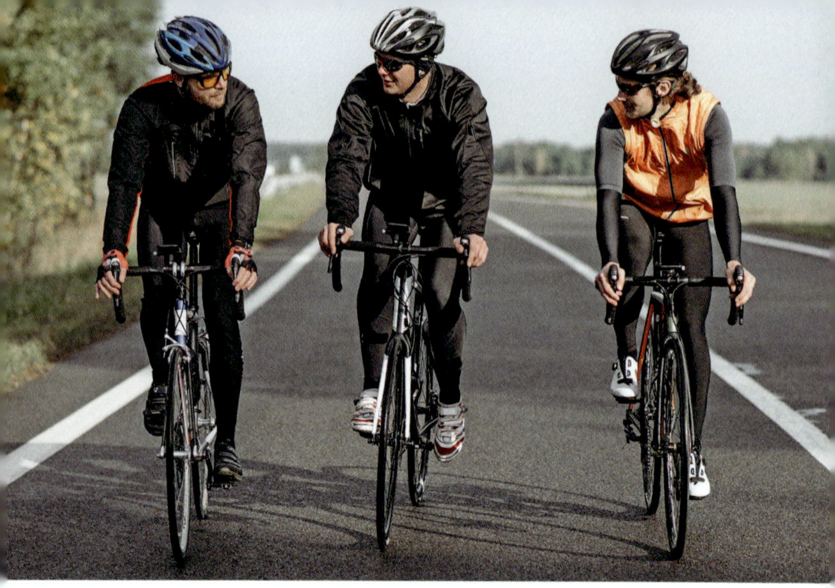

Auf Touren öffnen sich Menschen schnell.

Es war im November 2014, ich war mit der Familie auf Teneriffa und fühlte mich verpflichtet, den dortigen Vulkanriesen Teide mit dem Mietrennrad zu erklimmen. Ich rollte also los, den sehr langen Anstieg hinauf, ein Trip von mehreren wortlosen Stunden Dauer, darauf hatte ich mich eingestellt. Als ich gut die Hälfte des Weges hinter mir hatte, kam plötzlich ein Rennradfahrer von hinten an mich herangefahren. Ich überlegte, ob ich ihn auf Abstand halten könnte, doch er war deutlich zügiger unterwegs. Kurz danach kam er neben mich, drosselte sein Tempo und sprach mich an, freundlich fragte er nach irgendeinem Detail zur Strecke.

An das Gespräch danach kann ich mich noch ganz gut erinnern. Er ist Engländer, war am Abend vorher erst angekommen, hatte nachts mit seinem Freund heftig getrunken und sich dann direkt am Morgen aufs Rad gesetzt. Der junge Mann war ein starker Radfahrer, wir sprachen aber auch über alles Mögliche, den Beruf und die Partnerschaft. Er schwärmte von seiner Freundin. Dann musste er das Tempo steigern, ich war dann doch ein bisschen gemütlich für seine Form.

Den jungen Mann aus England habe ich kurz danach bei Facebook gefunden – und natürlich auch bei Strava. Ich möchte nicht behaupten, dass ich

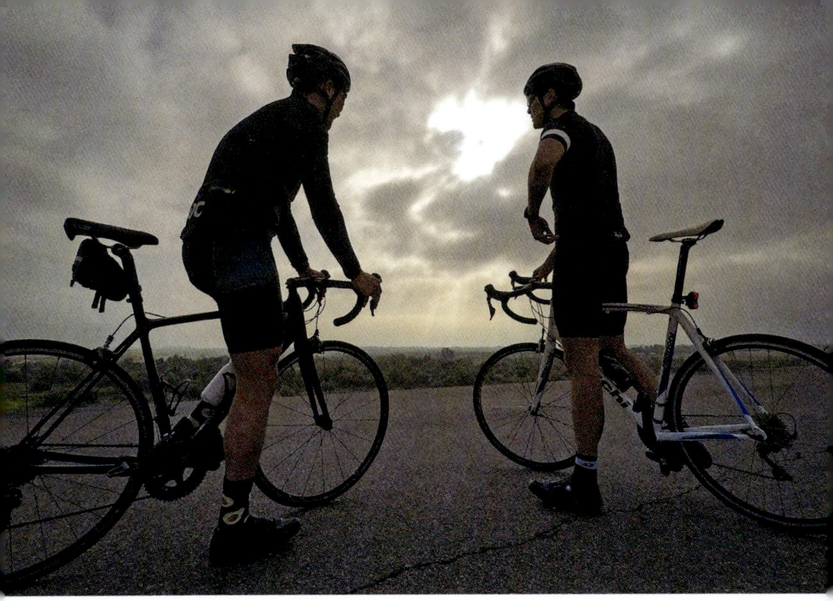

Oft bleiben die Kontakte bestehen.

mit ihm inzwischen befreundet wäre, aber immer mal im Austausch sind wir schon. Eine schöne Sache.

Die Kontaktschwellen sind niedrig

Das Rennradfahren öffnet uns in erstaunlicher Weise andere Menschen. Wer gemeinsam in einer Gruppe fährt, hat wesentlich niedrigere Kontaktschwellen, als sie etwa Menschen in einem Bahnabteil haben. Gerade heute bin ich wieder mit einem sehr fitten, netten Mann aus Barcelona ins Gespräch gekommen, der mich an einem Anstieg erst überholte, den ich dann in der folgenden Abfahrt aber wieder vor mir hatte.

Wenn du noch keine Übung darin hast, trau dich einfach: Beim Rennradfahren darfst du die Leute ansprechen, die an dir vorbeifahren. Ich habe auf diese Weise schon alle möglichen Menschen kennengelernt, Zahnärzte aus Köln, einen chinesischen Ingenieur, der in einem Kölner Vorort wohnte, einen sehr starken Rennfahrer, mit dem ich immer mal wieder in Gruppen unterwegs bin – und sogar ehemalige Profis, mit denen ich bei Rennen zufälligerweise unterwegs war. An all diese Menschen habe ich bleibende Erinnerungen und zu etlichen sogar bleibende Verbindungen behalten.

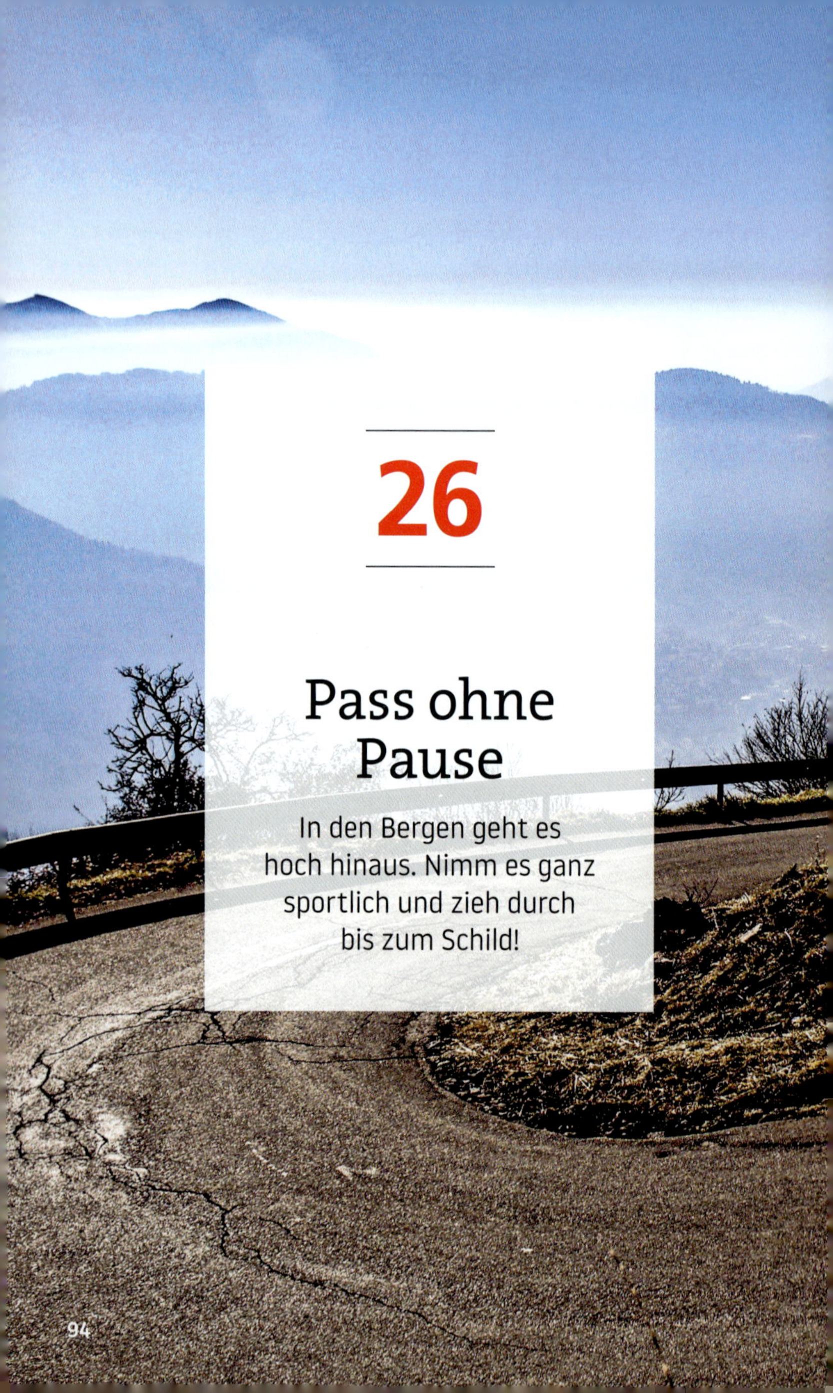

26

Pass ohne Pause

In den Bergen geht es hoch hinaus. Nimm es ganz sportlich und zieh durch bis zum Schild!

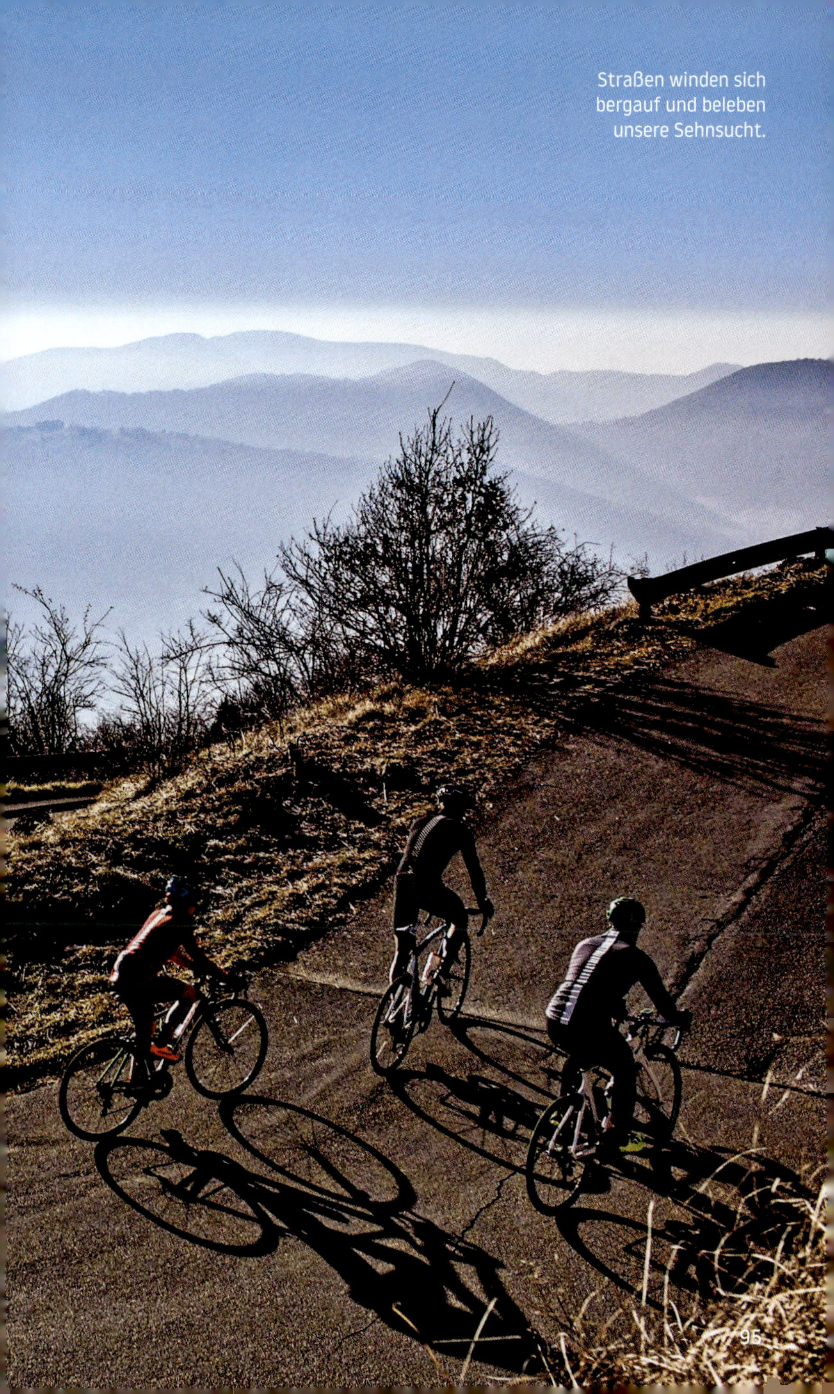

Straßen winden sich bergauf und beleben unsere Sehnsucht.

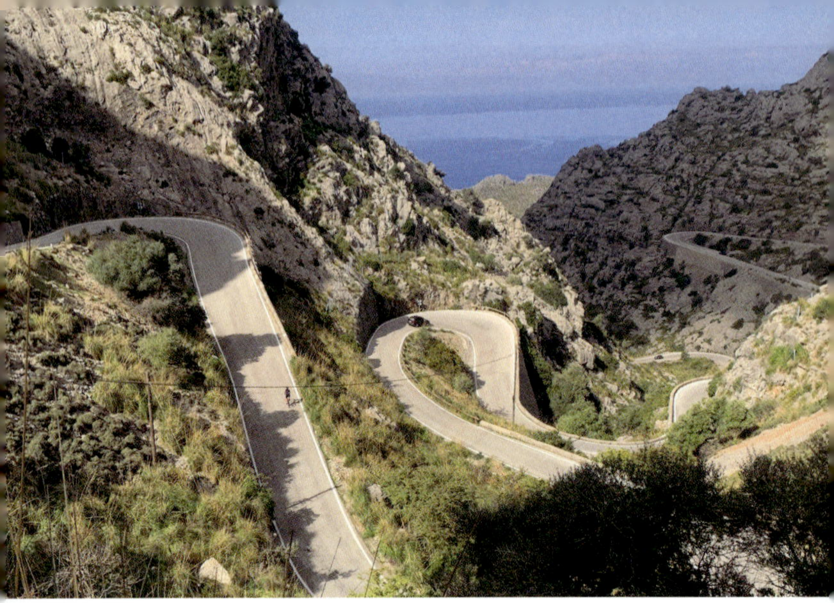

Sa Calobra im Norden Mallorcas

Wer es noch nie gemacht hat, kann sich die Dimension der Leistung nicht vorstellen: Mit dem Fahrrad einen Berg in den Alpen, Pyrenäen oder einem anderen Hochgebirge erklimmen, das scheint Ungeübten beinahe eine übermenschliche Leistung zu sein. Andererseits schaffen es ja nicht nur Profisportler im Stil von Mopeds über drei, vier wahnsinnig lange Anstiege an einem Tag, auch Hunderte Hobbyfahrer kann man an jedem beliebigen Sommerwochenende an den Auffahrten zum Stilfser Joch, zum Col du Tourmalet oder zum Pico Veleta bei ihren Mühen beobachten. Die meisten schaffen es irgendwie hoch, manche in abenteuerlich schnellem, die meisten in gequält langsamem Tempo.

Im Bergauffahren sehen viele Radsportler die edelste Form der sportlichen Betätigung. Wer länger einen Berg hochfährt, bekommt mitunter sogar das Gefühl, eine andere Sportart zu betreiben als das normale Rennradfahren. Wo man sich vielleicht gerade noch in wechselnden Geschwindigkeiten mit Wind und Wellen auf der Landstraße abgekämpft hat, kommt plötzlich eine ganz andere, weitaus monotonere Belastung. Es geht hinauf, hinauf, hinauf. Wir finden den Rhythmus wie beim Tanzen oder kommen aus unserem Takt.

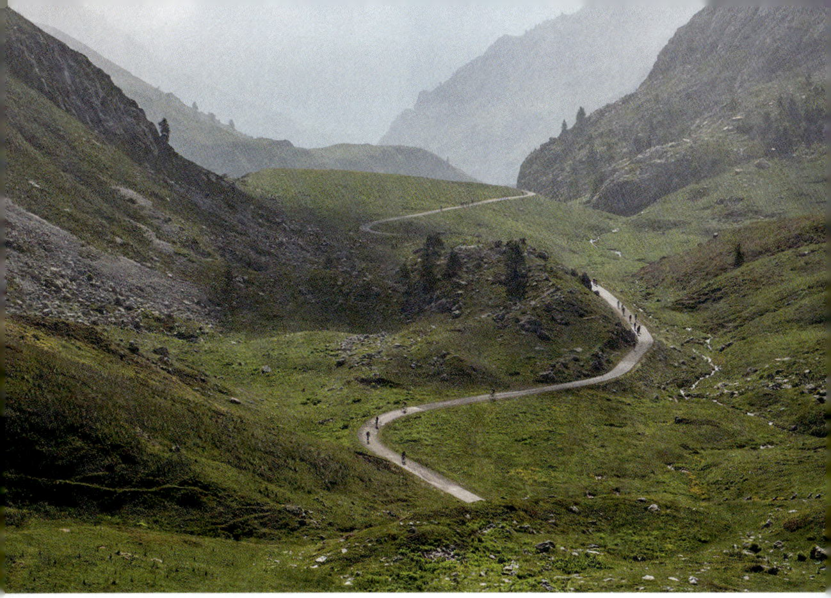

Der Colle Fauniera in Norditalien

Mit etwas Erfahrung auf dem Rennrad und einiger Standfestigkeit, die du dir im Mittelgebirge antrainiert hast, darfst du dich an den nächsten Schritt wagen: Fahr ins Hochgebirge und trau dich auf einen Berg hinauf, der wirklich etwas zu bieten hat. Wie wär's, wenn du gleich mal mindestens 900 Höhenmeter am Stück anpeilst? Das würde beispielsweise die Mutter aller Alpenpässe, die Tremola am Gotthard in der Schweiz, qualifizieren. Viel weniger als dieser Höhenunterschied sollte es für die große Prüfung nicht sein.

Ohne Energiezufuhr wird's schwer

Sodann zählt eine Passfahrt streng genommen nur, wenn du sie ohne Pause meisterst. Nimm also genug Gels, Riegel und Wasser in der Flasche mit. Eine Bergfahrt kann verdammt lange dauern. Stell dir vor, du fährst 15 Kilometer bergauf, und das mit einem Tempo von um die zehn Kilometer pro Stunde. Das ist kräftezehrend. Du wirst Energie nachführen müssen.

Oben am Passschild ist dann Zeit für einen Moment des Innehaltens. Schau doch mal mit Ruhe ins Bergpanorama, schau dir die Zahl auf dem Schild an, blicke ins Tal. Hierher hast du es aus eigener Kraft geschafft, ohne Pause – eine übermenschliche Leistung.

Bedrückender Ort:
Im Besenwagen
enden die Träume.

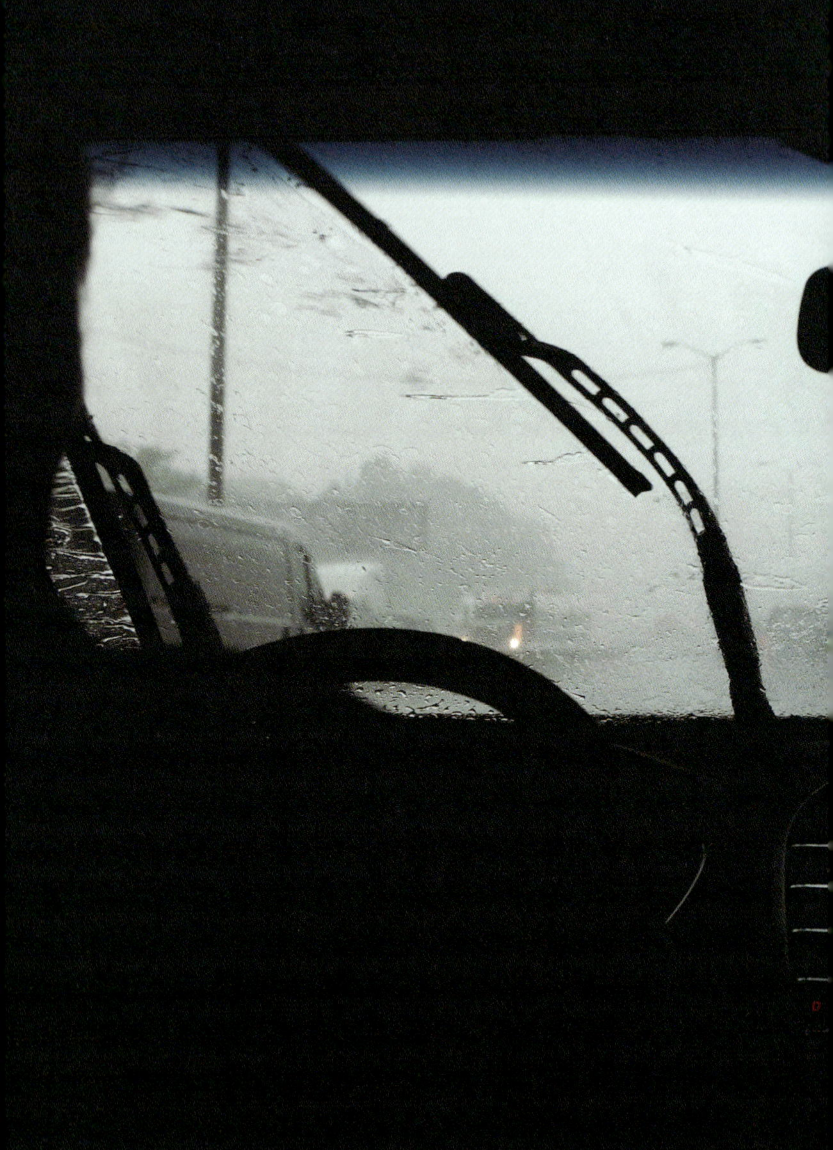

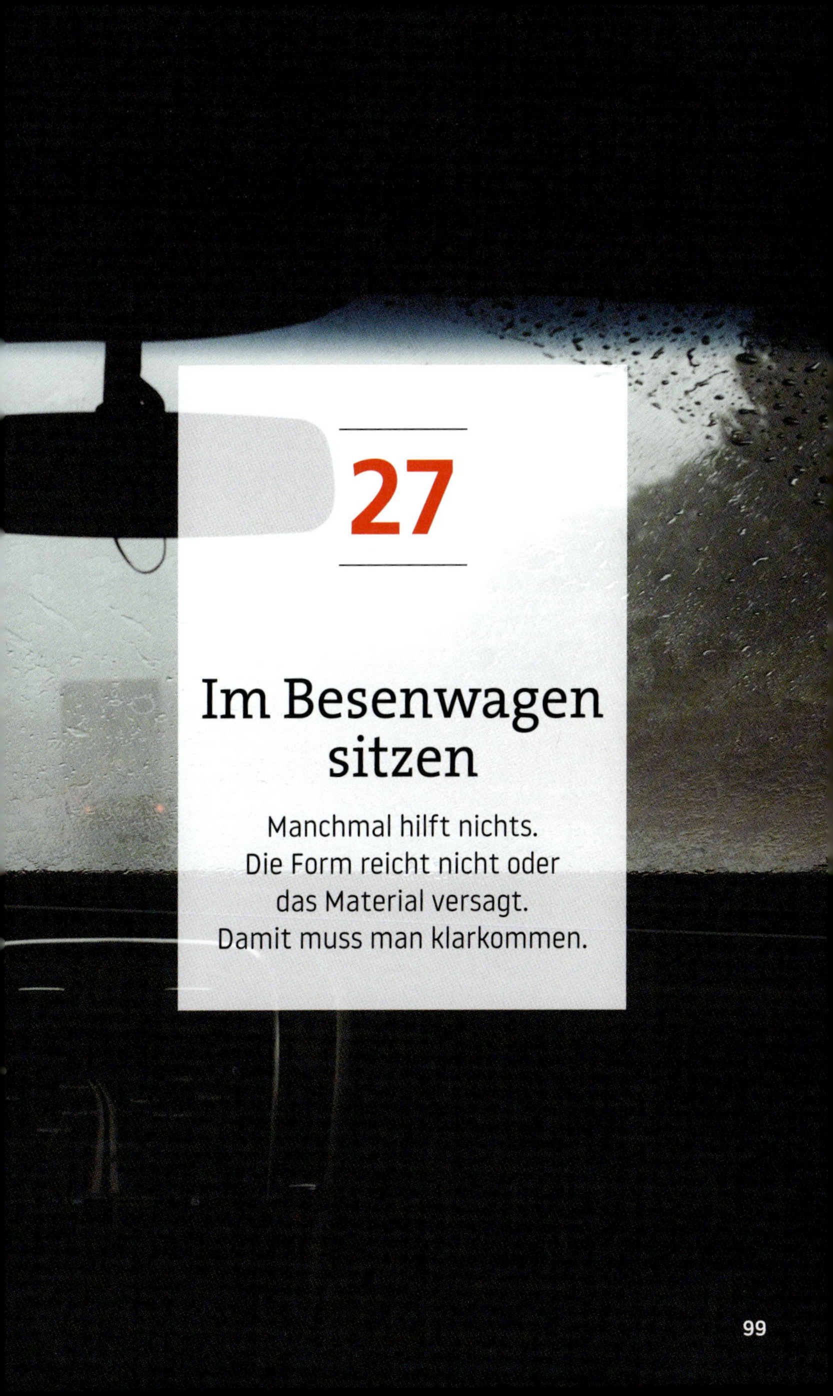

27

Im Besenwagen sitzen

Manchmal hilft nichts.
Die Form reicht nicht oder
das Material versagt.
Damit muss man klarkommen.

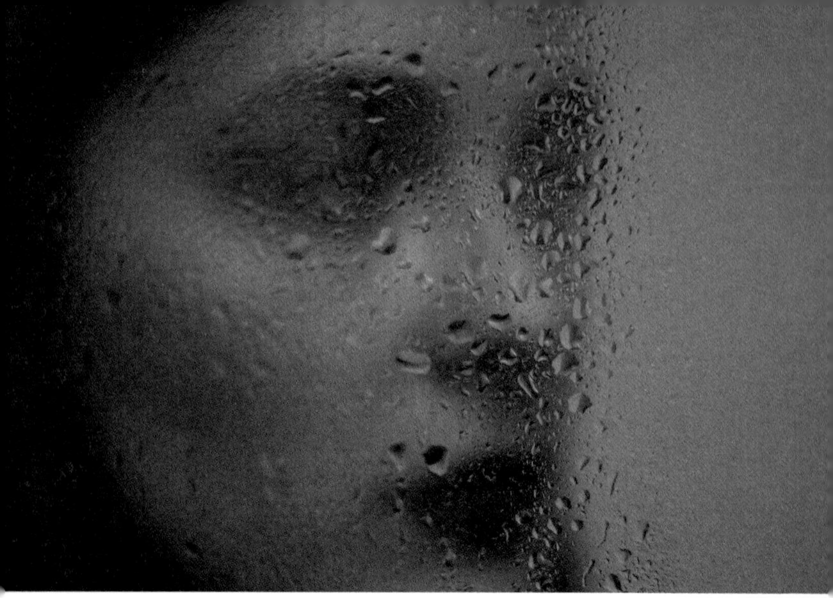

Gelegenheit, die Gedanken zu ordnen

Die Stimmung ist sehr gedrückt, der Motor des Transporters mit neun Sitzen brummt laut, hinten schweigen der Mann und die Frau, die schon Platz genommen haben. Es ist Renntag, vor ein paar Minuten waren wir alle noch im Getümmel. Jetzt steige ich zu den beiden anderen in den Bus. Ich grüße, bringe irgendeinen blöden Spruch, der die Laune aber auch nicht verbessert.

Der Besenwagen ist jenes Gefährt, das alle ambitionierten Sportlerinnen und Sportler am liebsten gar nicht sehen möchten. Wenn es bei einem Rennen eng wird mit dem Zeitlimit, dann kommt dieses Fahrzeug in Sichtweite – sofern der Blick nach hinten geht. In solchen Momenten gilt es, cool zu bleiben und dem drohenden Ausschluss zu entkommen. Übrigens gibt es auch immer die Möglichkeit, auf eigene Faust weiterzufahren. Allerdings nehmen die Rennleiter bei gut organisierten Veranstaltungen dann die Startnummer in Beschlag. Denn hinter der letzten Absicherung beginnt wieder der normale Straßenverkehr.

Zurück in den Besenwagen. Die Frau hinter mir hat Wunden am Körper. Nichts Schlimmes, aber immerhin hat sie genug gehabt für den Tag. In einem hektischen Anstieg war sie in einen Sturz verwickelt, fuhr über den

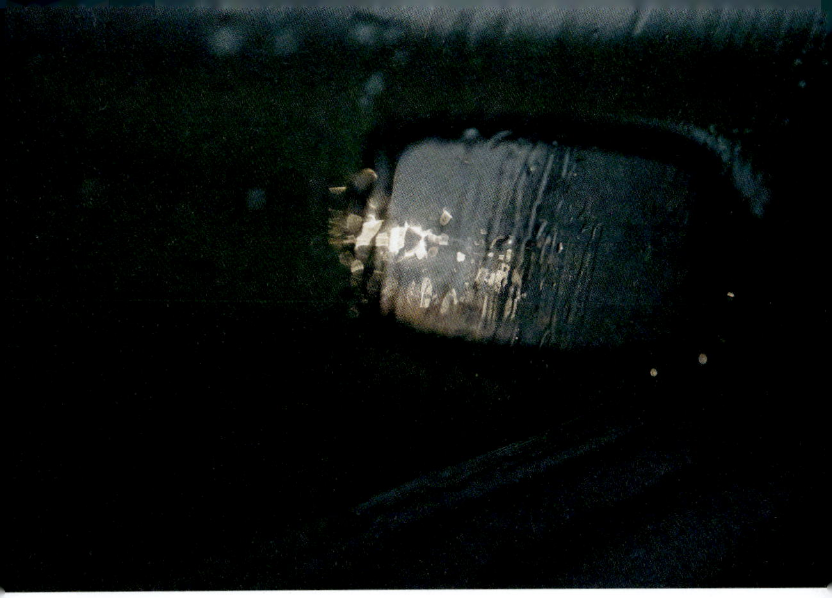

Nicht nur zurückschauen, sondern auch auf neue Ziele!

Straßenrand, landete unsanft. Auch der Mann an Bord war gestürzt, in der Anfangsphase dieses Radrennens. Bei mir war es relativ unspektakulär: In einer sehr schnellen Abfahrt übersah ich ein Schlagloch, sowohl der Hinter- als auch der Vorderreifen waren durch. Einen Schlauch hatte ich dabei, aber eben nur einen. Der heranfahrende Transporter brachte keine Hilfe. Stattdessen packte der Fahrer ohne Mitgefühl einfach das Rad ein. »Das bekommst du am Ziel wieder. Der Besenwagen kommt dann gleich.«

Reden hilft, die Enttäuschung zu verarbeiten

Das war's. In jenem Jahr hatte ich mich relativ akribisch auf den Renntermin vorbereitet. Mit einem Schlag war das alles umsonst. Im Besenwagen versuchte ich, die Enttäuschung mit Gesprächen und Humor zu verdrängen. In der Tat, irgendwann kamen wir ins Reden, sprachen über die Enttäuschung und darüber, dass zum Glück keinem von uns etwas Schlimmeres passiert war. Diese Botschaft, so abgedroschen sie klingen mag, war aber am Ende die entscheidende. Im Besenwagen erleben wir, dass es okay ist, wenn es mal nicht reicht, wir haben hier Raum zum Trauern – und bald schon denken wir ganz sicher über neue Ziele nach.

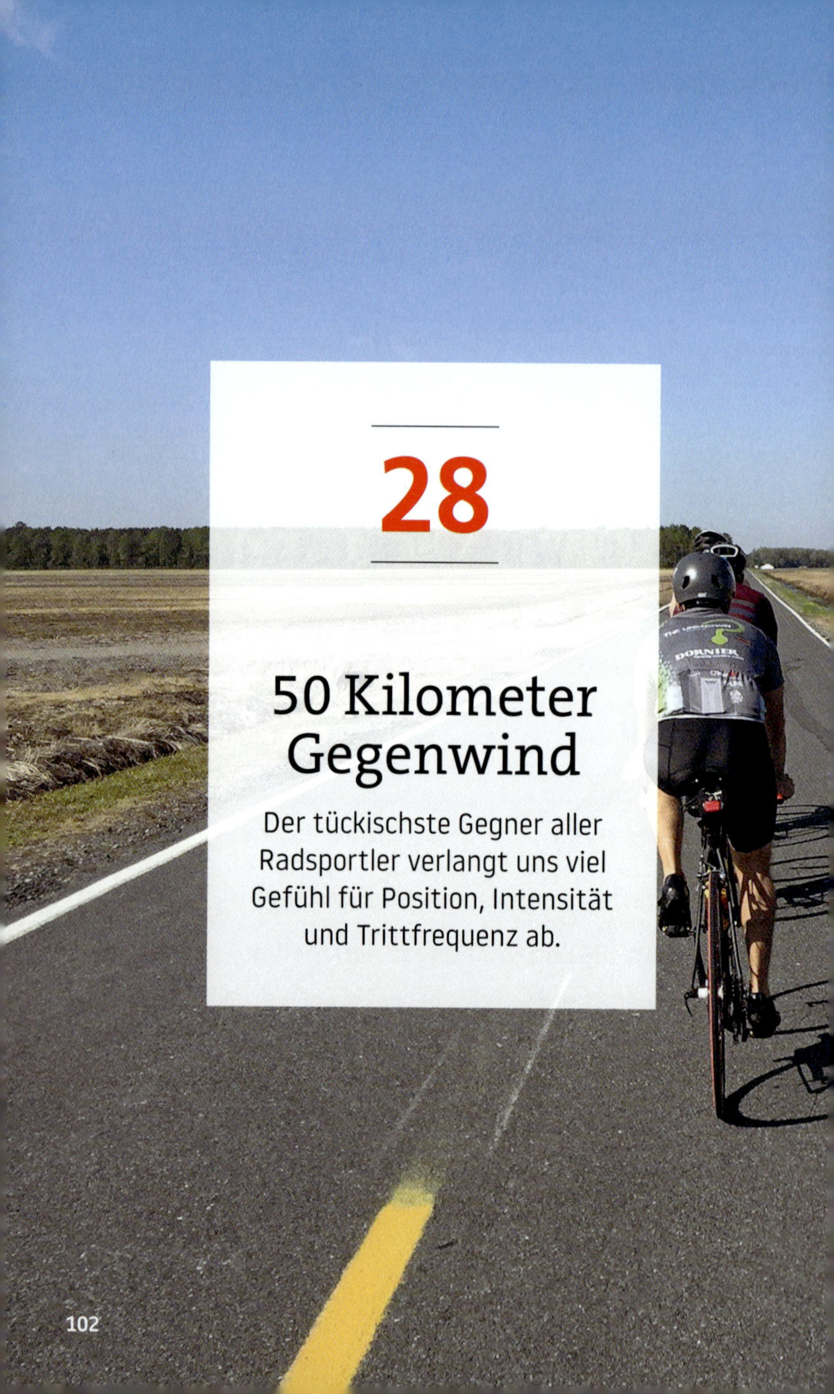

28

50 Kilometer Gegenwind

Der tückischste Gegner aller Radsportler verlangt uns viel Gefühl für Position, Intensität und Trittfrequenz ab.

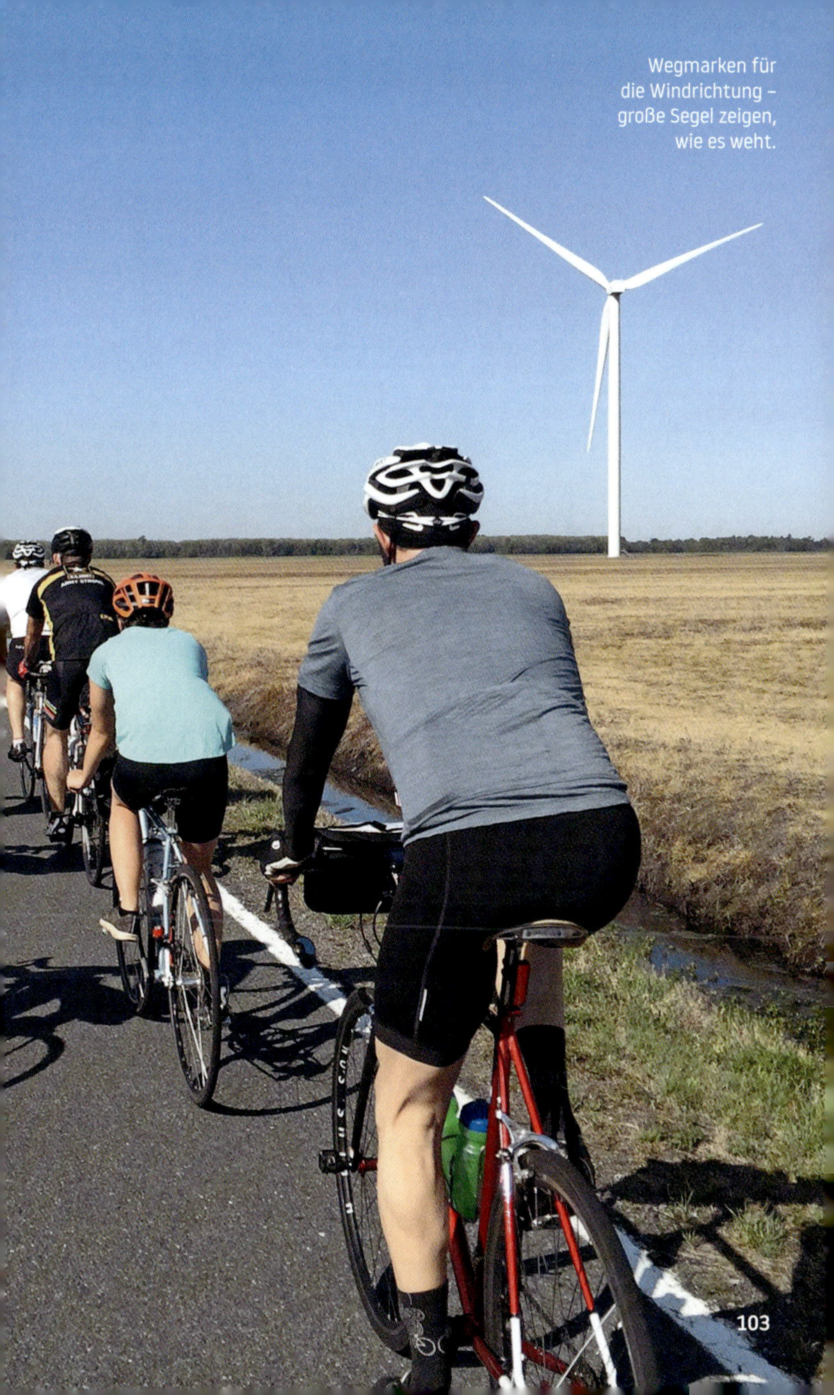

Wegmarken für die Windrichtung – große Segel zeigen, wie es weht.

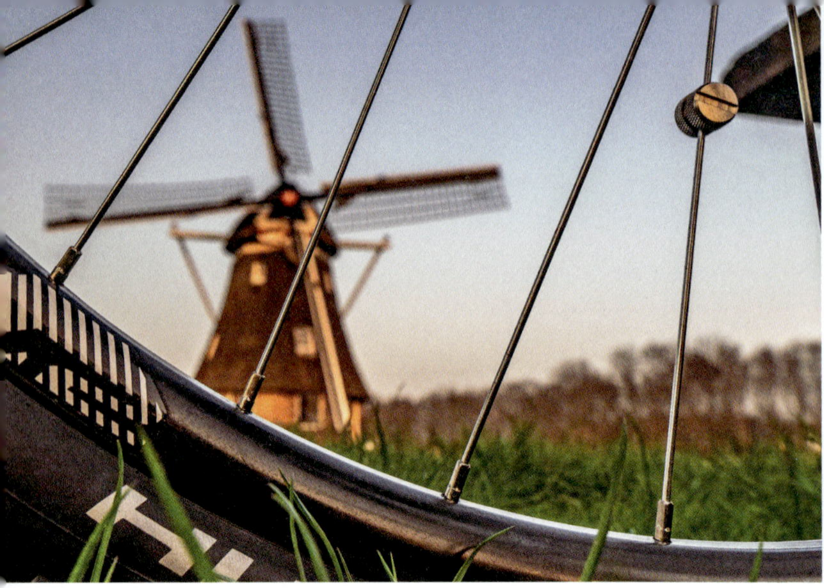

In Nordeuropa gehört Wind zur Landschaft.

Eigentlich kann man ihn nur hassen, den Gegenwind. Er ist unsichtbar, aber du weißt schon nach dem ersten Schritt nach draußen, dass er da ist. Wahrscheinlich hast du sogar in den vorangegangenen Stunden immer wieder das Wetter gecheckt, um deine Tour möglichst gut vorzubereiten. Dann ist das hier eine Herausforderung für dich: Schau dir doch mal die genaue Windrichtung an – und fahre dann mindestens 50 Kilometer am Stück nur gegen unseren blasenden Feind.

Fortgeschrittenen Radsportlerinnen und -sportlern würde ich tatsächlich raten, sich nicht länger wegzuducken, sondern die Sache offensiv anzugehen. Mach aus der Notlage eine herausfordernde Prüfung. Wenn es halbwegs ordentlich bläst, also konstant mindestens 30 Stundenkilometer schnell, dann suchst du dir gerade jetzt eine passende Trasse heraus. Das muss eine Strecke sein, die möglichst ohne Kurven immer gegen die wehende Brise zeigt. Um solch eine Kombination aus langer Fahrt in einer Richtung und dem passenden Wind zu finden, wirst du vielleicht ein bisschen tüfteln müssen.

Hinterher auf dem Rad wirst du dich dann ganz bestimmt fragen, was das alles sollte. Wenn du doch mal hier links oder mal da rechts hinter das

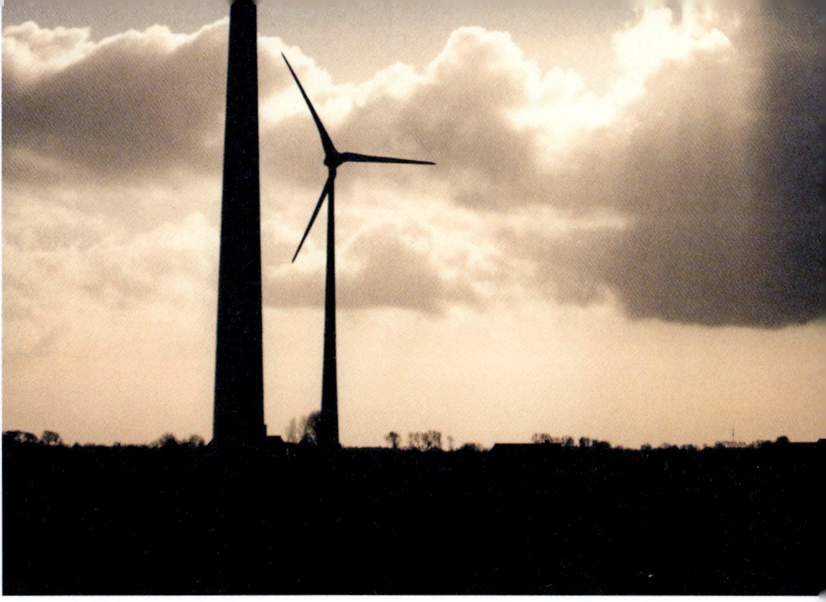

Kraftwerke passen bestens zu unserer Sportart.

Wäldchen abschwenken könntest, um für ein paar Minuten die Beine zu entspannen. Aber dein Ziel ist ein anderes: Du trotzt dem Gegner.

Mach dich klein

Fahren mit konstantem Gegenwind verlangt dir einen geschickten Umgang mit deinem Sportgerät ab. Das Erste, was du wirklich beherzigen musst, ist eine angepasste Körperhaltung. Viele von uns fahren ja auch auf dem Rennrad meist in eher rückenschonender, aufrechter Haltung. Spätestens bei voller Sturmexposition kostet dich das enorm viel Kraft. Mach dich also so klein wie möglich: Arme runter an den Rennlenker, Ellenbogen zusammen, Kopf hinab.

Als Nächstes schau doch mal auf deinen Tacho – und, wenn du so etwas dabeihast, die Messung der Trittfrequenzanzeige. Verdammt niedrige Werte, oder? Wenn du krampfhaft versuchst, bei Gegenwind auf Kraft zu setzen, verheizt du deine Power. Hier musst du einige Gänge runterschalten und eine »Sweet Zone« treffen, bei der du flüssig pedalieren und die Geschwindigkeit gut halten kannst. Dann macht es vielleicht immer noch keinen Spaß, aber du kommst durch. Vor dir liegt nämlich ein verdammt langer Weg!

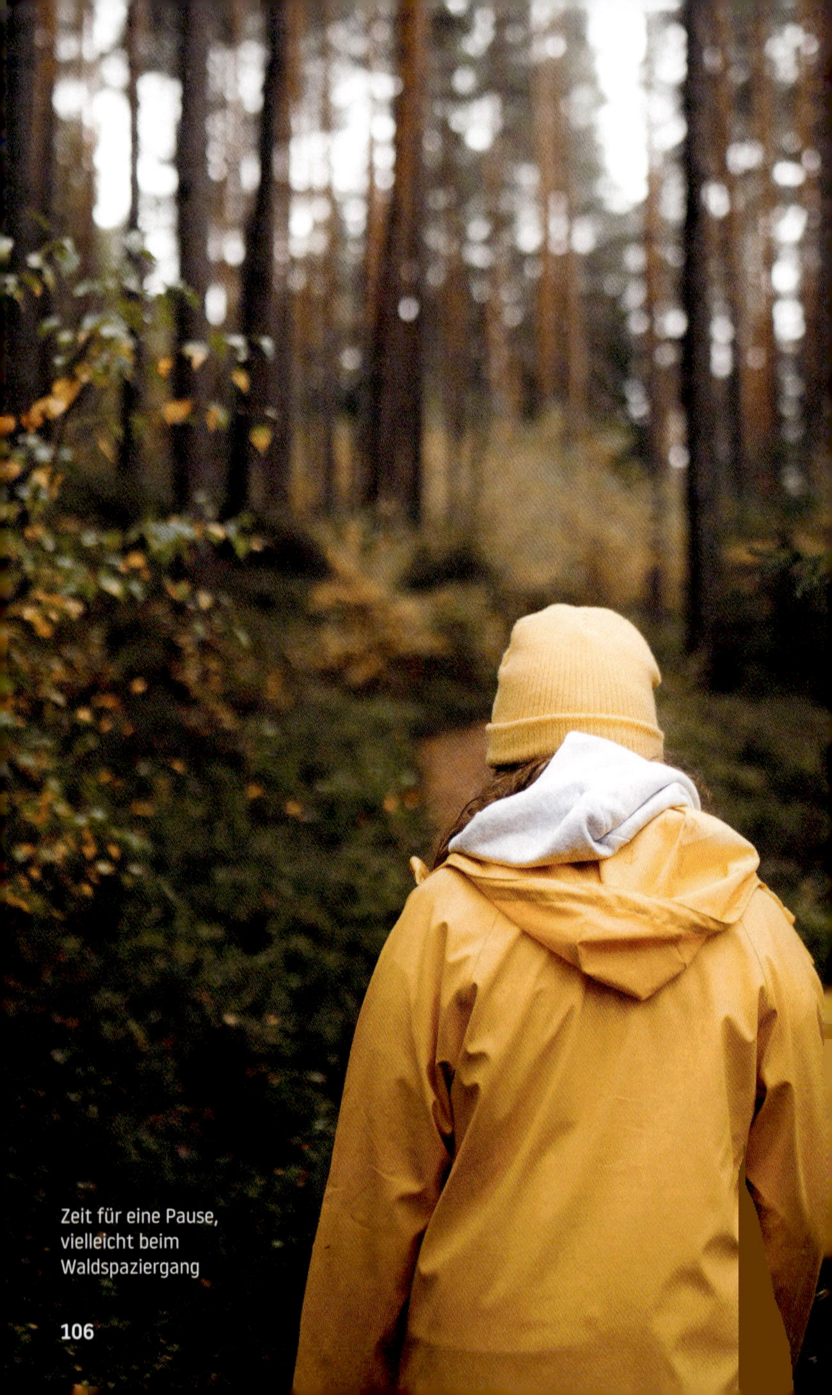

Zeit für eine Pause,
vielleicht beim
Waldspaziergang

29

Ein Monat ohne Rad

Du bist weit genug gekommen, hast einiges erreicht. Nimm dir die Zeit, um neue Frische zu sammeln!

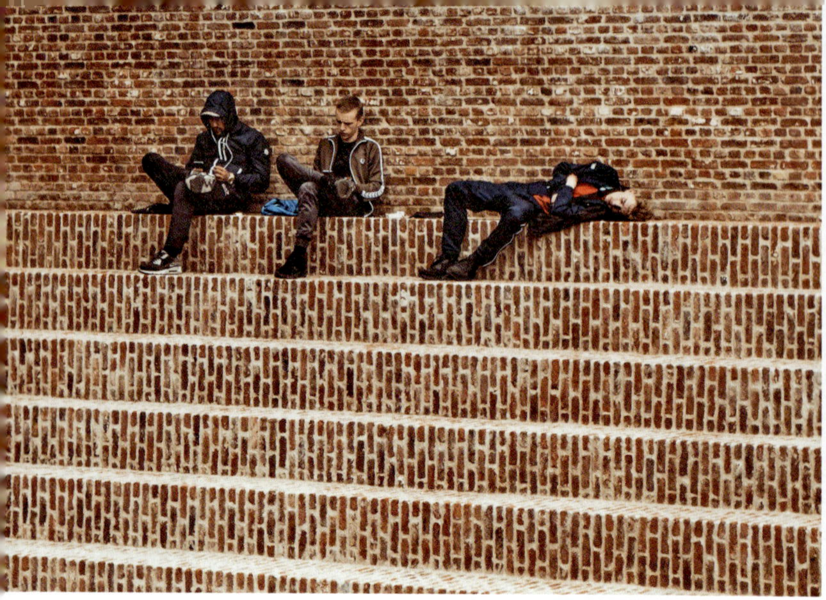

Relaxen – für Sportler oft schwierig

Es kommt der Punkt im Leben einer jeden Rennradfahrerin und eines jeden Rennradfahrers, an dem es schwerfällt, auf das Hobby zu verzichten. Ein, zwei Tage gehen vielleicht noch. Aber danach wird es eng, denn es gibt vielerlei Gründe, wieder zu trainieren: Die Form war doch so gut, das Wetter lädt zur Ausfahrt ein, Freunde fragen nach, und außerdem verfettet man doch, wenn man keinen Sport mehr treibt. Diese und ähnliche Gedanken gehen vielen Sportlern durch den Kopf. Im gesunden Sport steckt immer auch der Keim für eine waschechte Verhaltenssucht. Entsprechend veranlagte Menschen müssen diese Aktivität immer und immer wieder ausführen, um ihrem »Craving« nachzukommen.

Wenn es so weit ist, solltest du ehrlich und stark sein. Mach doch mal eine Pause! Nimm dir bewusst die Zeit für Abstand von deinem Lieblingshobby. Dafür spricht sehr viel mehr, als du vielleicht meinst.

Erstmal ist eine Pause nach dem Training für die Regeneration wichtig. Das gilt grundsätzlich, aber es ist auch eine mentale Frage. Du brauchst Abstand von den immergleichen Abläufen. Wenn du ständig »im Thema« bist, verpasst du die Gelegenheit, eine neue Perspektive zu entwickeln. Das gilt für berufliche Tätigkeiten ganz genauso wie fürs Radfahren.

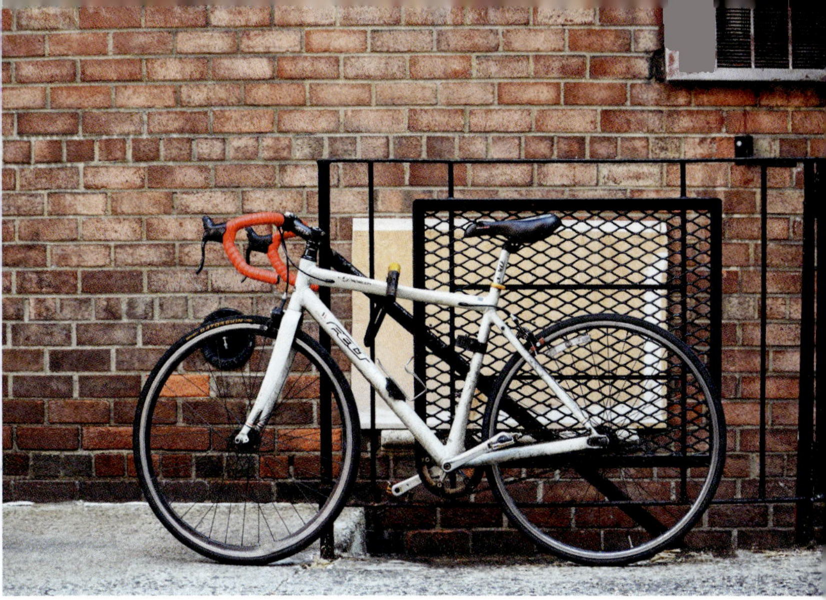

Lass das Rad (gut gesichert) stehen!

Ein neues Zeitgefühl

Die Pause eröffnet dir auch einen anderen Zugang zu Zeit. Wenn du plötzlich zwölf Stunden mehr in der Woche zur Verfügung hast, um zu lesen oder Freunde zu treffen, ist das eine interessante Erfahrung. Du merkst dann ganz gut, inwiefern das Radfahren für dich vielleicht auch zur Last geworden ist. So entwickelst du eine neue Position, in der du im besten Fall etwas flexibler mit deinen Bedürfnissen umzugehen lernst. Auch stellt sich dann vielleicht heraus, welches Privileg die zwei wöchentlichen Touren sein können.

In einer Rennradpause darfst du natürlich anderen Sport machen, das ist sogar ausdrücklich empfohlen. Geh doch mal schwimmen, wandere durchs Mittelgebirge oder rudere auf einem See umher. Auch das wird dich auf neue Ideen bringen, wenn es um Bewegung geht.

Wenn die Pause endet, kann es sein, dass du dich wie ein blutiger Anfänger auf dem Rennrad fühlst. Auch das ist eine schöne Erfahrung. Du wirst aber nicht lange brauchen, um alle Kniffe wieder draufzuhaben. Gewonnen hast du aber einen frischen Blick und im besten Fall wieder richtig Lust auf genau jene Dinge beim Radsport, die dir wirklich Freude bereiten. Ein bisschen weniger Sucht, ein bisschen mehr Freiheit.

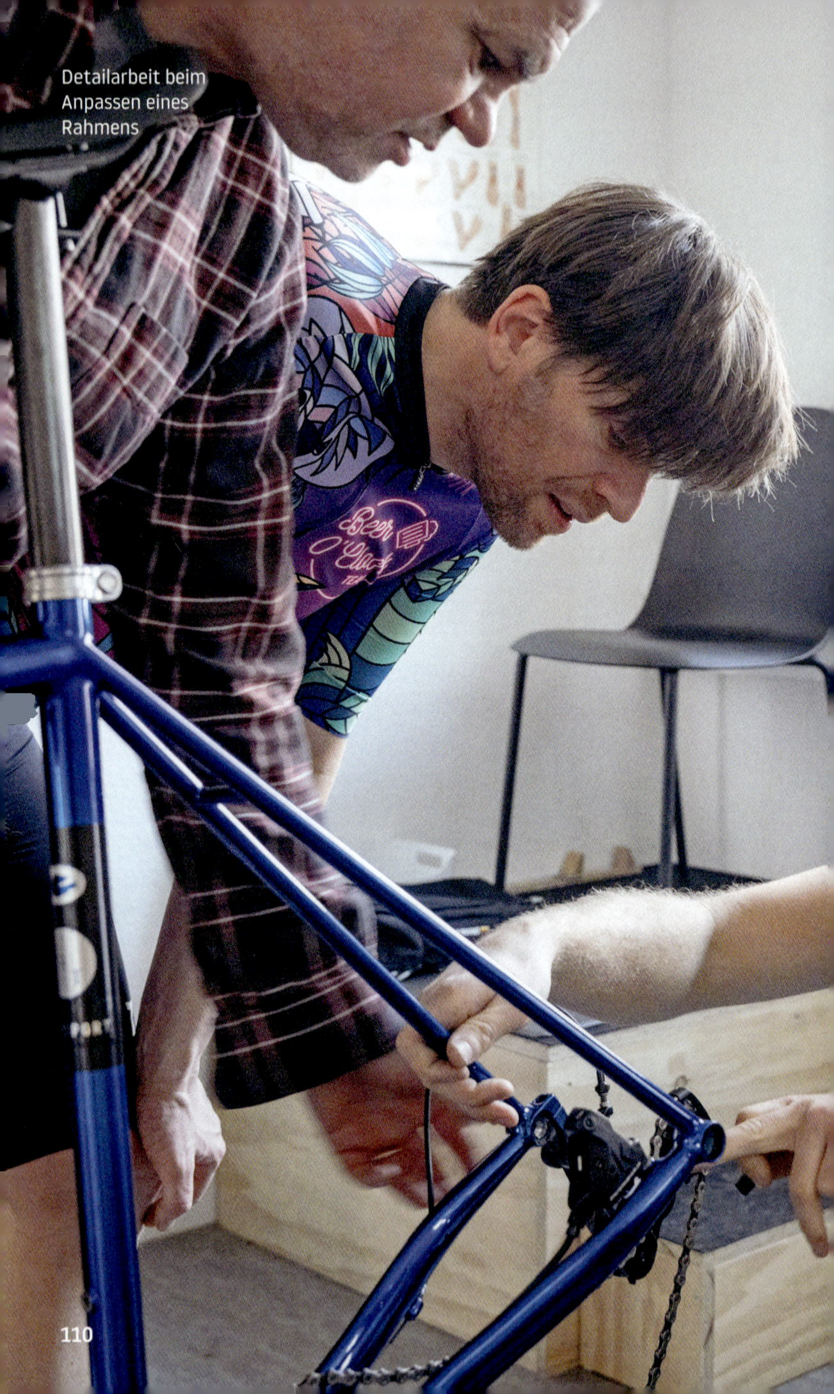

Detailarbeit beim Anpassen eines Rahmens

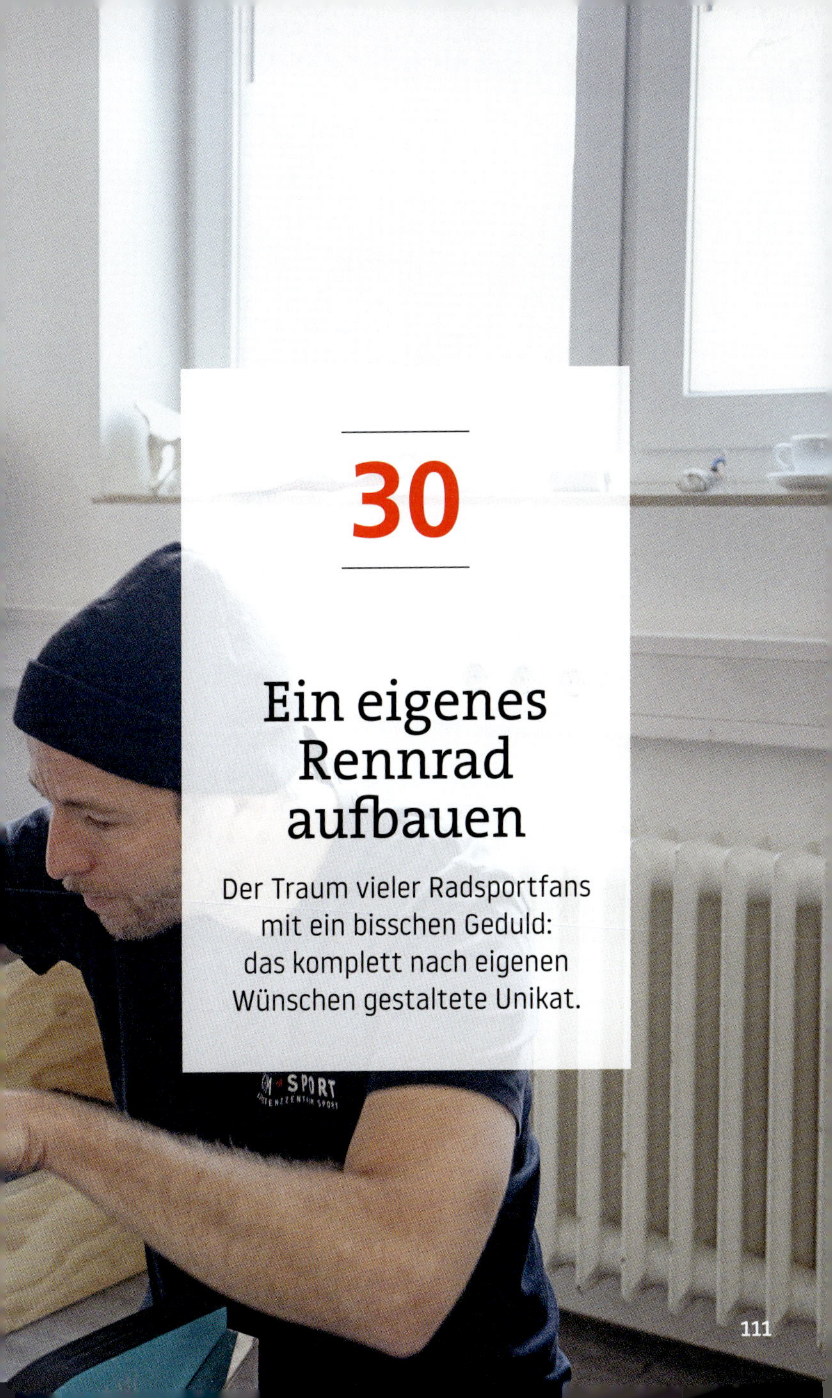

30

Ein eigenes Rennrad aufbauen

Der Traum vieler Radsportfans mit ein bisschen Geduld: das komplett nach eigenen Wünschen gestaltete Unikat.

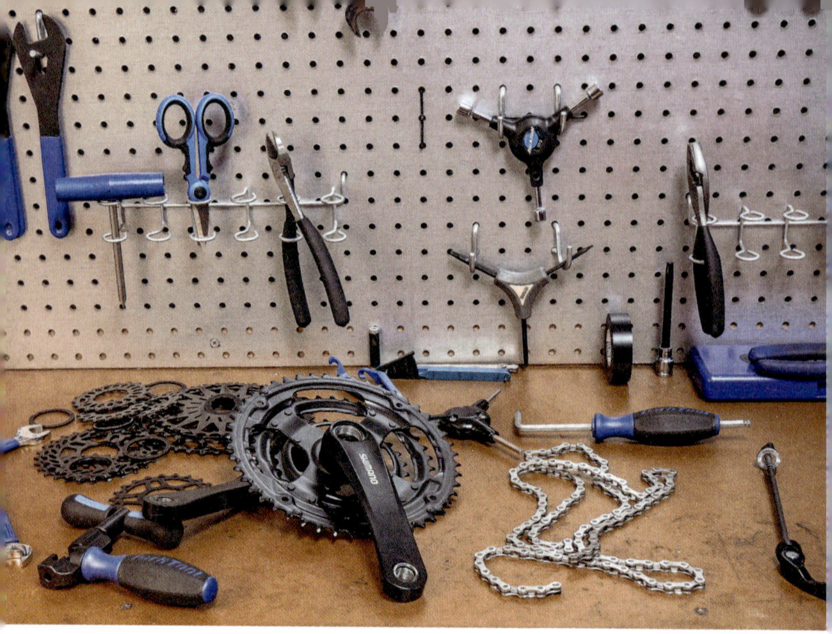

Gut sortierte Werkbank

Es ist wohl davon auszugehen, dass der Psychoanalytiker Erich Fromm beim Studium radsportbegeisterter Menschen einiges Beobachtenswerte gefunden hätte. Ich will es hier nicht übertreiben und vor allem nicht beurteilen, aber eines dürfte relativ klar sein: Viele Menschen, die sich gern und viel mit dem Rennradfahren beschäftigen, sind in erheblichem Maße an nicht lebenden Materialien interessiert. Nicht zufällig hören wir oftmals die Berichte von Radsportlerinnen und -sportlern, die ihre Rennmaschine direkt neben ihrem Bett abstellen. Wo sonst sollte etwas, das so wichtig ist, in Sicherheit gewähnt werden? Es ist eine besondere Beziehung zu etwas Dinglichem, die viele von uns ausleben.

So sehr Material und Technik in den Fokus rücken, so sehr sehnt sich ein nicht geringer Anteil der Überzeugten sogar noch nach einem Fahrrad, das gewissermaßen zur Verlängerung der eigenen Persönlichkeit im dinglichen Wesen wird. Einfacher ausgedrückt: Viele überzeugte Rennradfahrer wünschen sich, irgendwann nicht mehr mit dem Fahrrad aus dem Onlinekatalog, sondern mit einem ganz nach eigenen Vorstellungen aufgebauten Unikat durch die Landschaft zu rollen. Vielleicht ist es dafür letztlich sogar zu

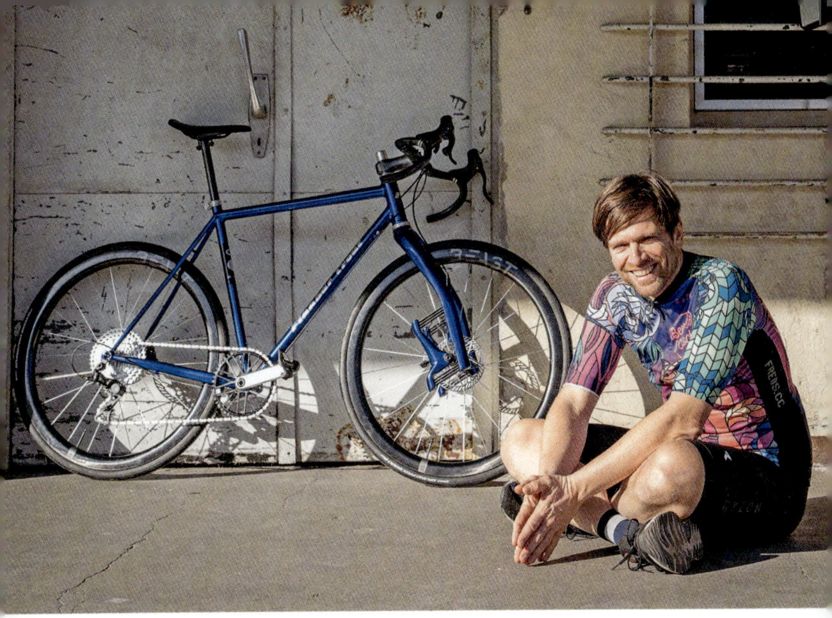

Das fertige Objekt der Begierde (links)

schade, dann steht es eben im Keller oder hängt an der Wohnzimmerwand. Schließlich zahlt ja auch niemand mit Sammlermünzen.

Die Authentizität des persönlichen Erlebnisses

Wer damit anfängt, begibt sich auf neues Terrain. Klar, irgendwann werden die meisten von uns begriffen haben, wie wir eine Schaltung nachstellen oder einen Reifen wechseln. Aber ein Rad, obgleich nicht der komplexeste Mechanismus auf Erden, komplett zusammenzubauen, das erfordert Zeit und Nerven. Man braucht Teile aus verschiedenen Quellen, handwerkliches Geschick und bei der sich seit Jahren verschärfenden Problematik der Lieferketten auch Glück und Geduld. Mag sein, dass manche das absonderlich finden, aber der Wunsch nach einer persönlichen Lackierung des Rahmens gehört ebenso dazu wie eine passende Kombination aus Rahmengeometrie und Schaltspezifikationen. Eines jedoch ist kaum zu bezweifeln: Beim Selbst-Aufbau eines Rennrads geht es in den meisten Fällen nicht ums Sparen, sondern eher darum, die Authentizität des persönlichen Erlebnisses zu erhöhen. Es ist kompliziert, aber du wirst bestimmt bald mit deinem Eigen-Aufbau loslegen.

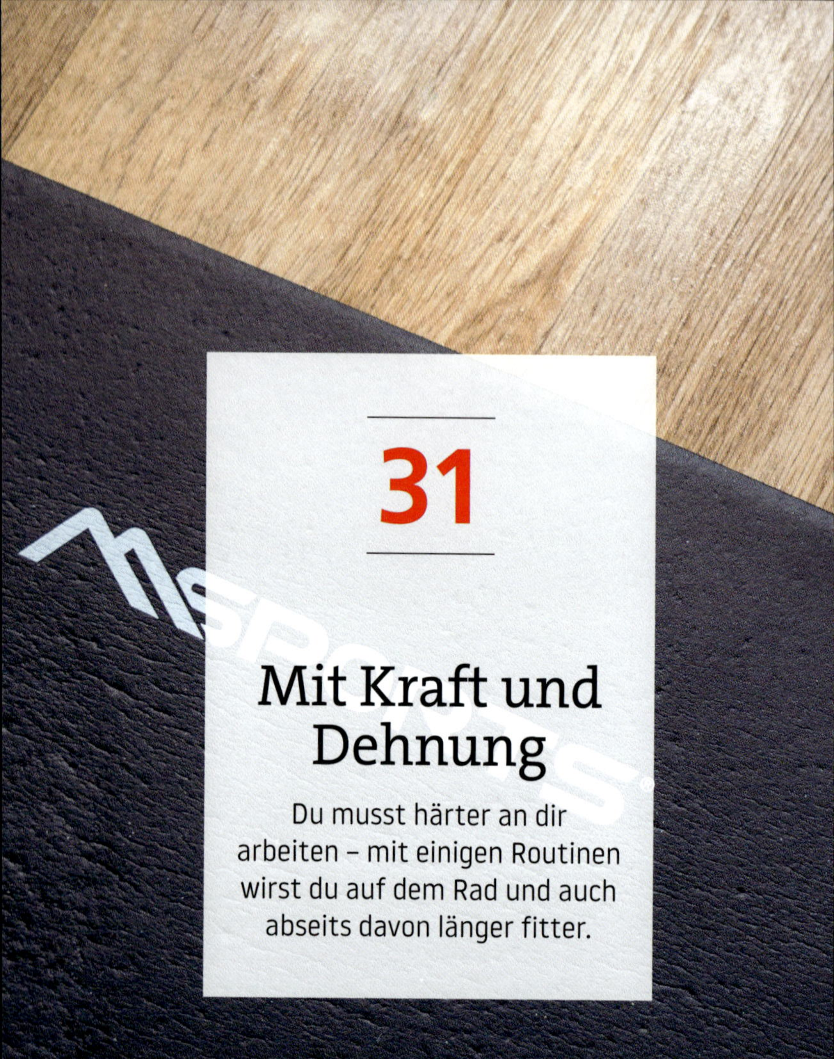

31

Mit Kraft und Dehnung

Du musst härter an dir arbeiten – mit einigen Routinen wirst du auf dem Rad und auch abseits davon länger fitter.

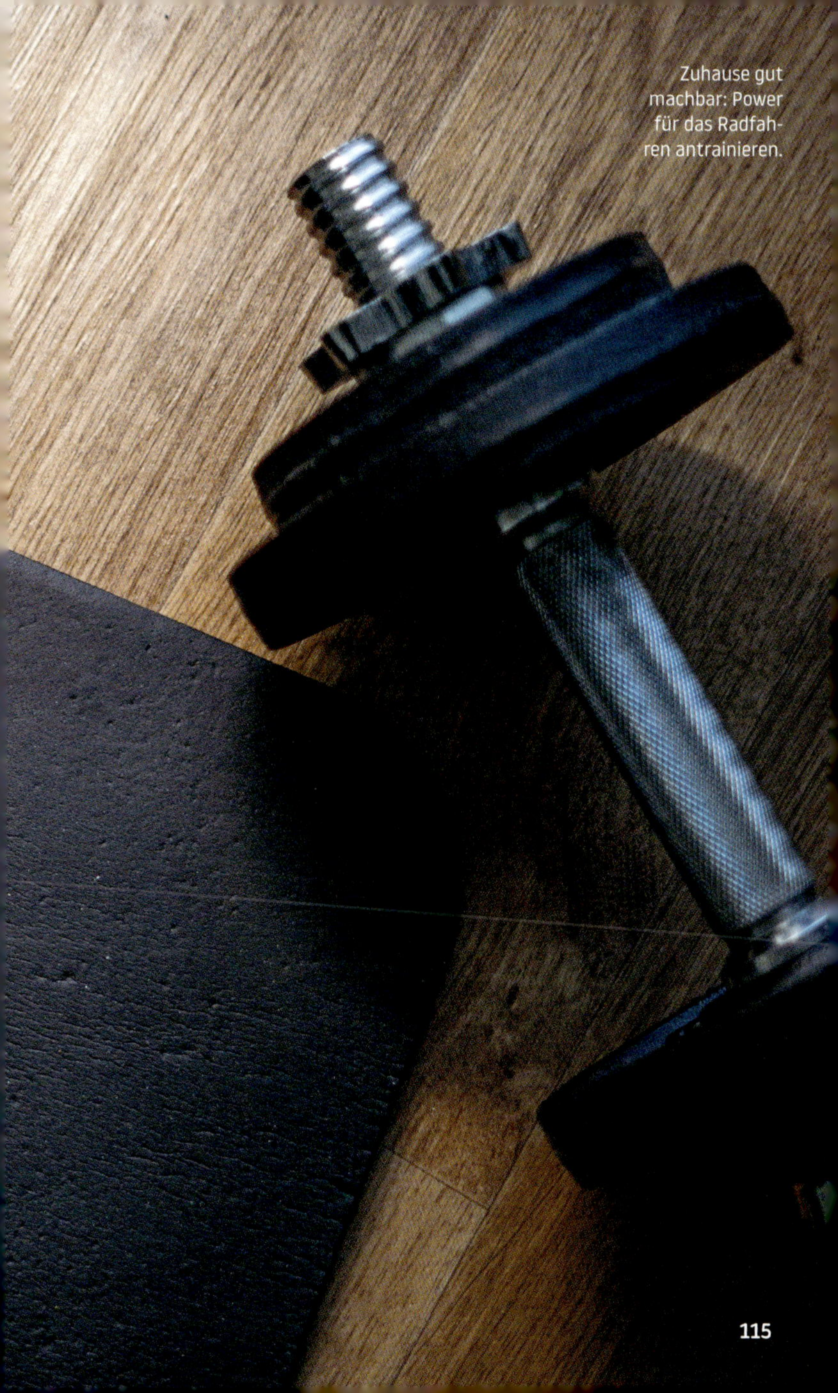

Zuhause gut machbar: Power für das Radfahren antrainieren.

Fahrradfahren, so sagt es Karin Albrecht, die Schweizer Expertin für Körpertherapie und Dehnen, ist alles andere als eine natürliche Art der körperlichen Betätigung. Diese Erkenntnis sollten wir kurz sacken lassen. Denn viele von uns sehnen sich ja jetzt, während wir diese Zeilen lesen, schon wieder aufs Rad. Die nächste Tour kann nicht schnell genug kommen, die nächste Ausfahrt eigentlich kaum lang genug sein. Ist doch auch gelenkschonend und gesundheitsfördernd, oder etwa nicht?

Menschen mit Passion für den Radsport geraten schnell in den Strudel, vergessen aber, dass ein sehr guter Sportler sich nicht immer nur mit einund derselben Tätigkeit beschäftigt. Klar: Rennradfahren ist ein Zeitfresser, und wenn wir wieder zu Hause angekommen sind, dominiert schnell die bekannte Hektik des Alltags. Aber wir sollten, nicht nur nach Karin Albrechts Meinung, dringend nach jeder Runde eine Viertelstunde einplanen. In dieser Zeit arbeiten wir, mit einem zielgerichteten Dehnprogramm, gegen all das, was wir vorher auf dem Rad getan haben. Denn die Dehnbarkeit, die Beweglichkeit unseres Körpers wird irgendwann massiv sinken, wenn wir uns nicht mit Stretching beschäftigen. Das kann uns in unserem Alltag einschränken und auch sehr schmerzhaft sein. Wenn unser Ruhepuls bei 40 Schlägen liegt, wir aber keine Glühbirne mehr wechseln können, ist das schon ein bisschen eigenartig.

Krafttraining als wichtiger Ausgleich

Aber nicht nur das Dehnen gehört auf jeden Trainingsplan. Ebenso wichtig, auch für die langfristige Performance auf dem Rad, ist ernsthaftes Krafttraining. Natürlich wollen Radsportlerinnen und -sportler nicht mit massigen Körpern wie aus einem Gladiatorenfilm durchs Gebirge strampeln. Aber sie sollten sich im Klaren darüber sein, dass die Kraft und Leistungsfähigkeit nicht nur aus Lunge und Beinen kommt.

Wer es ernst meint mit der Fitness, der sollte die Ausgleichsaktivitäten zum Rennradfahren immer in seine Trainingsplanung mit einbauen. Krafttraining der Brust-, Schulter-, Bauch- und Rückenmuskulatur ist sehr wichtig, um nicht unter der Zwangshaltung auf dem Renner zu leiden. Außerdem bringen wir mit einer sehr gut ausgebildeten Rückenmuskulatur deutlich mehr Kraft in die Pedale. Der Griff zu Hanteln und die Arbeit auf der Matte sind übrigens nicht nur Themen für die Winterpause. Schau doch mal im Archiv nach der TV-Doku über den erfolgreichen Sprintstar André Greipel, dann weißt du, wie viel ein Top-Radler im Kraftraum malocht.

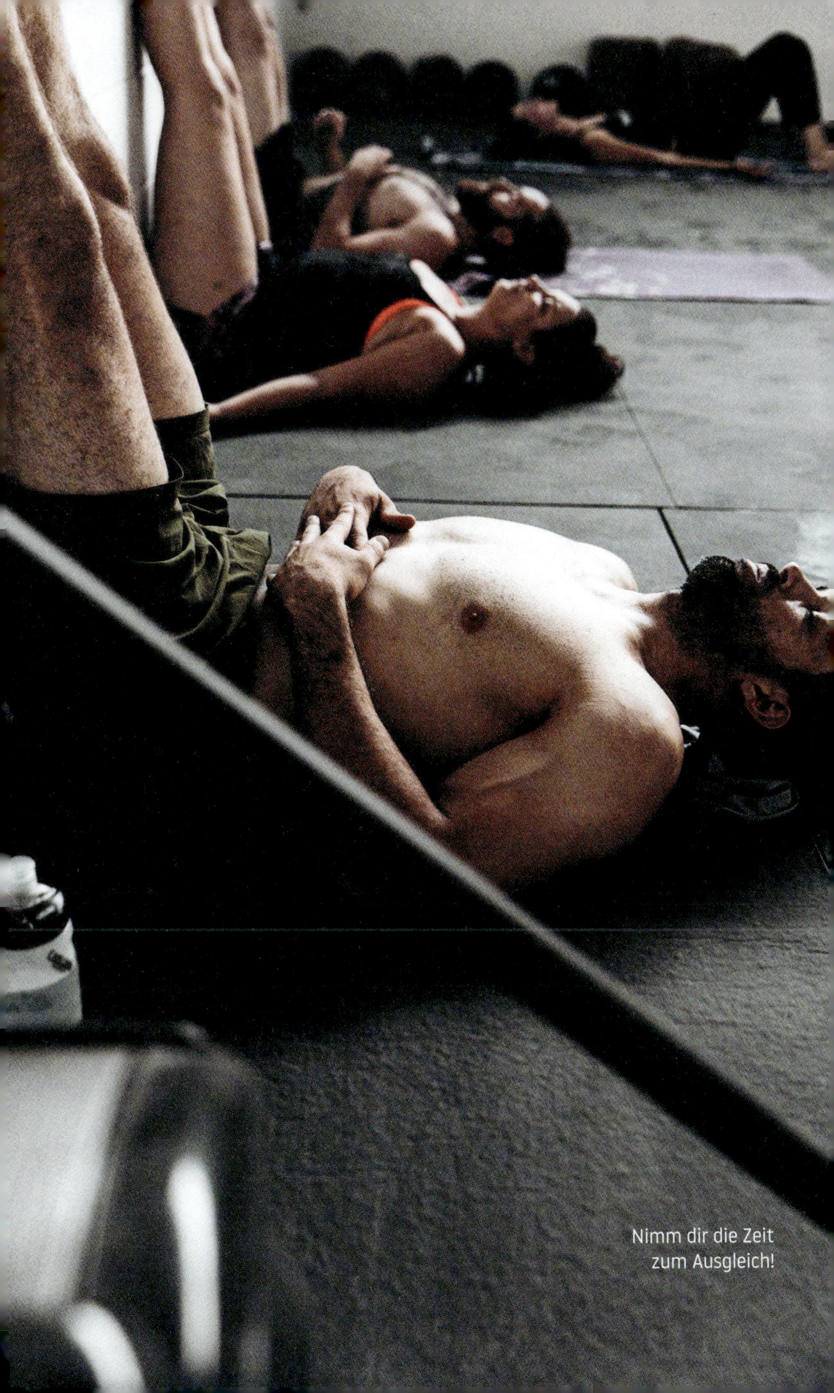

Nimm dir die Zeit
zum Ausgleich!

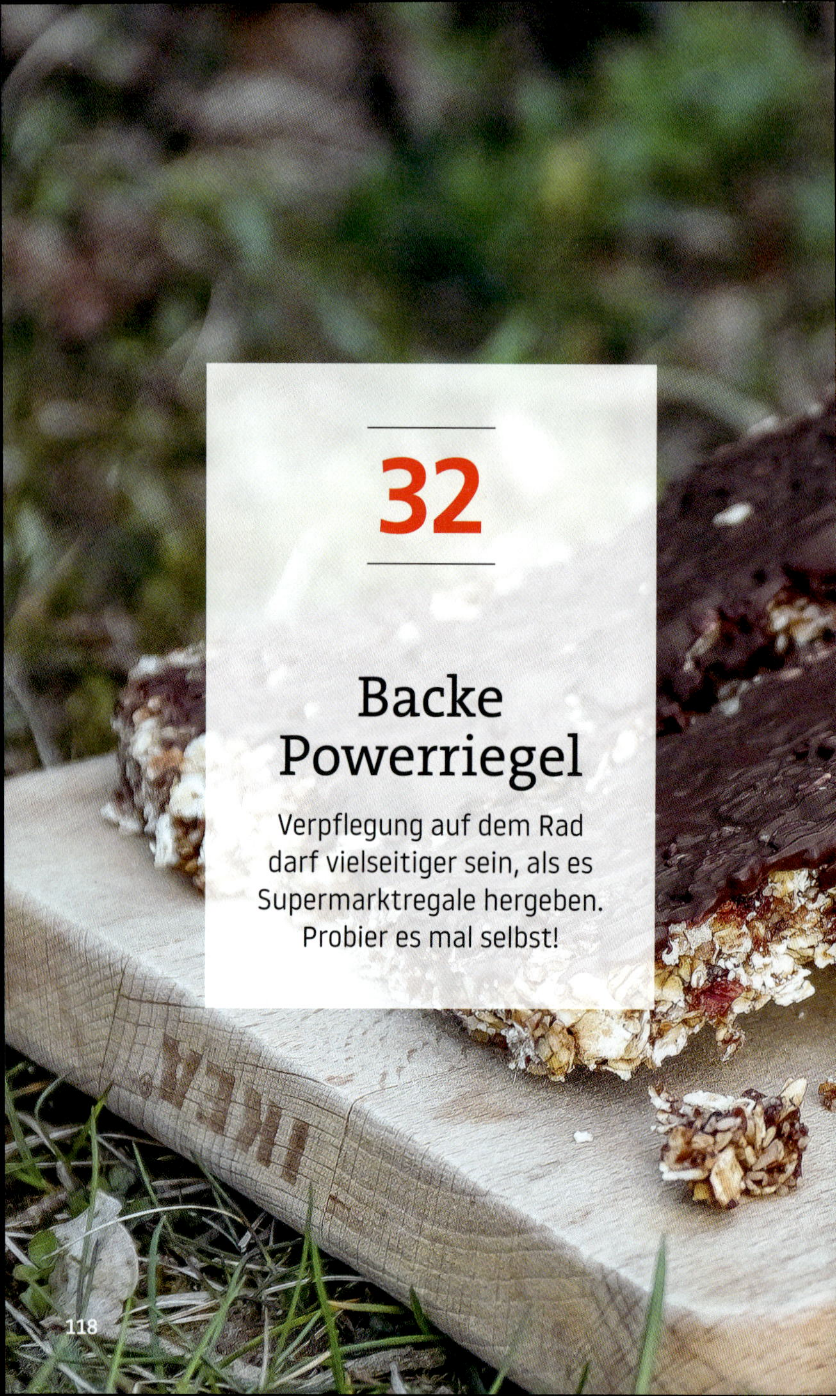

32

Backe Powerriegel

Verpflegung auf dem Rad darf vielseitiger sein, als es Supermarktregale hergeben. Probier es mal selbst!

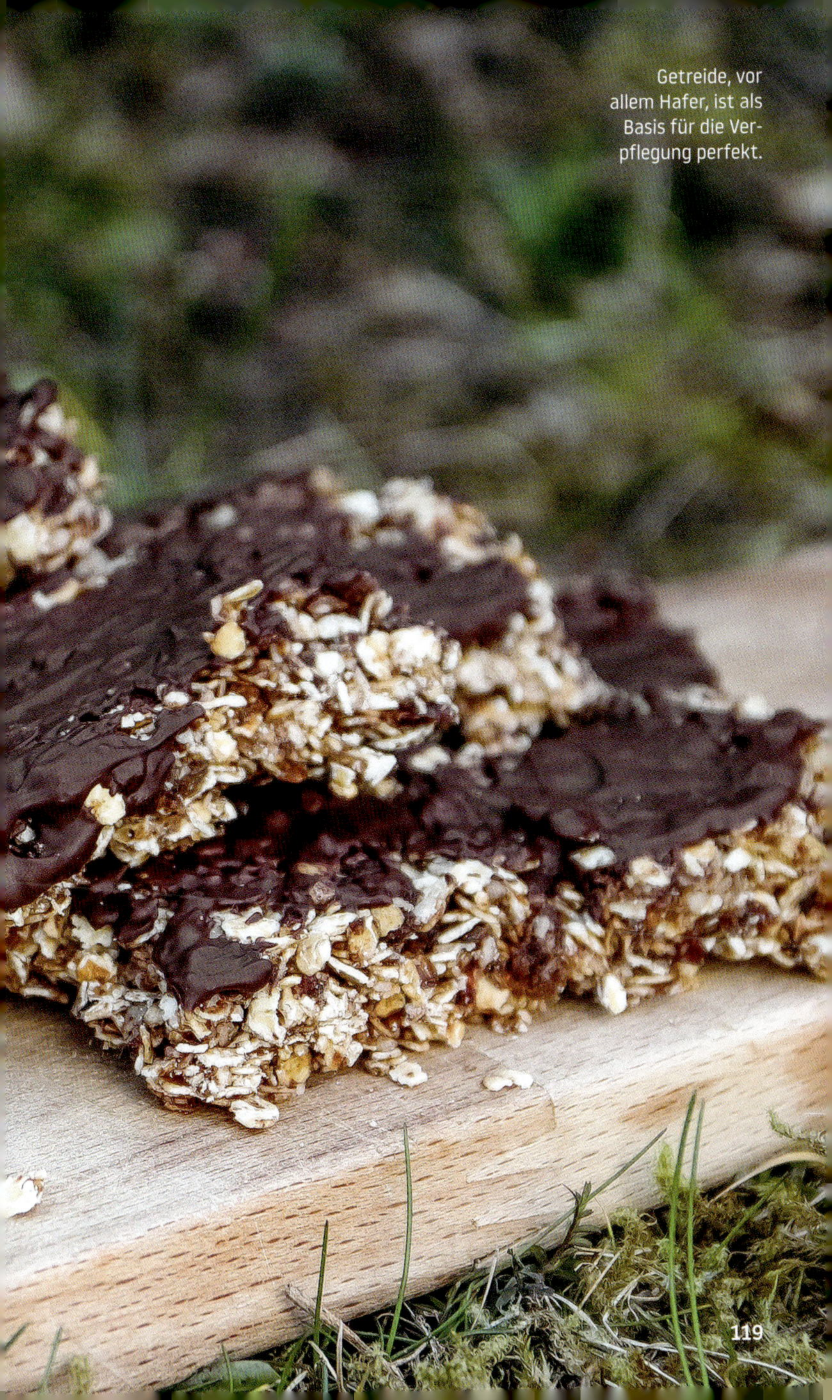

Getreide, vor allem Hafer, ist als Basis für die Verpflegung perfekt.

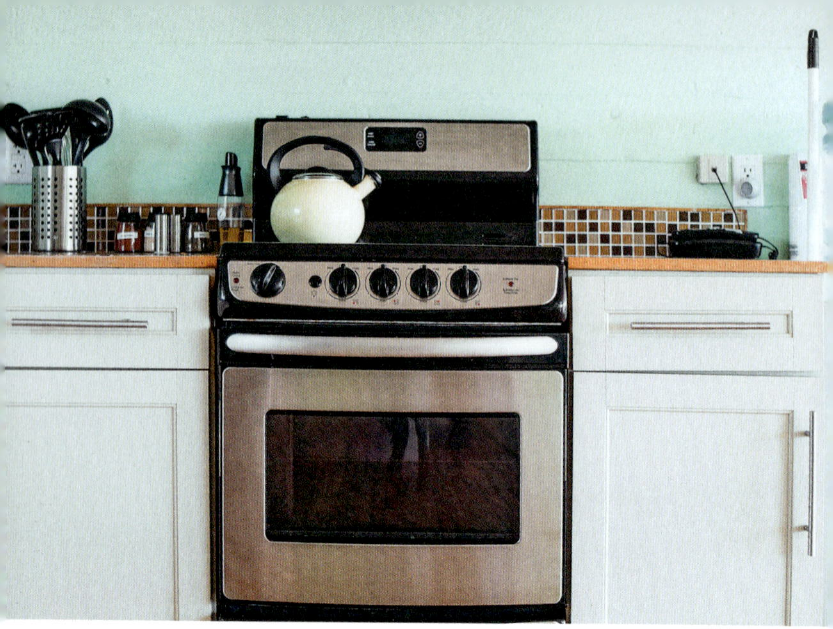

Auch hier bereiten wir den Sport vor.

Rennradfahren ist immer auch eine Frage der Ernährung. Das Zuführen nutzbarer Energie gehört ebenso wie der Reifendruck zu den wichtigsten Faktoren jeder Trainingseinheit. Aber das Nachladen von Kohlenhydraten aus der Trikottasche kann auch irgendwann unschön monoton, vielleicht sogar ein wenig eklig ausfallen. Fest etabliert im Speiseplan sind spezielle Riegel, die wir unter der Belastung zu uns nehmen sollen, und auch Gels, die sich schnell in den Mund drücken lassen und Energie sowie Salz gegen mögliche Krämpfe liefern. Zieht man sich drei-, viermal die Woche mehrere solcher Energieträger rein, dann wird das garantiert ganz schön fad.

Bei einer Ausfahrt in Israel traf ich mal auf eine Gruppe von Fahrerinnen und Fahrern, die auf diese Einseitigkeit keine Lust mehr hatten. Ein Höhepunkt in der Trikottasche war sehr schmackhaft. Aus dem Alufolien-Silberling holten die jungen Männer und Frauen Pitabrot heraus, in dessen Innerem sich eine schmackhafte, selbst zubereitete Hummus-Mischung befand. Auch ein angenehmer Zitronenton war diesem Sport-Snack zu entnehmen. Lecker und gut in der passenden Energiedichte.

Mit leckerem Geschmack zu mehr Power

Warum probierst du also nicht einmal etwas Unkonventionelleres aus. Beispielsweise lassen sich Energie-Müsliriegel sehr gut zu Hause selbst backen. Im Internet gibt es unzählige Seiten mit Rezepten, die uns genau solche schmackhaften Varianten zum Ausprobieren vorstellen. Das Angenehme daran ist, dass wir mit Zutaten experimentieren können – Datteln, Rosinen, Sirup und Getreidesorten. Wer auf diese Weise gleich ein ganzes Backblech mit Powergebäck produziert, spart zudem auch erheblich gegenüber dem Preis der größeren Markenprodukte. Außerdem reduzieren wir Verpackungsmüll, denn die Riegel lassen sich ja sogar in wiederverwendbaren Alternativen zur Alufolie einrollen. Mag sein, dass wir dann nicht mehr zum Silberling greifen, sondern zum Wachstuch. Aber im Ergebnis haben wir die Chance, uns gut zu versorgen und zugleich mehr dabei rauszuholen.

Für sehr Fortgeschrittene sei übrigens das Backen eigener Rosinenschnecken empfohlen, was auch in Sachen Backkunst eine Herausforderung darstellt. Zwar hat sie bislang niemand als klassische Sporternährung auf dem Schirm. Aber in einer idealtypischen Rosinenschnecke steckt sehr viel Power – und im Bestfall auch im exakt empfohlenen Verhältnis von 5:1 zwischen Kohlenhydraten und Fett. Das gibt Saft für die 100er-Runde.

INFOS

SPORTERNÄHRUNG und sonstige Ernährung sind getrennt zu betrachten. Das erklärt die Expertin Pia Jensen von der Deutschen Sporthochschule in Köln. Deshalb gilt bei sportlicher Aktivität ein anderes Denken als im Alltag. Während wir im Büro ohne körperliche Aktivität besser auf Vollkornprodukte als auf Zucker setzen, braucht unsere Muskulatur bei Dauerbetrieb gut verwertbare und schnell verfügbare Energie. Beachte, dass dein Körper diese Power nicht nur für die Arbeit selbst, sondern auch für das Wiederherstellen seiner Leistungsfähigkeit nach dem Sport braucht.

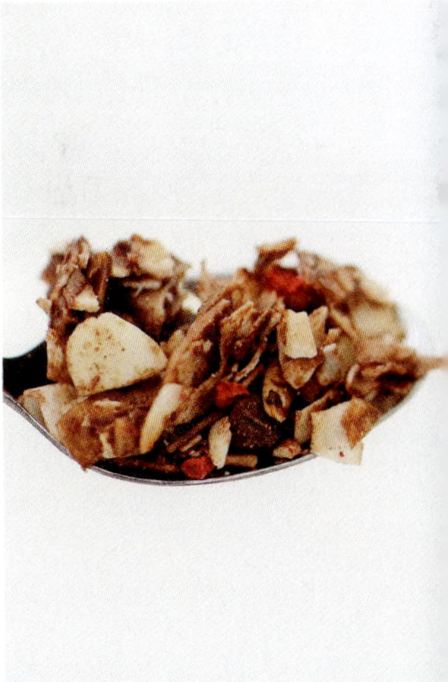

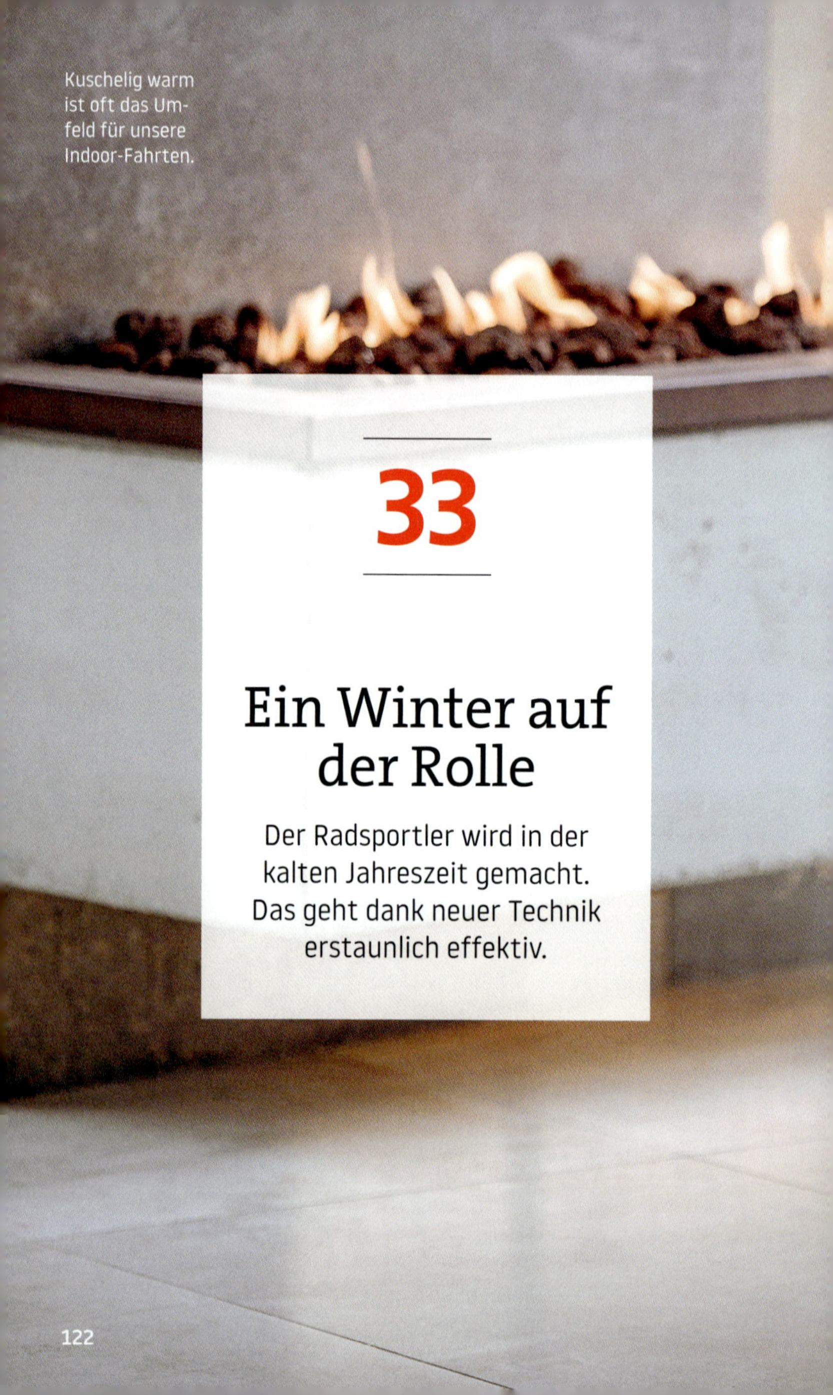

Kuschelig warm ist oft das Umfeld für unsere Indoor-Fahrten.

33

Ein Winter auf der Rolle

Der Radsportler wird in der kalten Jahreszeit gemacht. Das geht dank neuer Technik erstaunlich effektiv.

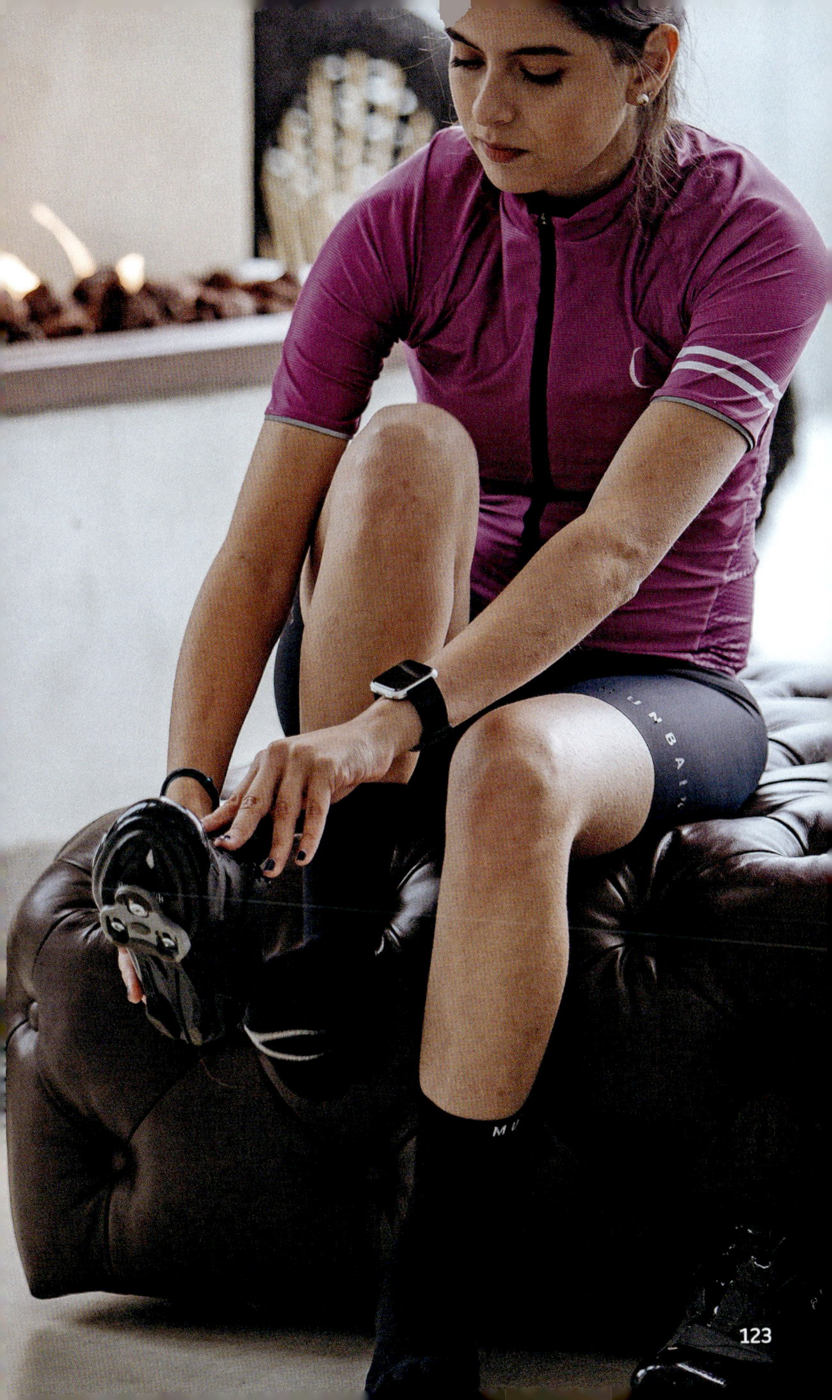

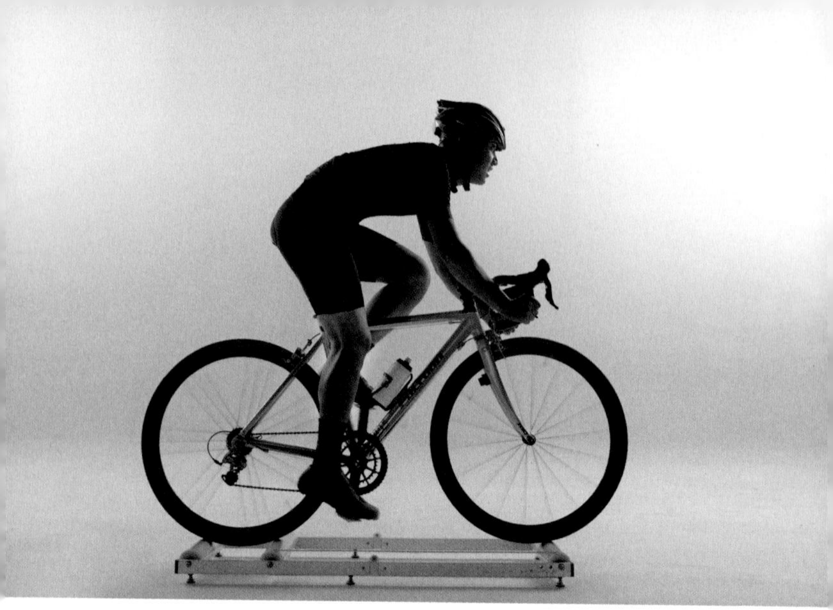

Erfordert Geschick: Training auf einer freien Rolle.

Als erfahrene Autofahrerin oder Autofahrer weißt du, dass du 100 Kilometer zurücklegen kannst, ohne dafür einmal die Tür zu öffnen. Auf dem Rad ist das normalerweise schwieriger, wir schätzen den Sport ja gerade wegen der Bewegung an der frischen Luft. Doch immer mehr Athleten schwören auf eine zweite Form des Rennradfahrens, die vor allem in der kalten Jahreszeit ihren besonderen Wert hat: das Indoor-Training auf der Rolle, die heutzutage in vielen Fällen smart ist – man verbindet die Apparatur mit einem internetfähigen Gerät, etwa einem PC oder einem Tablet, und lässt darüber die eigene Leistung nicht nur messen, sondern sogar in einer virtuellen Trainingswelt in Kilometergewinne umrechnen. So fahren wir durch Wälder, durch Tunnel oder auf Simulationen echter Rennstrecken und strengen uns zu Hause fast noch ein bisschen mehr an, als wir es draußen auf der Straße täten.

Gemeinsam virtuell trainieren

Was früher lästig war, macht dank dieser modernen Simulationsmethoden, aber auch leicht verfügbarer und individuell angepasster Trainingsprogramme ziemlich viel Spaß. Wer etwa Zwift nutzt, eine der bekanntesten Platt-

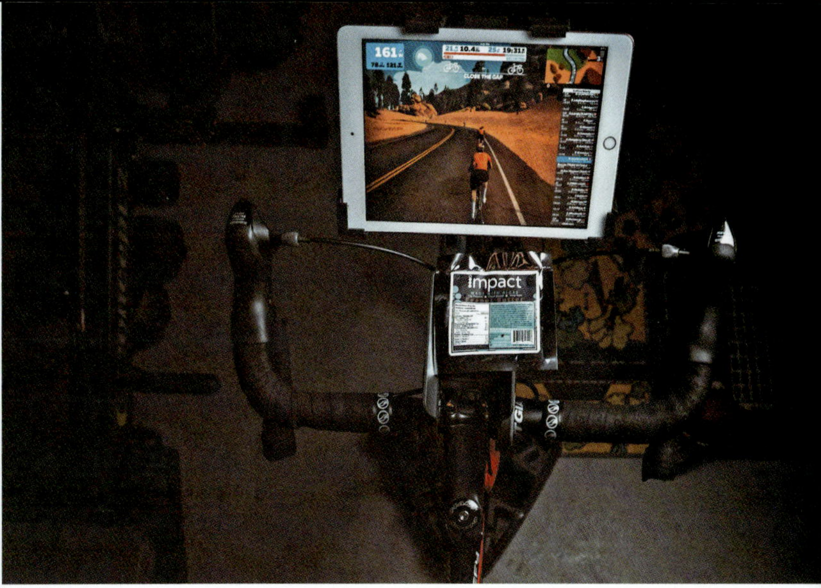

Zu Hause bleiben und virtuell Rennen fahren.

formen, findet zu jeder Tages- und Nachtzeit in den verschiedenen virtuellen Welten Gleichgesinnte aus aller Welt, mit denen zusammen sich auch der Windschatteneffekt nutzen lässt. Die Trainingsprogramme der verschiedenen Anbieter erleichtern es, die Form systematisch aufzubauen. Wer etwa über 12 Wochen einen sogenannten »FTP-Builder« abspult, ist plötzlich auch im Herbst oder Winter ungewohnt viel auf dem Rad. Dabei lässt sich dank der relativ zuverlässigen Technik sehr gut dokumentieren, was das Training bringt. Damit du das Rollentraining und seine Wirkung zu schätzen lernst, wäre es sicher gut, einmal einen solchen Indoor-Trainingsplan von der ersten bis zur letzten Einheit durchzuziehen. Das kostet häufig große Überwindung, denn zu Hause locken viele bequeme Alternativen. Du wirst dich wundern, wie fit du in die Straßensaison startest.

Das Schöne am Training auf der smarten Rolle ist auch, dass du jederzeit in Rennen antreten kannst. Das geht bei ein paar Kilometern auf einem Kriteriums-Rundkurs los, kann aber durchaus auch über die 100-Kilometer-Grenze führen. Du wirst spüren, dass diese Rennen, obschon virtuell, unerbittlich sind. Hier kannst du es dir nicht erlauben, die Beine einfach mal hochzulegen.

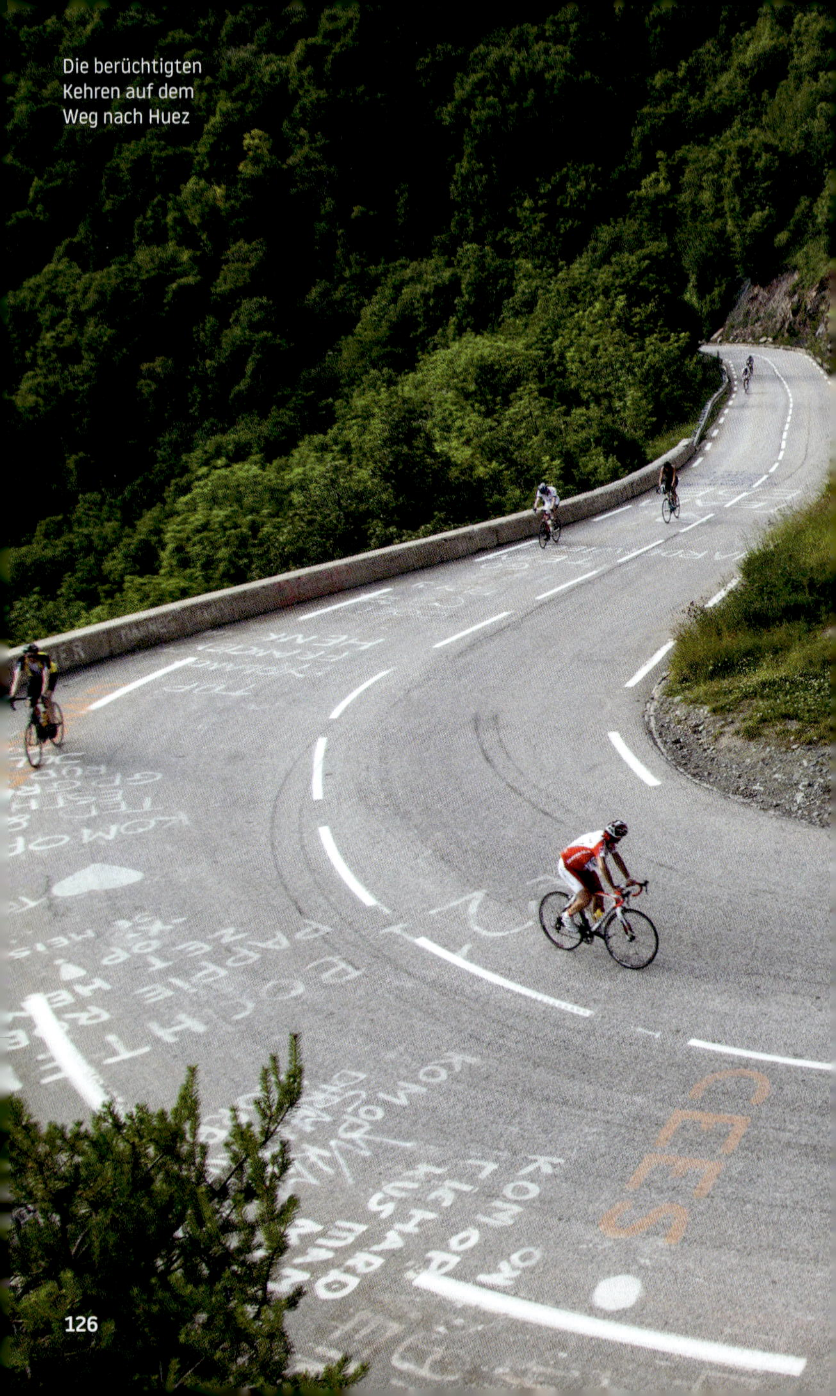

Die berüchtigten Kehren auf dem Weg nach Huez

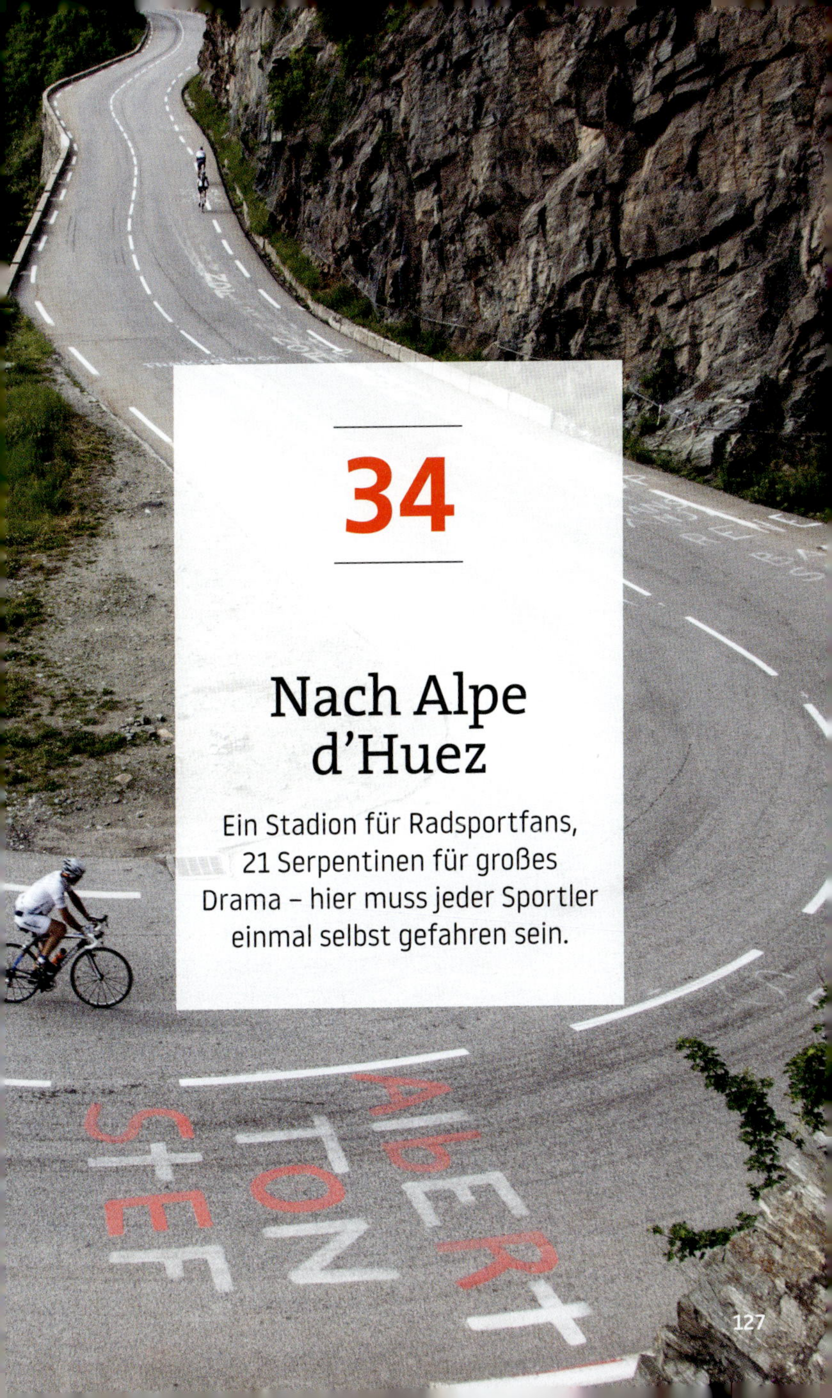

34

Nach Alpe d'Huez

Ein Stadion für Radsportfans, 21 Serpentinen für großes Drama – hier muss jeder Sportler einmal selbst gefahren sein.

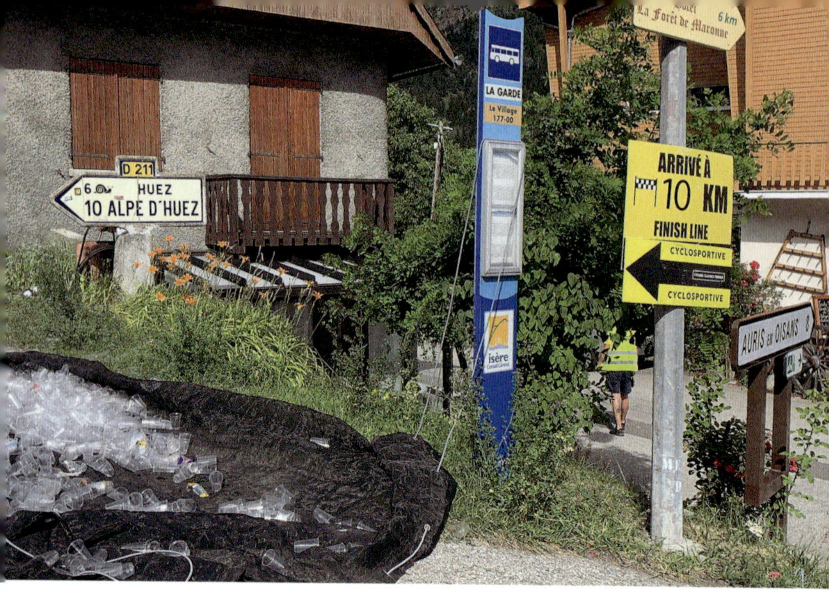

Das Ziel ist nah und doch fern.

Es ist nicht der schwierigste Berg, ganz sicher nicht der schönste und gemessen an der Historie auch nur Teil einer langen Liste großer Namen. Dennoch dürfte es kaum zu bezweifeln sein: Der Weg nach Alpe d'Huez, hinauf in einen Skiort in den Dauphiné-Alpen in Frankreich, gilt als der renommierteste aller Anstiege in der Welt des Profiradsports. Keine andere Auffahrt hat sich derart in das kollektive Gedächtnis der Radsportfans eingebrannt. Klar, es gibt all die großartigen Berge, den Mortirolo, den Izoard, die Auffahrt zum Tourmalet. Aber das Spektakel, das Drama in kondensierter Form, das kommt sofort in den Kopf, wenn von der Alpe die Rede ist. Der Grund dürfte auch darin liegen, dass die Passage vom Talort Le Bourg-d'Oisans, beinahe eine Sackgasse, wie gemacht war für die Bedürfnisse des Fernsehens in der Zeit ab 1952. Der Anstieg nach Alpe d'Huez ist wie ein Stadion, mit steilen Wänden, einer sehr guten Sicht auf das Geschehen und der Möglichkeit, die Action im Fernsehbild konzentriert einzufangen.

Countdown der Serpentinen

Wer den Anstieg auf dem Rad selbst ausprobiert, dem gehen all die Kämpfe der großen Stars durch den Kopf, der Fanwahnsinn am Rande und die Unerbittlichkeit der Bergankunft. Dabei kommt es entscheidend darauf an, wie viele Kilometer auf der Tour schon hinter uns liegen. Wer frisch direkt den Berg angreift und hier um seine persönliche Bestzeit fährt, hat es mit einer gut planbaren Belastung zu tun. Wer mit einigen Pässen im Gepäck in die Steilwand fährt, der wird hier arg auf die Probe gestellt. Etwas länger als 13 Kilometer ist der Weg, er bietet mehr als 1000 Höhenmeter – das ist knackig, aber nicht überhart. Dazu kommen die 21 Serpentinen, denen die Straße ihre Beliebtheit verdankt. Von unten losfahrend begibt man sich in einen Countdown und kann durch den Rhythmus der Kurven die eigene Motivation hochhalten.

Alpe d'Huez ist eine pragmatisch zurechtgekloppte Bettenburgen-Lokalität französischer Machart und kein Ort zum Verweilen, zumindest während der Monate, in denen wir Rennradfahrer uns herumtreiben. Die Kulisse eines französischen Skiorts wirkt im Sommer, zumindest wenn die Tour de France nicht gerade zufällig eine Etappe hier veranstaltet, fast abschreckend, die letzten Meter des Anstiegs führen vorbei an hässlichen Bettenburgen, aus denen dich garantiert niemand anfeuern wird. So ist das mit den großen Mythen: Was sie uns geben, sollten wir nur von uns selbst abhängig machen.

INFOS

Bis heute hält der sagenumwobene italienische Radprofi Marco Pantani, eine tragische Figur des Sports, die Bestzeit auf dem Weg nach **ALPE D'HUEZ** – und nicht nur das. Die drei schnellsten Zeiten hinauf auf den Berg stellte Pantani auf, am meisten beeilte er sich 1995 mit 36 Minuten und 50 Sekunden. Jan Ullrich war 1997, als späterer Sieger der Tour de France, immerhin nur 51 Sekunden langsamer. Über die Bestzeit des Autors gibt es nichts zu sagen.

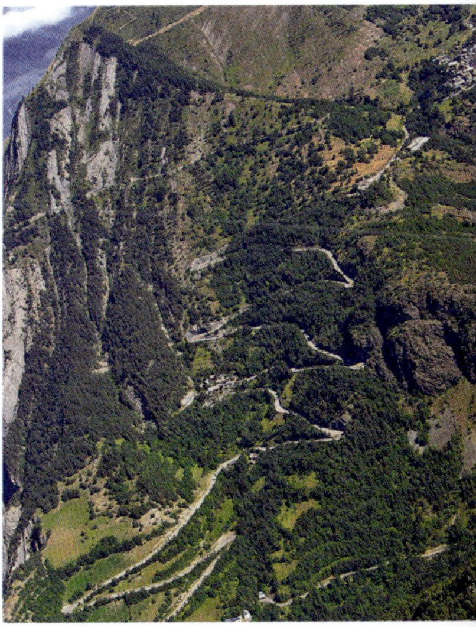

Mach dir das
Leben schwer
und profitiere von
deiner Disziplin!

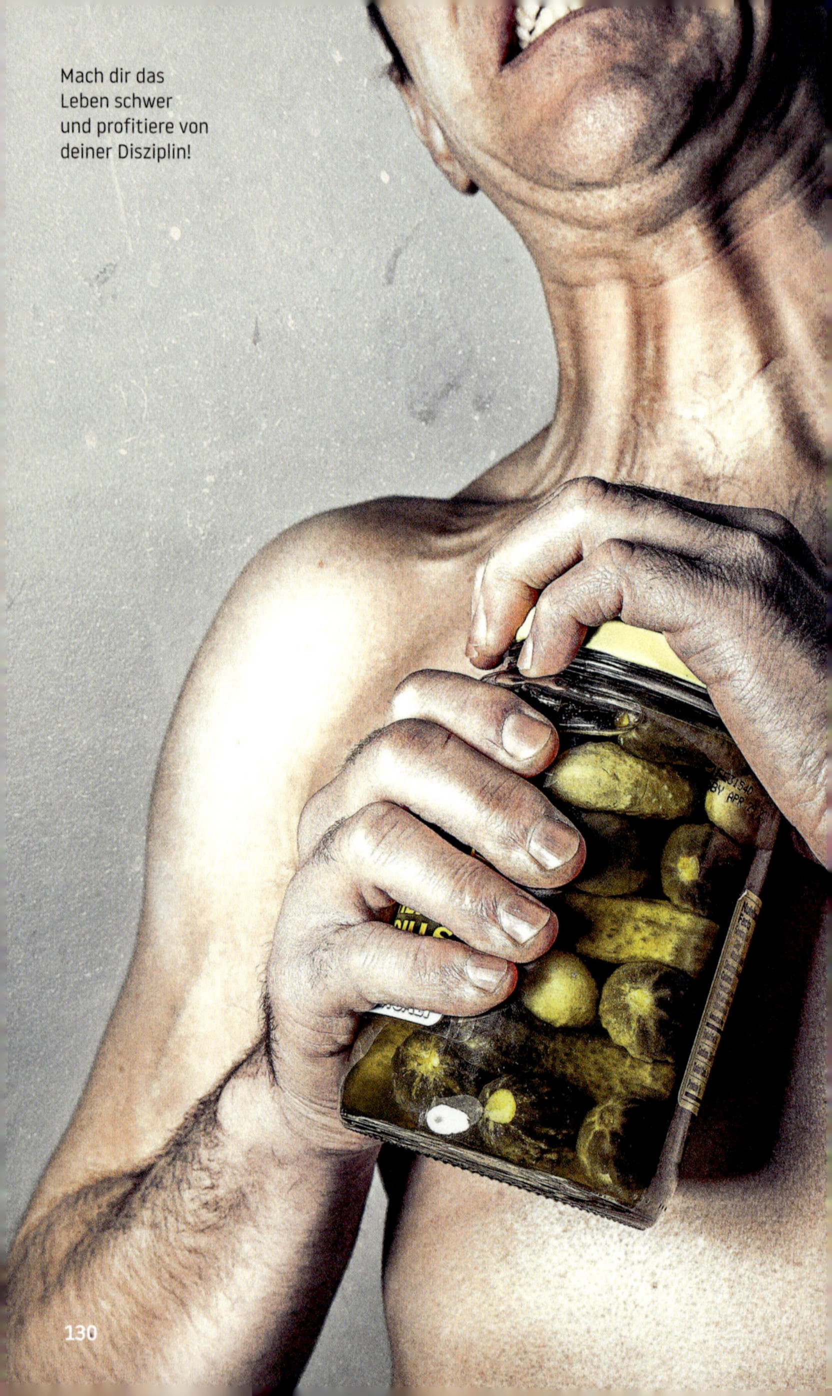

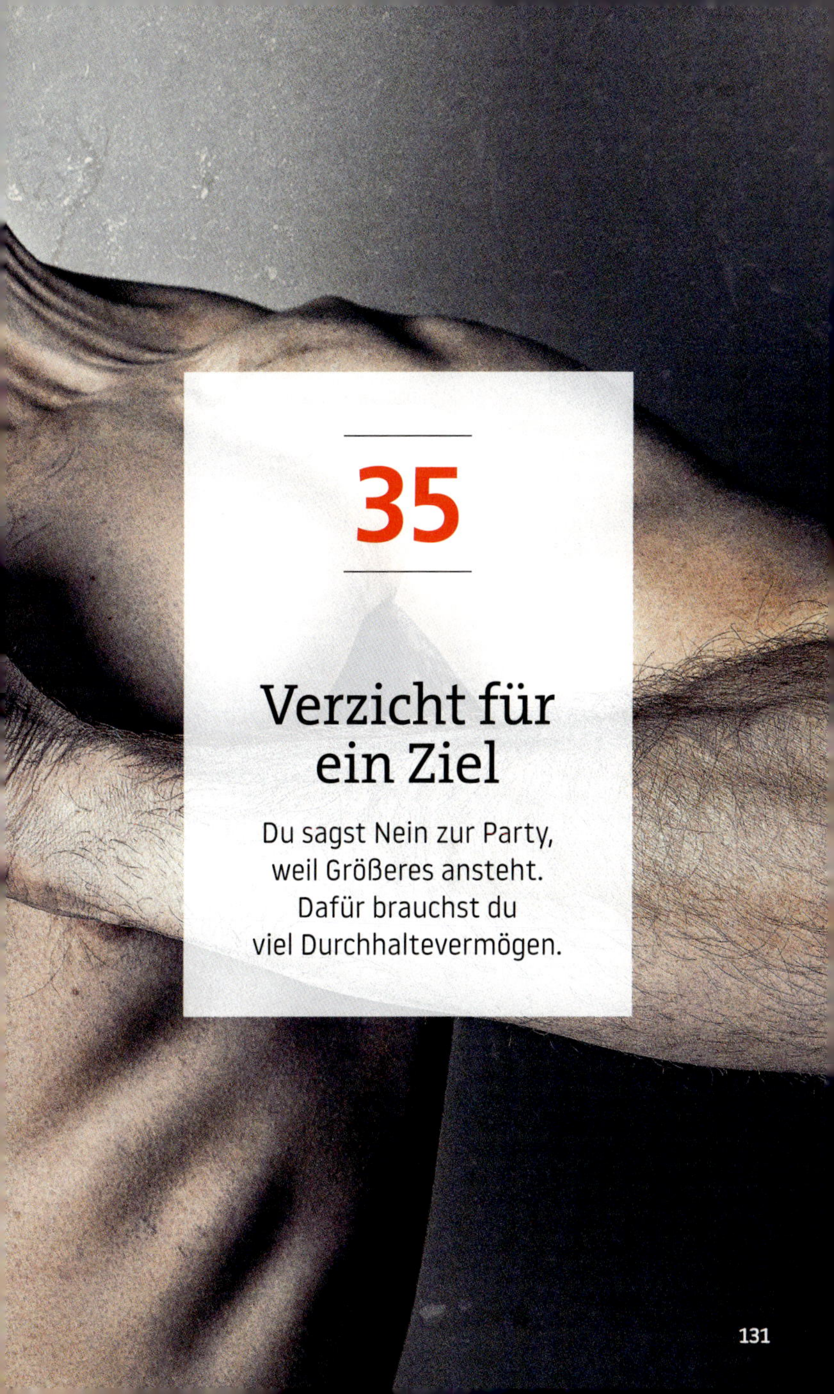

35

Verzicht für ein Ziel

Du sagst Nein zur Party, weil Größeres ansteht. Dafür brauchst du viel Durchhaltevermögen.

Irgendwann sind alle Radsportlerinnen und Radsportler an dem Punkt, an dem sie sich schwierig zu erreichende Ziele setzen. Das kann eine Alpenüberquerung mit dem Rennrad sein, in den meisten Fällen aber wird es ein bestimmtes Rennen oder ein Radmarathon sein. Diese sportlichen Ziele werden zu Fixpunkten in unserem Leben, sie bestimmen sehr bald, mal ehrlich, nicht nur unser Trainingsprogramm. Sehr viel gedankliche Energie wandert in die Vorbereitung, in die mentale Anbahnung, bei der wir uns immer und immer wieder selbst überzeugen müssen: Wir schaffen das.

Wer sich ein großes sportliches Ziel setzt, muss es dann auch ernst nehmen. Das erste Jedermannrennen, Mallorca 312 oder die Mecklenburger Seenrunde fährt niemand einfach so, ohne sich vorher körperlich in Form und mental in die Verfassung gebracht zu haben. Und weil diese Ernsthaftigkeit so wichtig ist, ist es auch ratsam, den sonst weit verbreiteten Hedonismus mit Blick auf die herannahende Herausforderung zu überwinden.

Stell dir vor, du wirst in der heißen Vorbereitungszeit zu einem Alpenrennen auf einen runden Geburtstag bei guten Freunden eingeladen. Bist du bereit, die Party abzusagen? Das muss vielleicht nicht sein, aber besser wäre es, wenn du schon den Begrüßungsdrink links liegen lassen würdest und stattdessen ein Wasser zu dir nähmst. Was dann passiert, wissen Antialkoholiker ganz genau: Du wirst mit Fragen bombardiert, warum du nicht richtig mitfeierst. Und das gilt auch für andere Lebenssituationen: die Erdbeersahnetorte bei der Oma, die Einladung zum Grillen beim Nachbarn. Das alles wird für Leute zum Problem, die sich mit großem Ehrgeiz an ungekannte sportliche Ziele heranwagen.

Keine Kompromisse

Daher der Rat: Bleib eisern. Opfere dem sportlichen Ziel auch mal dein Sozialleben. Begib dich mit klarem Vorsatz unter die Menschen, die sonst so gerne mit dir anstoßen oder mit dir einen draufmachen. Wenn du keine Lust auf die ganzen Rückfragen hast, dann gehe konsequenterweise eben nicht mit in die Kneipe oder aufs Fest. Denn du bist in dieser Phase voll und ganz Rennradfahrerin oder Sportler, du kannst da keine Kompromisse machen. Kompromisse sind immer schlecht für die konzentrierte Vorbereitung. Je weniger Erfahrung du mit der langen Distanz oder einem rasanten Rennen hast, desto wichtiger ist es, dass du dich dieser Sache voll und ganz widmest. Feiern kannst du noch, wenn du das Ziel erreicht hast. Dann macht es umso mehr Spaß!

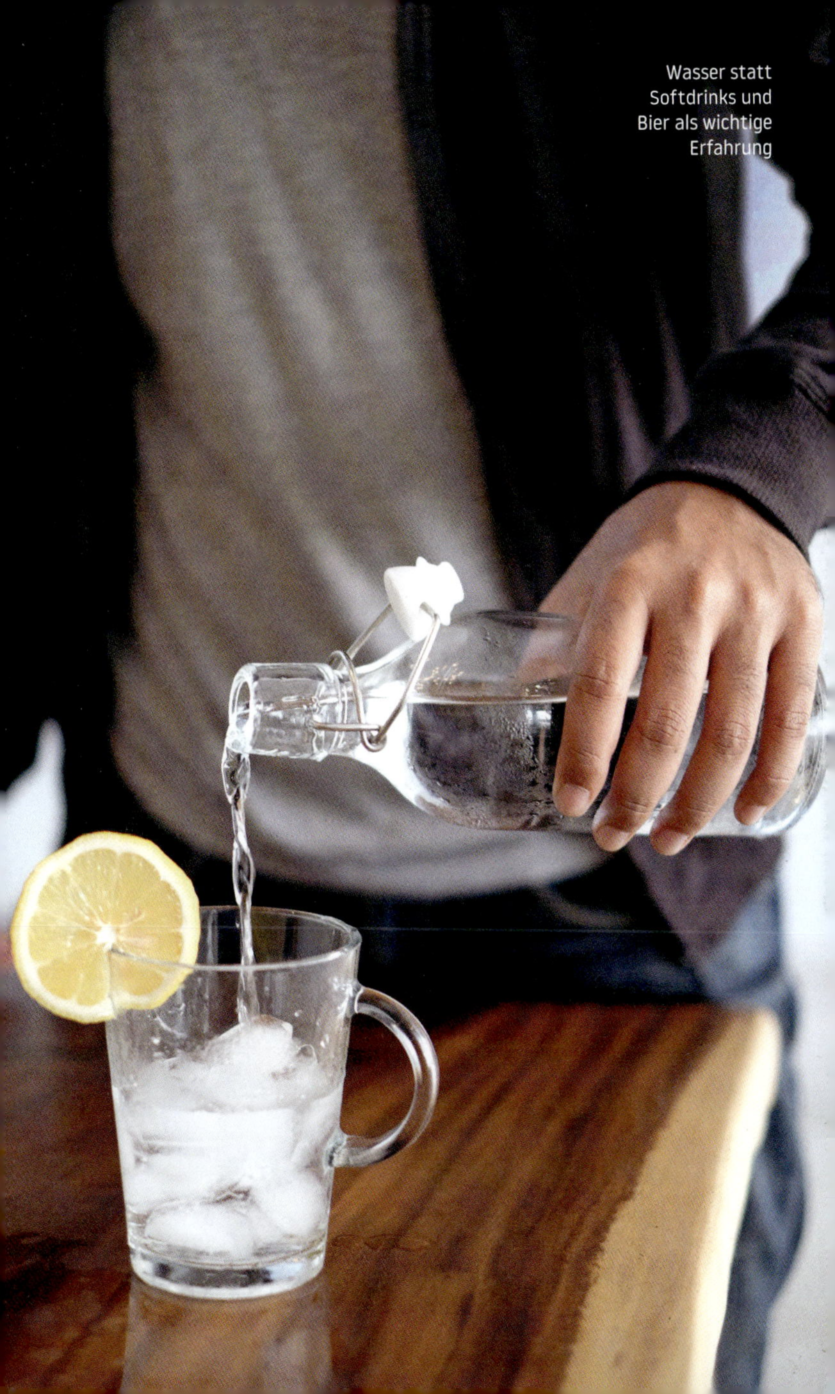

Wasser statt Softdrinks und Bier als wichtige Erfahrung

LEVEL 3

Von enormen Zielen zum inneren Frieden

Du bist im Radsport routiniert, technisch und konditionell sehr weit gekommen. Jetzt ist es Zeit für herausragende Abenteuer, aber auch ehrenvolles Auftreten. Vor allem wirst du erkennen, was dir auf dem Rad und abseits davon wichtig ist. Vergiss auch mal deine Ziele!

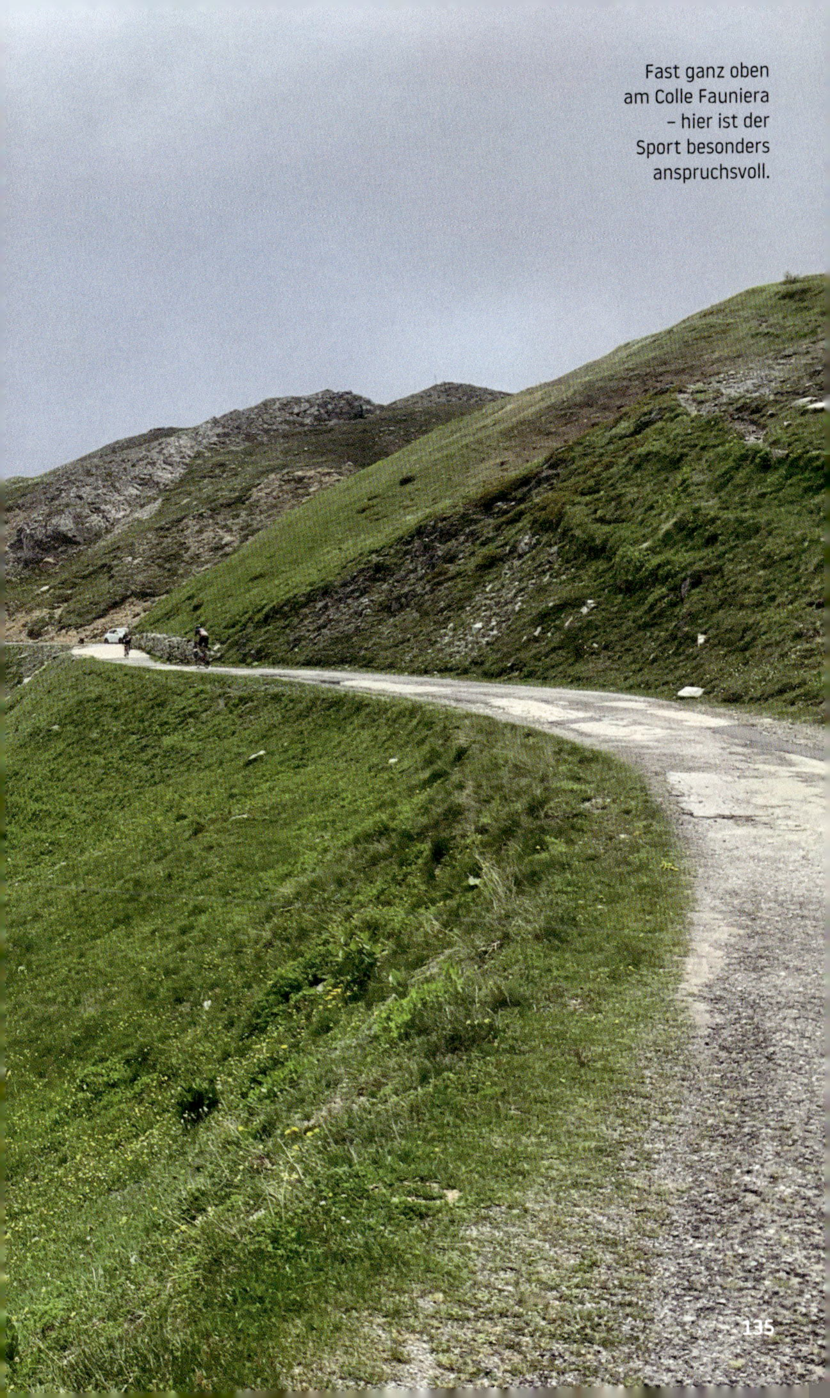

Fast ganz oben am Colle Fauniera – hier ist der Sport besonders anspruchsvoll.

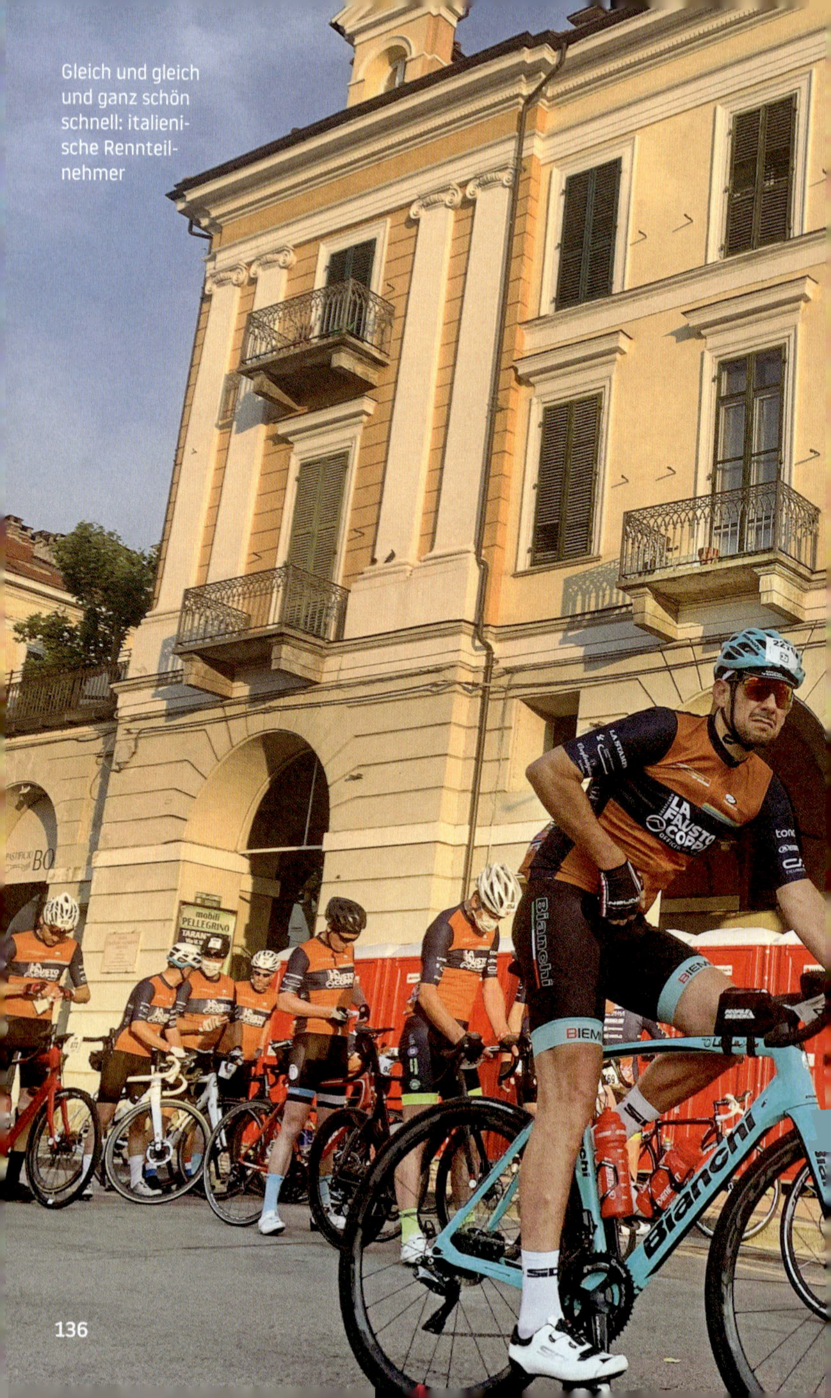

Gleich und gleich und ganz schön schnell: italienische Rennteilnehmer

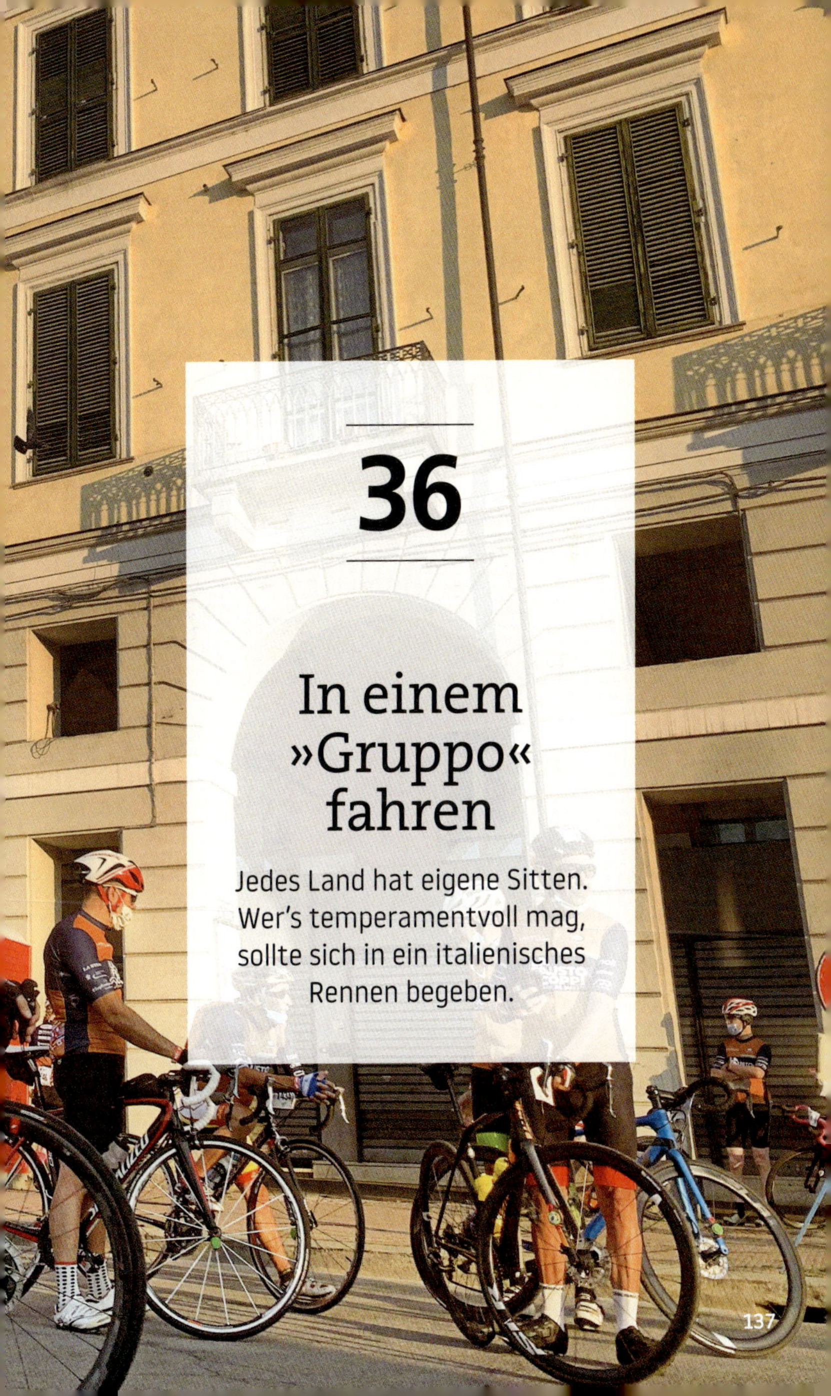

36

In einem »Gruppo« fahren

Jedes Land hat eigene Sitten. Wer's temperamentvoll mag, sollte sich in ein italienisches Rennen begeben.

Es quietscht, wieder und wieder, hinten schreien sie, ein paar Positionen weiter vorne tritt jetzt einer richtig hart in die Pedale. Plötzlich vor uns nur noch Gequietsche, eine Lawine von Fahrerinnen und Fahrern bremst, gerade noch so, dass offensichtlich niemand stürzt – denn gleich darauf treten alle wieder so fest es geht, und am Streckenrand liegt niemand. Schon fällt es schwer, dem angeschlagenen Tempo und den wechselnden Speeds zu folgen, aber es gibt gar keine Alternative. Zwar sind erst ein paar Kilometer absolviert, doch wenn wir zurückschauen, sehen wir: niemanden mehr. Heißt: Diese Gruppe von Radfahrern, ein paar Hundert, sollten wir nicht verlieren, um nicht schon vor dem ersten Anstieg eine Viertelstunde zurückzufallen.

Benvenuto beim Radsport in Italien. Auch in Deutschland geht es gerade zum Start von Jedermannrennen oft hektisch zur Sache, aber das ist nichts im Vergleich zur Turbulenz der italienischen Granfondi, wie die Rennen dort heißen. Es ist eine lebhafte Erfahrung, sich einmal in ein solches »Gruppo«, wie das Peloton auf Italienisch heißt, zu wagen. Das Schöne: Trotz aller Nervosität und trotz allem – rational betrachtet – sinnlosen Aktionismus geht es hier meist äußerst freundlich, ja fröhlich zu. Klingt klischeehaft, ist aber eine Erfahrung aus dem direkten Vergleich diverser Rennen in Deutschland und in Italien.

Auch die Größe spielt eine Rolle

Wer in einem italienischen Gruppo fährt, muss auf einiges vorbereitet sein. Die hektische Startphase ist das Erste, hier sollten wir höllisch aufpassen. Außerdem sollten wir uns nicht wundern, wenn ein Telefon klingelt – und der Sportskamerad dann nicht nur drangeht, sondern auch ein längeres Gespräch führt, während er seine Position im Rennen sichert. Besonders vorbereiten sollten wir uns auf die Rolle, die wir im Zuge des Rennens im Gruppo spielen wollen. Gerade etwas größere, etwas nordeuropäisch anmutende Akteurinnen und Akteure werden in den Überführungspassagen gern ganz vorn im Gruppo gesehen. Das hat Gründe, denn solche Akteure scheinen eben den anderen die Aussicht auf Windschatten zu versprechen. Du wirst relativ schnell merken, dass sich ansonsten aus dem Verband kaum jemand für längere Zeit nach vorne begibt, wenn im Verhältnis zum Renndurchschnitt recht große Teilnehmer aus dem Ausland in Erscheinung treten. Kann sein, dass du die Führungsarbeit alleine machst – am nächsten Berg bekommst du dafür dann garantiert die Quittung.

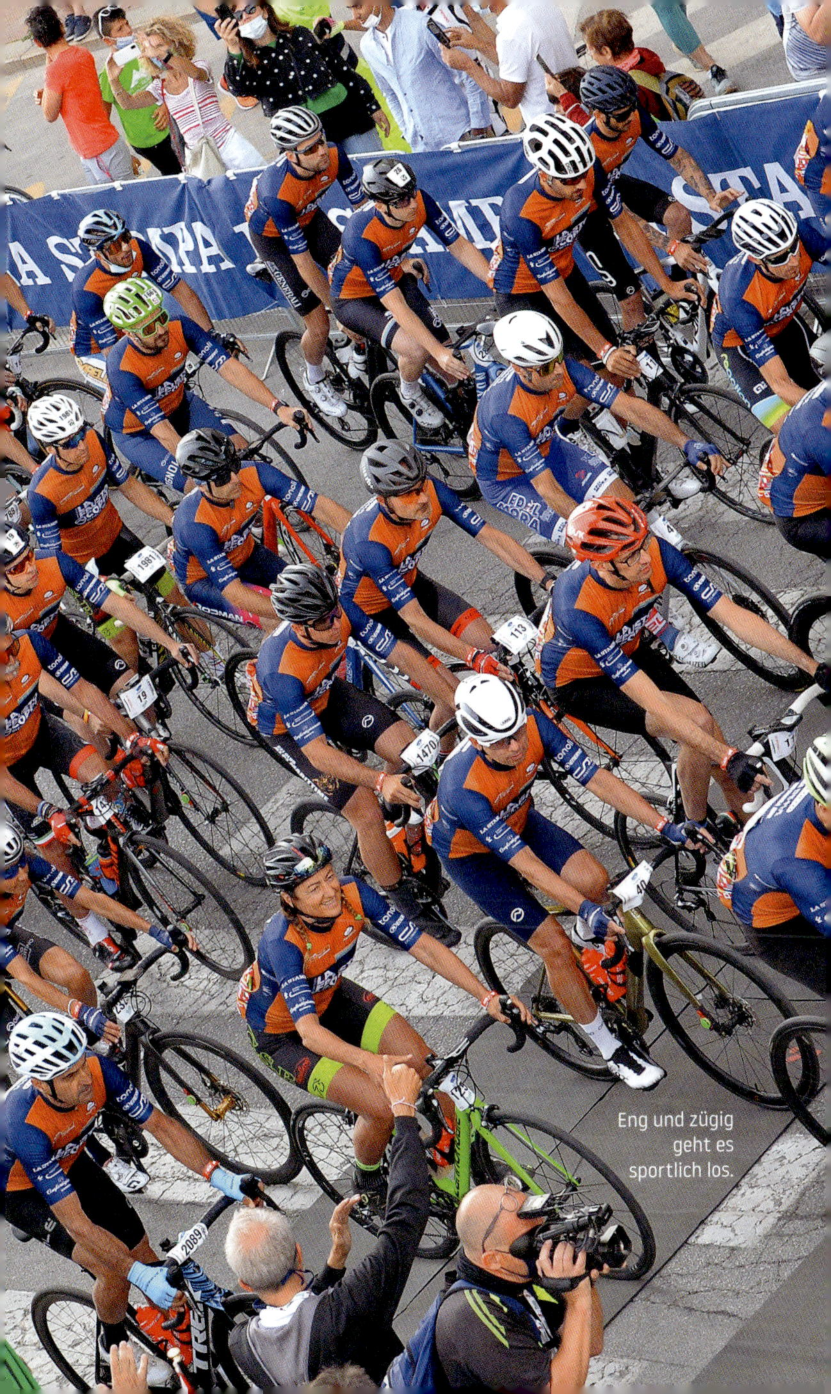

Eng und zügig geht es sportlich los.

37

Querfeldein ganz dynamisch

Die Alternative für die kalte Jahreszeit: aggressives, technisches Fahren um die Wette beim Cyclocross

Es ist eine Nischendisziplin, aber dort übt sie eine umso größere Faszination aus: das so genannte Querfeldein-Radfahren – auch Cyclocross oder Cross genannt – ist eine sehr herausfordernde Spielweise bzw. Matschstrecke, um auch im Winter sehr harte Rennen und Trainingskilometer abzureißen. Cyclocross hat bei sportlich ambitionierten Rennradlern einen sehr guten Ruf, denn es erfordert von den Teilnehmern jede Menge Skills in Verbindung mit sehr guter Kondition und auch mentaler Härte. Man kann das sehr gut allein ausprobieren, beim Training in hügeligen Wandergebieten, Feldern und in Wäldern.

Cyclocross ist aber kein Graveln, das merkt man vor allem bei den richtigen Rennen. Inzwischen gibt es nach einer Talfahrt der Szene wieder überall im Land zwischen Herbst und Frühling Wettbewerbe und auch ganze Serien, die für Hobby- und Lizenzfahrer offen sind. Wer etwa beim Nieuwjaarscross des Hamburger Cyclocross-Lands mitmacht, wird sich wundern, wie wenig Kilometer man in 40 Minuten abreißt – und wie fertig man doch zugleich auch drei Tage später noch sein kann.

Radcross bringt uns dem Gefühl nahe, das wir früher beim Spielen weit hinterm Haus in unseren dörflichen Siedlungen hatten. Es tut weh und macht süchtig. Probier es mal aus!

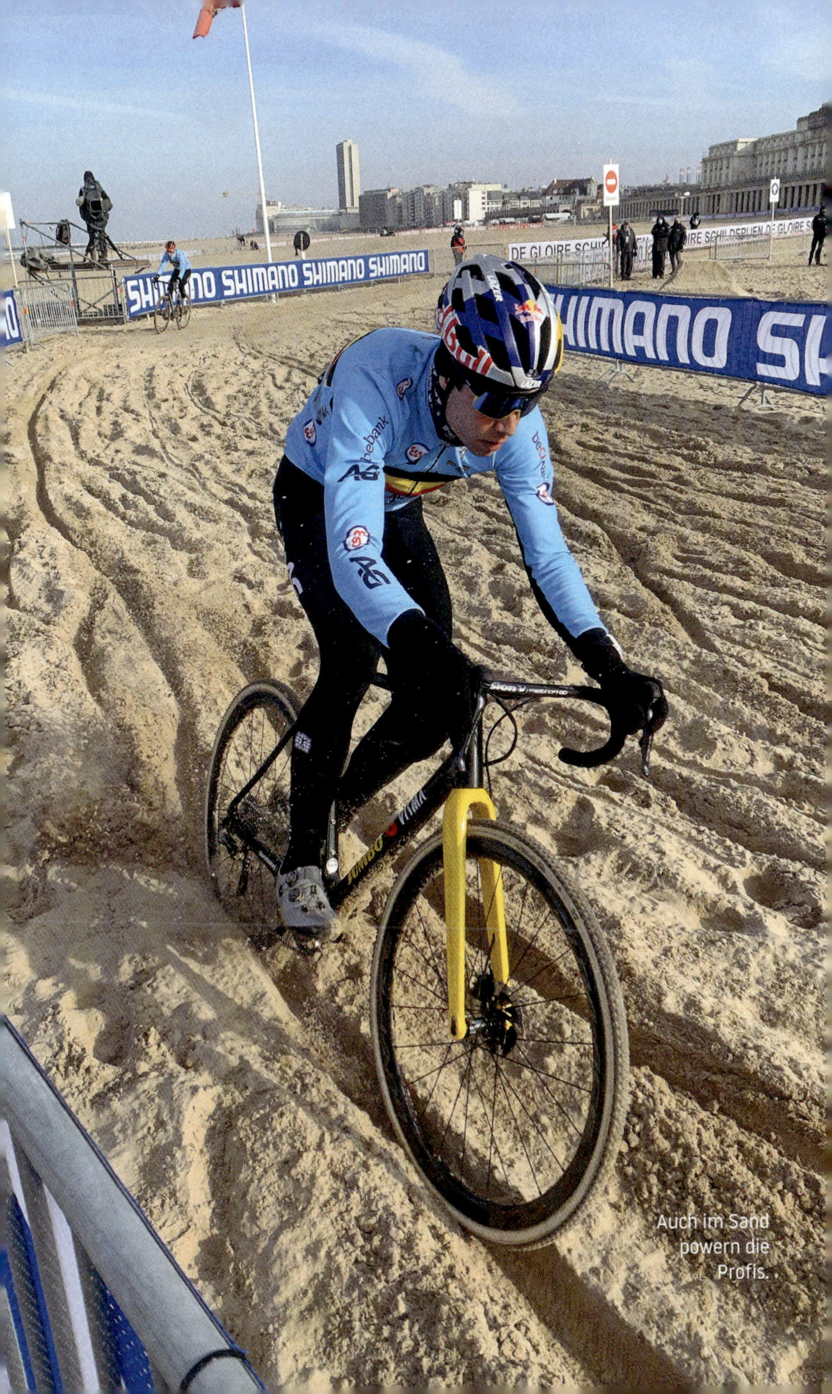

Auch im Sand powern die Profis.

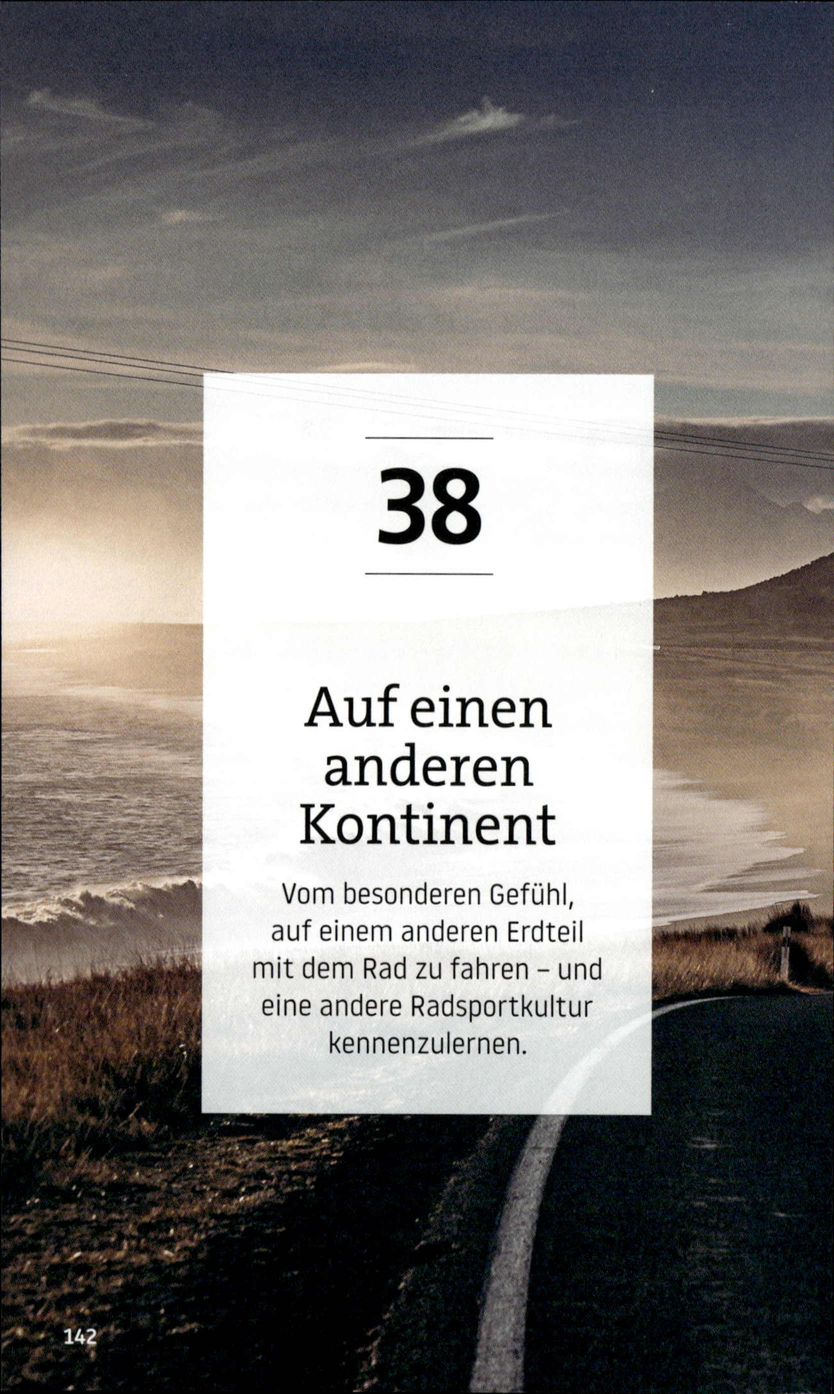

38

Auf einen anderen Kontinent

Vom besonderen Gefühl, auf einem anderen Erdteil mit dem Rad zu fahren – und eine andere Radsportkultur kennenzulernen.

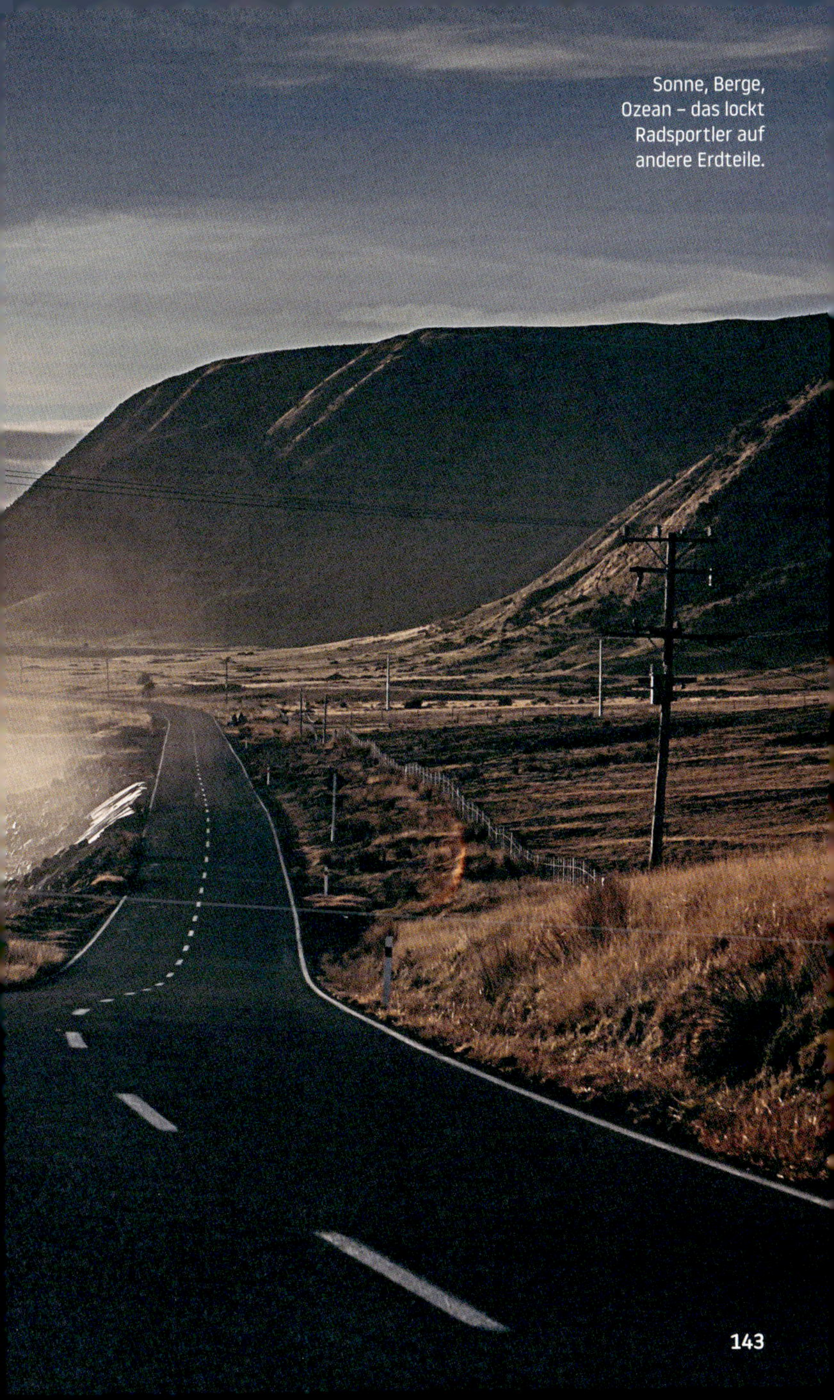

Sonne, Berge, Ozean – das lockt Radsportler auf andere Erdteile.

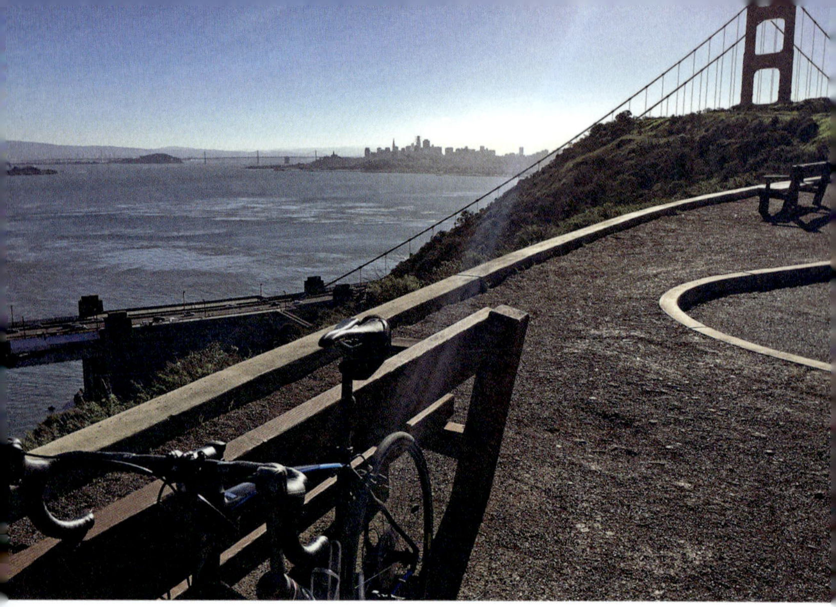

Blick über die San Francisco Bay

Europa ist das globale Epizentrum des Radsports, daran besteht kein Zweifel. Unser Kontinent bietet auch ausreichend Routen und Rennen für eine gesamte Karriere. Dennoch werden viele abenteuerlustige Sportlerinnen und Sportler irgendwann den Blick über die Grenzen des Kontinents hinaus richten. Wie wäre es, einmal auf einem anderen Erdteil einen Radsporturlaub zu machen?

Beispiel Kalifornien: Wer in der Bay Area um San Francisco Anschluss an Rennradfahrer sucht, wird schnell fündig in der höchst aktiven Szene. Einer der großen Vorteile dort: In San Francisco und an der Pazifikküste herrscht 12 Monate im Jahr gutes Radsportwetter, die Topografie ist wegen der vielen Anstiege sehr anspruchsvoll – wer hier Rennrad fährt, muss fit sein. Für Gäste aus Deutschland kann eine solche Gruppenfahrt, je nach Jahreszeit, ganz schön hart sein. Ich habe die Erfahrung selbst gemacht, mit der Müdigkeit der Anreise am Vortag in den Beinen.

Ein bisschen Zeit zum Reinkommen auf dem neuen Kontinent schadet sicher nicht. Die Akklimatisation hätte mir auch in Israel bestimmt geholfen. Jetzt mag manch einer einwenden, dass Israel ja fast noch zu Europa gehöre – aber geografisch befinde ich mich hier schon auf der sicheren Seite. Zu

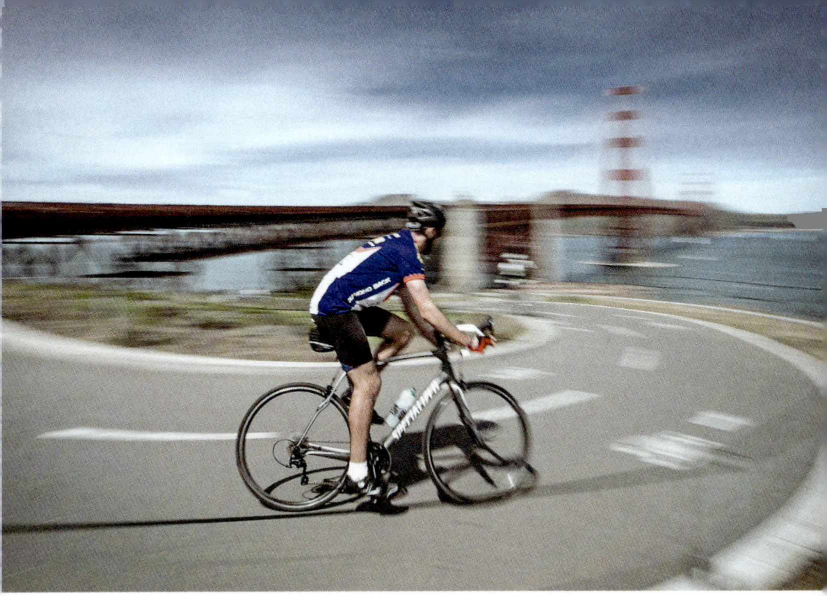

Golden-Gate-Bridge in Kalifornien

einem überaus anspruchsvollen Territorium kommt dort noch die Sonne, die schon im März unerbittlich scheint. Außerdem sind Rennradfahrer hier noch ziemlich seltene Erscheinungen, weshalb die Locals ihre Ausfahrten nur mit Begleitwagen zur Absicherung machen dürfen. Alleine fährt man am besten ganz außen auf dem Randstreifen – sonst kann es sehr eng werden. Bewegt man sich mit dem Rennrad vorbei an biblischen Stätten, hat das schon etwas Erhabenes.

Unzählige Ziele warten auf dich

Die Liste der potenziellen Radsportziele ist lang. Australien ist eine Hochburg des Sports, nach Südafrika zieht es jedes Jahr viele Tausend Europäer. Nicht zuletzt die berühmte Cape Argus Cycle Tour bei Kapstadt lockt die Sportler an den südlichen Zipfel des afrikanischen Kontinents. Die Route wäre mit spektakulär noch dezent umschrieben.

Wer also nach Trainingslagern sucht und vielleicht ein bisschen mehr Budget zur Verfügung hat, kann sich auch mal in Puerto Vallarta, Mexiko, oder im US-amerikanischen Bundesstaat Texas umschauen. Die möglichen Ziele reichen für mehr als ein ganzes Radfahrerleben!

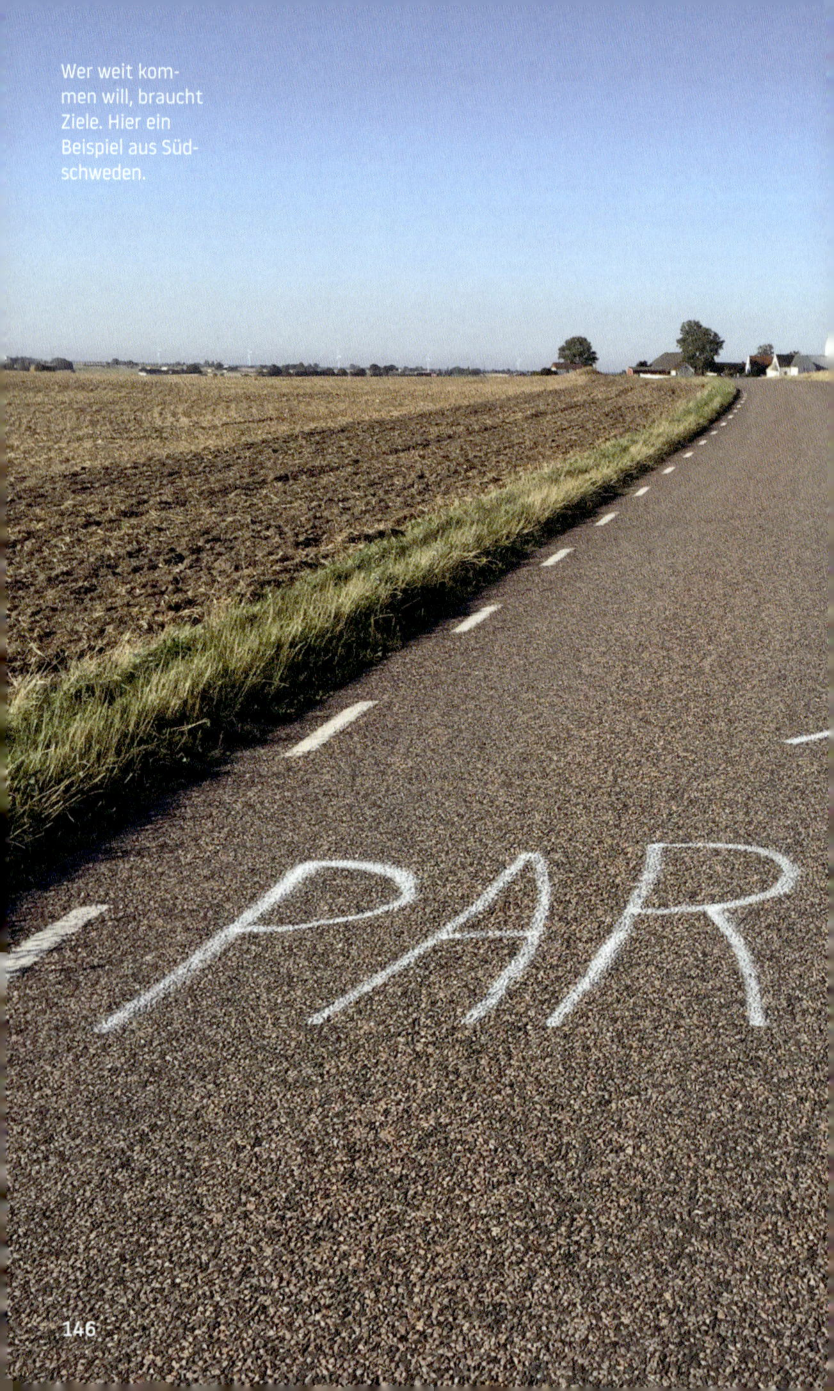

Wer weit kommen will, braucht Ziele. Hier ein Beispiel aus Südschweden.

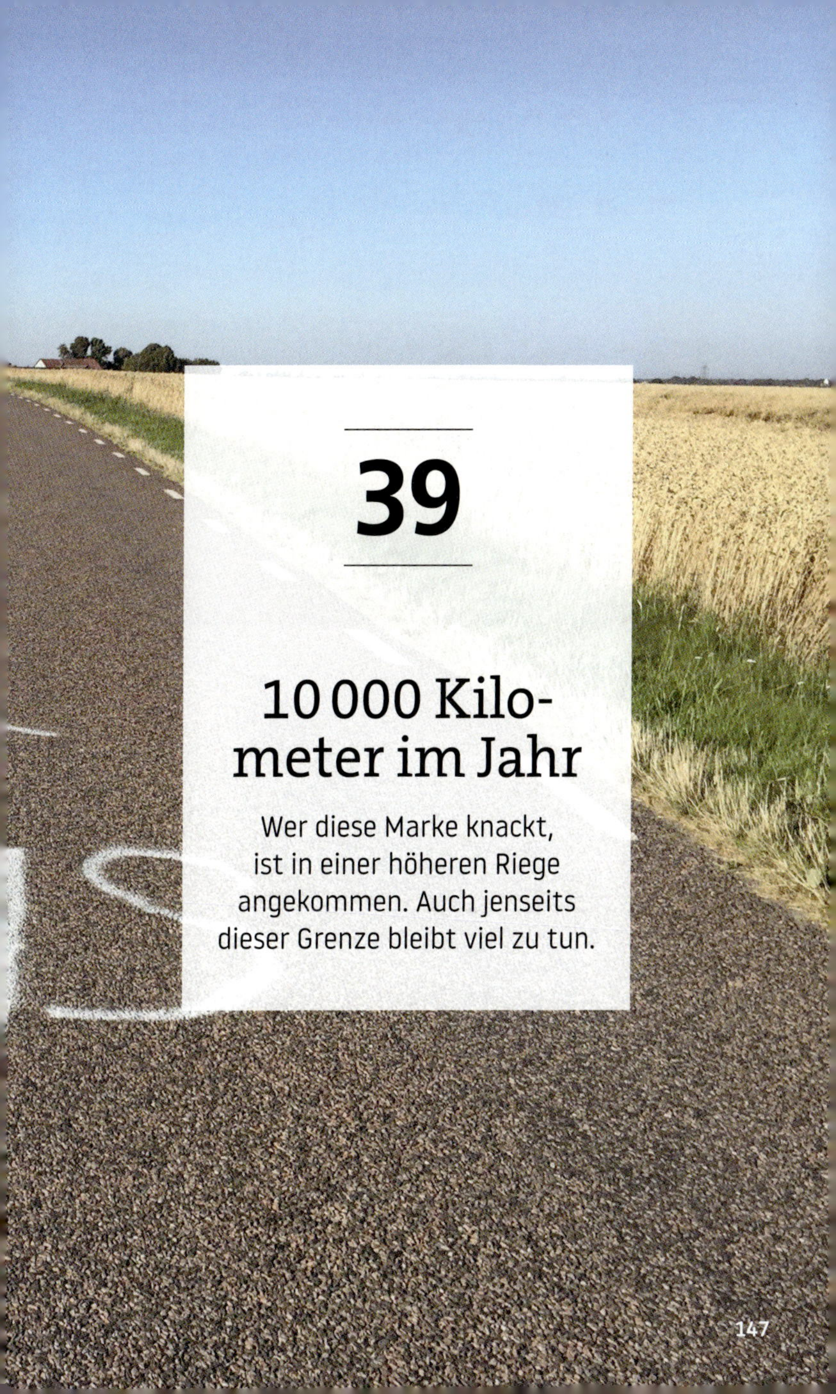

39

10 000 Kilometer im Jahr

Wer diese Marke knackt, ist in einer höheren Riege angekommen. Auch jenseits dieser Grenze bleibt viel zu tun.

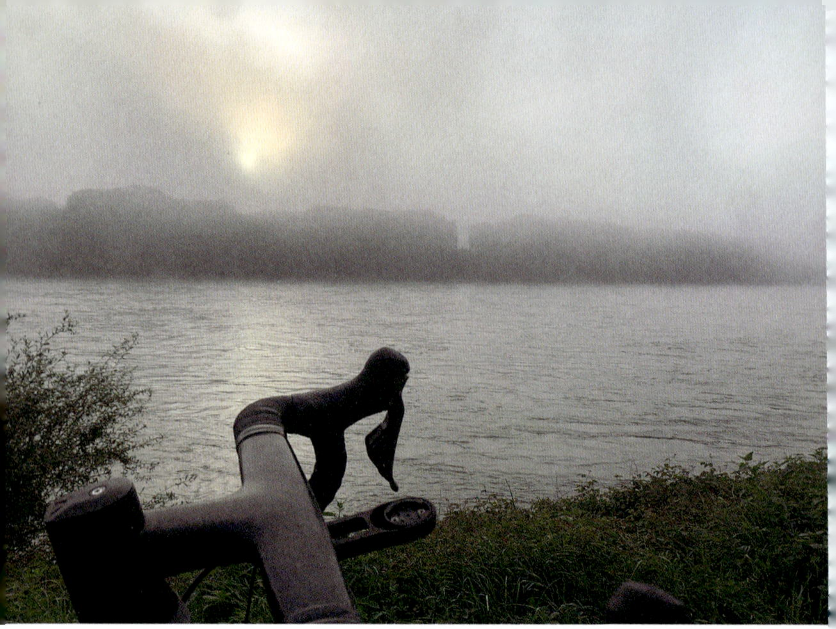

Ausdauerfahrer fahren nicht nur im Hochsommer.

Ich würde mich als erfahrenen Radsportler bezeichnen. Viele Jahre lang ist es mir inzwischen gelungen, mich so fit zu halten, dass ich bei den meisten Veranstaltungen ordentlich bis gut mitgehalten habe. Je nach Profil bin ich sogar schon ziemlich weit vorn gewesen in den Ergebnislisten. Das alles habe ich geschafft, indem ich halbwegs ernsthaft trainiert habe – und das nach meinem eigenen Gefühl auch fast das ganze Jahr über. Allerdings kam ich mir all die Jahre schon ein bisschen ärmlich vor, denn viele, mit denen ich unterwegs sprach, hatten weitaus mehr Trainingskilometer absolviert als ich. In normalen Jahren kam ich nicht über 6500 Kilometer hinaus, einmal waren es 8000.

Im Jahr 2021 setzte ich mir dann das Ziel, auch einmal die 10 000-Kilometer-Marke zu überwinden. Schon Anfang Januar blickte ich gebannt auf die nötigen Umfänge und die Frage, wie ich im Verhältnis dazu stand. Dass die Übungen auf der smarten Rolle auch fürs Fahren draußen etwas brachten, merkte ich dann im Frühling. Im Sommer stand ich, zur Halbzeit, weit über dem benötigten Schnitt. Bis dahin lief alles ganz hervorragend. Doch irgendwann im Verlauf der Sommerferien mit Kindern, einiger Corona-Wirren im

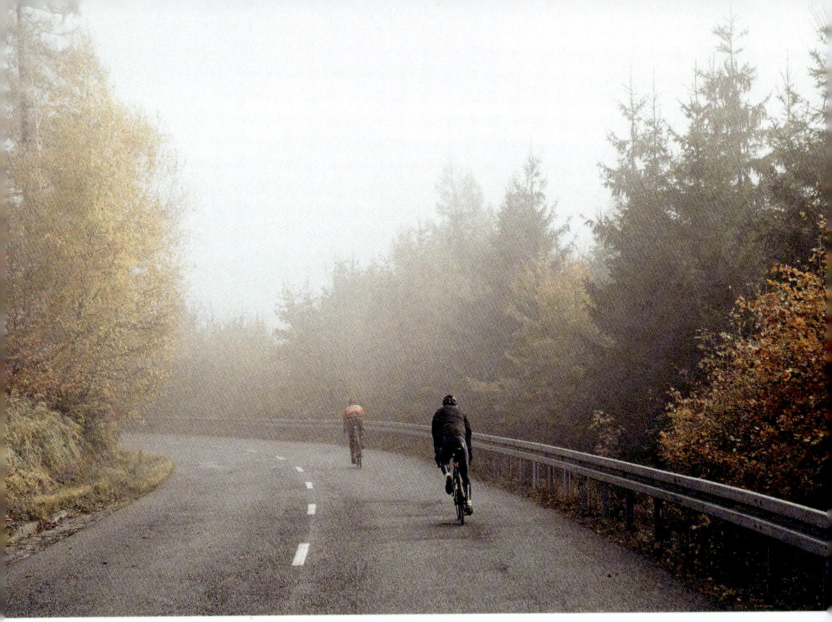

Im Herbst und Winter legen Radsportler die Basis für ihre Form.

Herbst und eigener Infekte war ich plötzlich im November weit hinter meinem Plan. Erstaunlich, wie sehr einen solch eine abstrakte Zielsetzung beschäftigen kann. Täglich überlegte ich, wie viel ich noch zulegen müsste, um bis Jahresende auf die 10 000 zu kommen.

Das Ziel immer vor Augen

Lustigerweise änderten sich auch die Angaben der Leute, mit denen ich zusammen trainierte. Da waren jetzt nicht selten welche dabei, die 13 000, 15 000 oder sogar noch mehr Kilometer im Jahr abspulten. Unvorstellbar. Ich besann mich auf mein Ziel. Irgendwie die 10 000 Kilometer zu erreichen. Einen Tag vor Heiligabend fehlten noch 67,8 Kilometer. Ich setzte mich bei grauem, windigem Wetter um 8.06 Uhr aufs Rad und fuhr genau auf diese Marke. Danach war ich erlöst: 10 000 Kilometer mit einer Durchschnittsgeschwindigkeit von 28,07 Stundenkilometern. Das hat viel mentale Energie gekostet. Aber es hat sich gelohnt. Jetzt, ein Jahr später, spüre ich, dass mehr in mir steckt. Noch mal an diese Zahl klammern werde ich mich allerdings nicht.

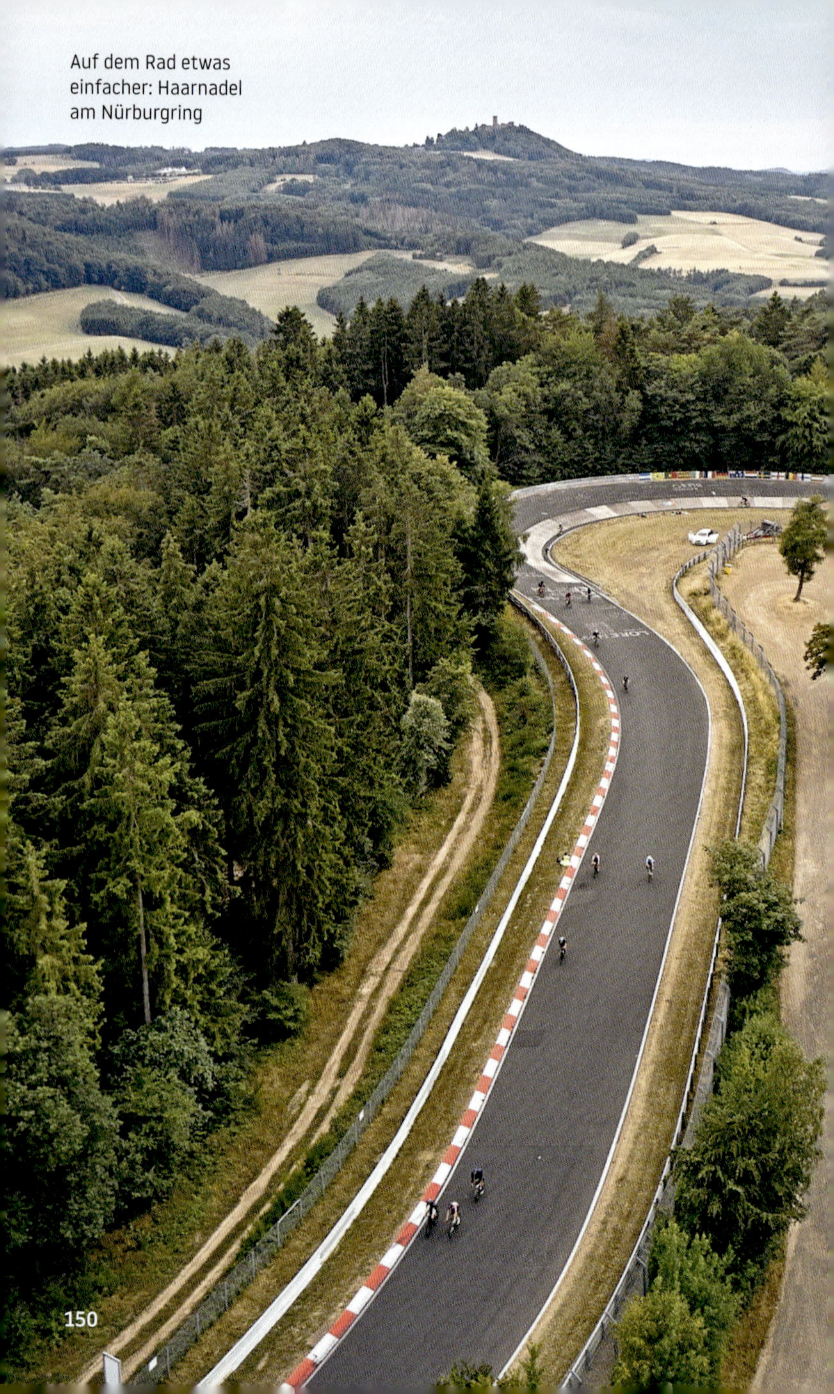

Auf dem Rad etwas einfacher: Haarnadel am Nürburgring

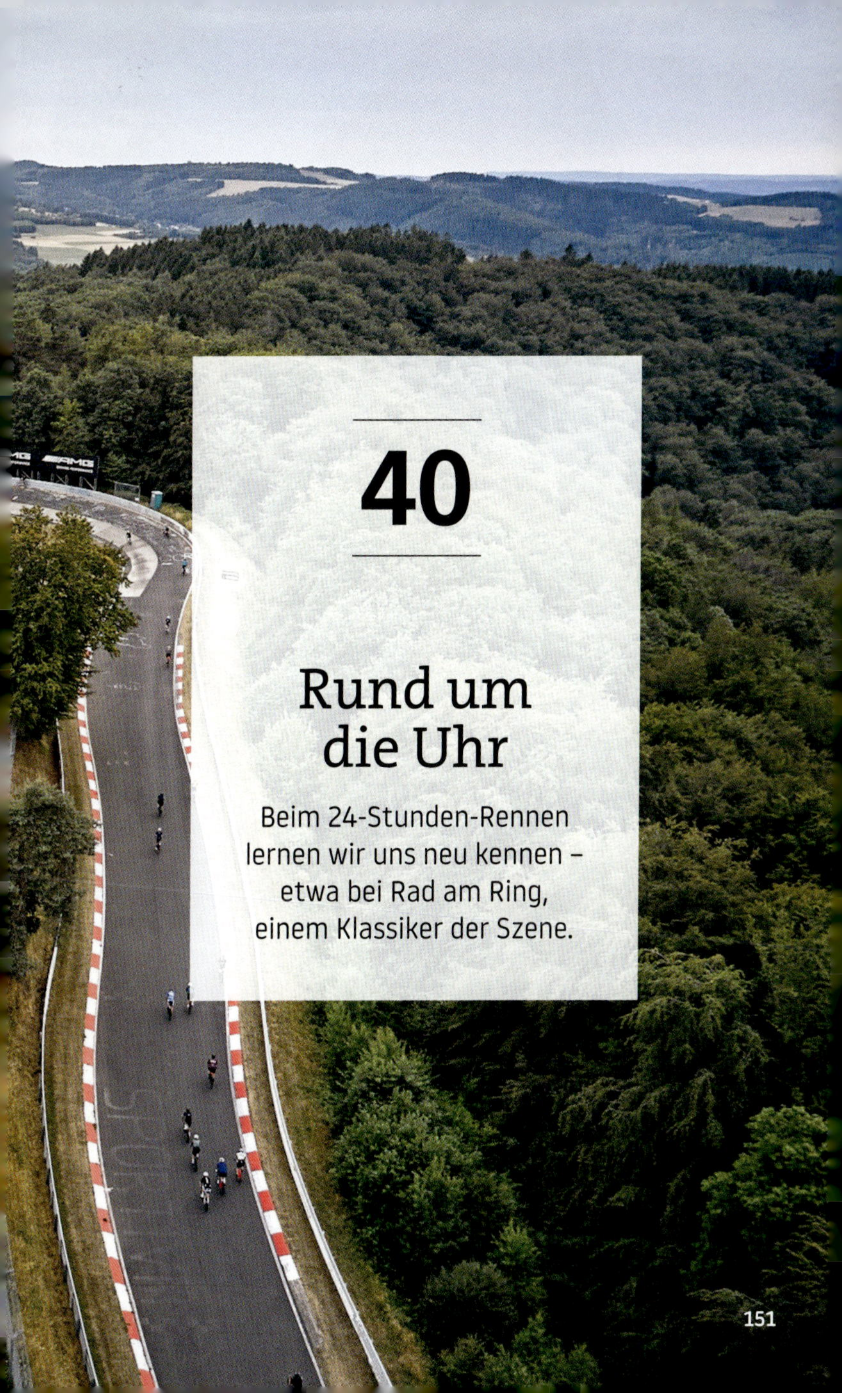

40

Rund um die Uhr

Beim 24-Stunden-Rennen lernen wir uns neu kennen – etwa bei Rad am Ring, einem Klassiker der Szene.

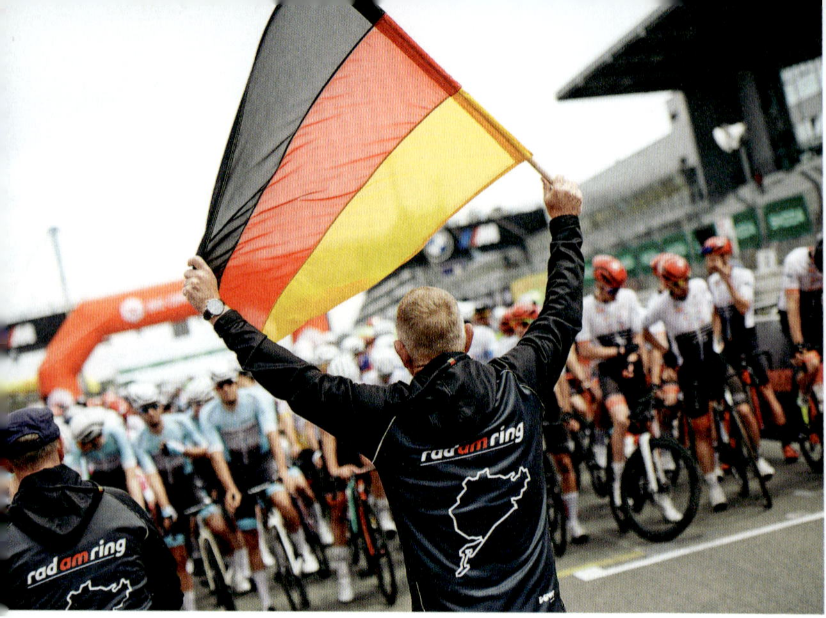

Start zum 24-Stunden-Rennen

Es fühlt sich an wie auf einem Rockfestival, nur dass viel zu wenig Bier getrunken wird. Überall stehen Zelte, Überdächer, Camper, überall leuchtet es, es dringt Musik hervor, Menschen grillen und chillen. Die Atmosphäre in dieser bunten Zeltstadt ist außergewöhnlich. Erfahrene Radrennfahrer kennen Menschenaufläufe, kennen Partystimmung am Streckenrand – aber hier feiert die Szene ein Hochamt ihres Kults ohne störende Fremdeinflüsse. Der Nürburgring, die berüchtigte Rennstrecke in der Eifel, verwandelt sich einmal im Jahr in eine Pilgerstätte für die Fahrradwelt. Das Event hat einen besonderen Ruf. Man rast tags, abends, nachts und frühmorgens durch die Fuchsröhre, klettert auf die unerbittliche Hohe Acht – und es geht weiter, immer weiter.

24 Stunden am Stück Rennen fahren, das klingt zunächst irre, für viele Menschen ist das aber eine nächste Stufe der Herausforderungen. Man kann das nicht nur am Nürburgring machen, auch im bayerischen Kelheim, im österreichischen Kaindorf bei Hartberg und auch auf der französischen Rennstrecke Le Mans gibt es passende Veranstaltungen. Die 24 Stunden am Nürburgring sind jedoch die Top-Nummer. Es ist ein Trip, den

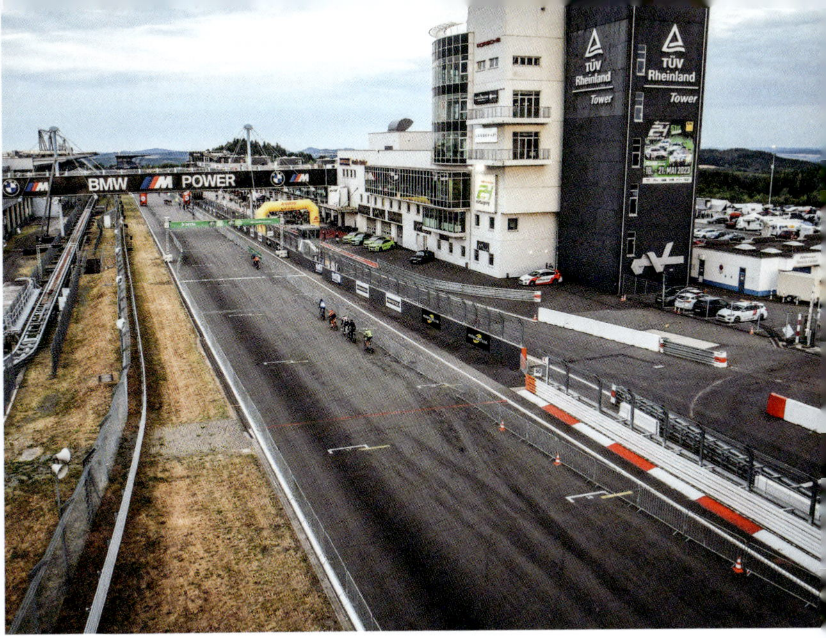

Start-Ziel und Wechselzone am Nürburgring

man nicht vergisst, zu stark sind die Eindrücke auf der Strecke und abseits des Motodroms.

Je nach eigenem Wagemut lässt sich das Rennen in Achter-, Vierer- oder Zweierstaffeln bestreiten, die Härtesten fahren jedoch allein über den Parcours. Sie ziehen, mal unterbrochen von einem Powernap im Campingfahrzeug, ihre Runden, während andere in Boxengassen und Zelten ein wenig Erholung suchen. Die Eindrücke der eigenen Veränderung, körperlicher Grenzen, der Müdigkeit verbinden sich zu einem Gefühlsbündel, das man über Tage wieder auseinanderkramt. Wer das Rennen in einer Staffel absolviert, wächst sehr schnell mit seinen Mitstreitern zusammen. Man steht da, mitten in der Nacht, und wartet voller Anspannung auf die Kollegin, die irgendwann gleich aus der Dunkelheit wieder auftauchen müsste. Man schlägt sich ab, wünscht einander eine gute Weiterfahrt – dann geht es, mit vollem Schwung, wieder in die düsteren Eifelberge, wo die roten Rücklichter der anderen Fahrer zu sehr früher Morgenstunde auch immer seltener zu sehen sind. Das hat etwas meditatives und wirft zugleich immer wieder die Frage auf: bin ich der nächsten Runde noch gewachsen?

41

Ein Praktikum im Radladen

Lust auf Schrauben und Einblicke in die Branche? Freunde dich doch mit einem Händler an!

Manche Menschen haben beinahe mehr Spaß an der Arbeit mit Werkzeug und Schrauben als beim Drehen der Pedale. Im Laufe der vergangenen Jahre habe ich immer wieder in Radläden gestanden und war überrascht über die Lebensgeschichten derjenigen, die da hinterm Tresen am Rad drehten. Überzeugungstäter, die früher andere Jobs ausübten, teilweise sehr bürgerliche. Leute, die über den Sport und ein eigenes technisches Problem ins Geschäft kamen und irgendwie hängen blieben. Ruheständler, die so viel Spaß an der technischen Arbeit mit dem Fahrrad haben, dass sie zu eher geringen Bezügen weiter regelmäßig an den Fahrzeugen der sportlichen Kundschaft schrauben. In all diesen Fällen stand Begeisterung vor dem Einstieg ins Geschäft.

Im Werkstätten herrscht Fachkräftemangel. Das ist nicht neu, aber es eröffnet handwerklich geschickten Menschen interessante Optionen. Wer sich mit Fahrrädern auskennt oder mehr verstehen möchte über das Geschäft, sollte vielleicht mal in ein solches Unternehmen hineinschnuppern. Mag sein, dass du als 46 Jahre alter Banker erstmal schief angeschaut wirst. Aber wenn du das nötige Geschick mitbringst, dürfte es für beide Seiten spannend werden.

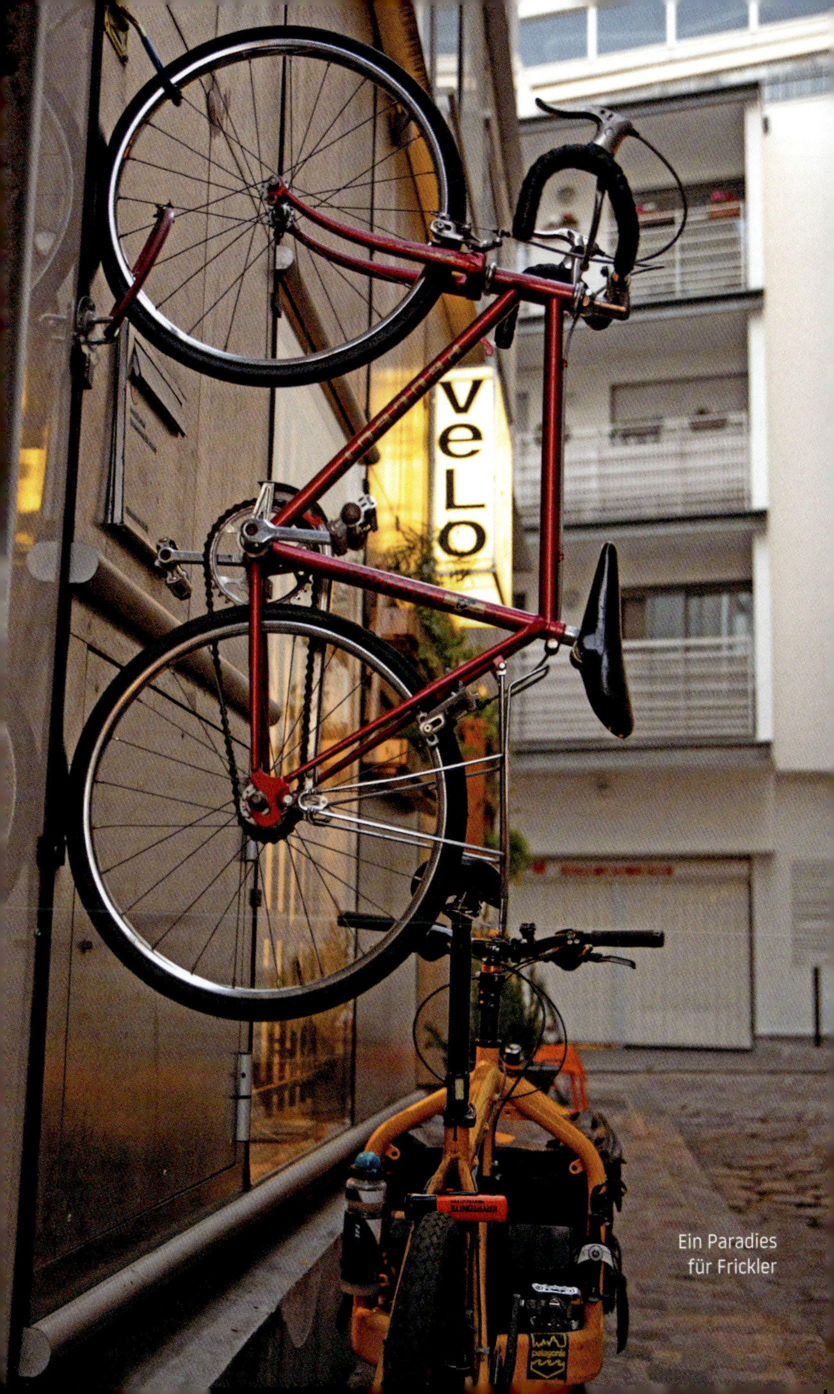

Ein Paradies
für Frickler

42

Nimm Müll mit

Die Schattenseite der Athletik: Überall schmeißen Sportskameraden Müll in die Landschaft. Tu was dagegen!

Je reizvoller die Landschaft ist, desto mehr Rennradfahrer zieht sie an. Wo dieser Effekt ausgeprägt ausfällt, fällt leider auch eine Menge Müll neben die Fahrbahn. Schau doch mal hin, wenn du eine beliebte Radstrecke angehst, vor allem wenn es bergauf geht. Gerade an anspruchsvollen Anstiegen findest du unter Garantie allerlei Abfall, der eindeutig dem Sport zuordenbar ist: ausgequetschte Gel-Verpackungen, silber glänzende Folien von Powerriegeln, Alufolie und mehr. Manchmal fallen die Hüllen unabsichtlich, doch viele Vertreterinnen und Vertreter unserer Sportart nehmen das auch mindestens in Kauf.

Unnötige Spuren der Spaßgesellschaft

Mach dir doch mal die Mühe und sammle ein paar der Hinterlassenschaften ein. Vielleicht bist du in der Gruppe unterwegs und andere fragen dich, was du da tust. Dann hast du eine gute Chance, auf das Thema aufmerksam zu machen. Denn allzu oft fahren wir ja einfach an diesen unnötigen Spuren der Spaßgesellschaft vorbei, ohne etwas dagegenzusetzen. Bei Rennen ist es inzwischen zum Glück so weit, dass viele Veranstalter ausgewiesene Stationen fürs Abladen von Müll vorsehen. Es wäre wünschenswert, wenn sich alle Teilnehmer auch daran hielten. Leider leeren aber etliche Fahrerinnen und Fahrer ihre Taschen erstaunlicherweise erst einige Meter nach dieser grünen Zone. Schade.

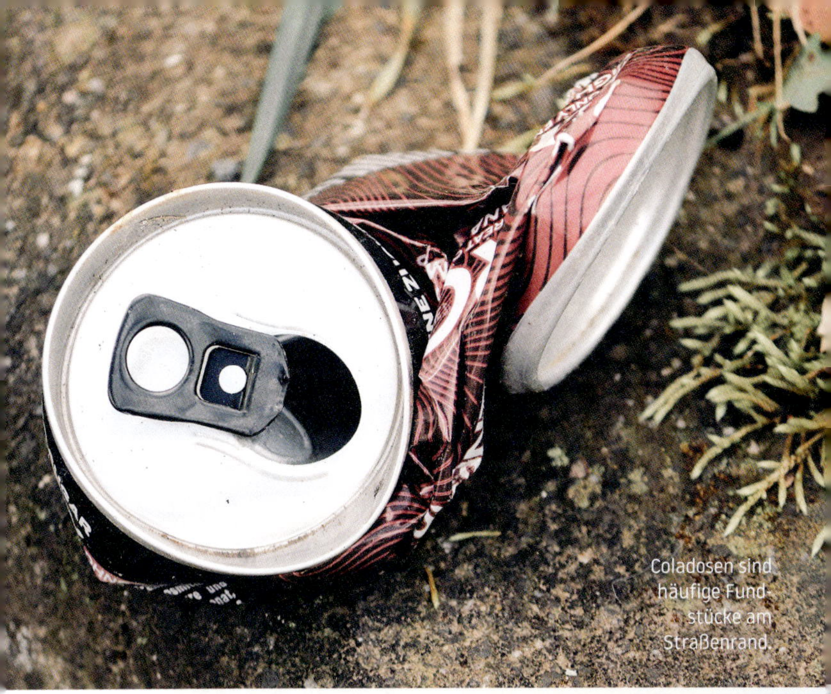

Coladosen sind häufige Fundstücke am Straßenrand.

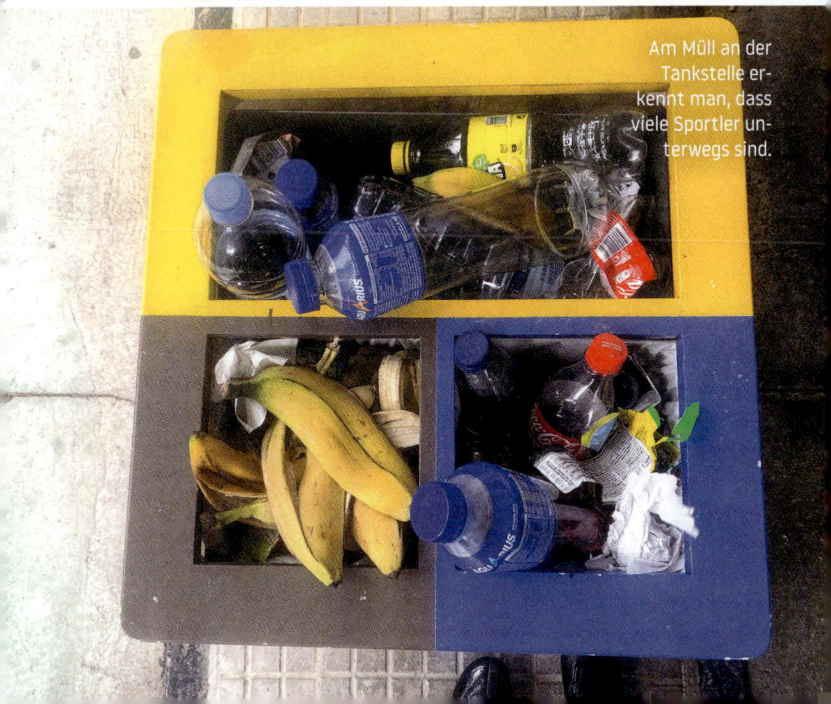

Am Müll an der Tankstelle erkennt man, dass viele Sportler unterwegs sind.

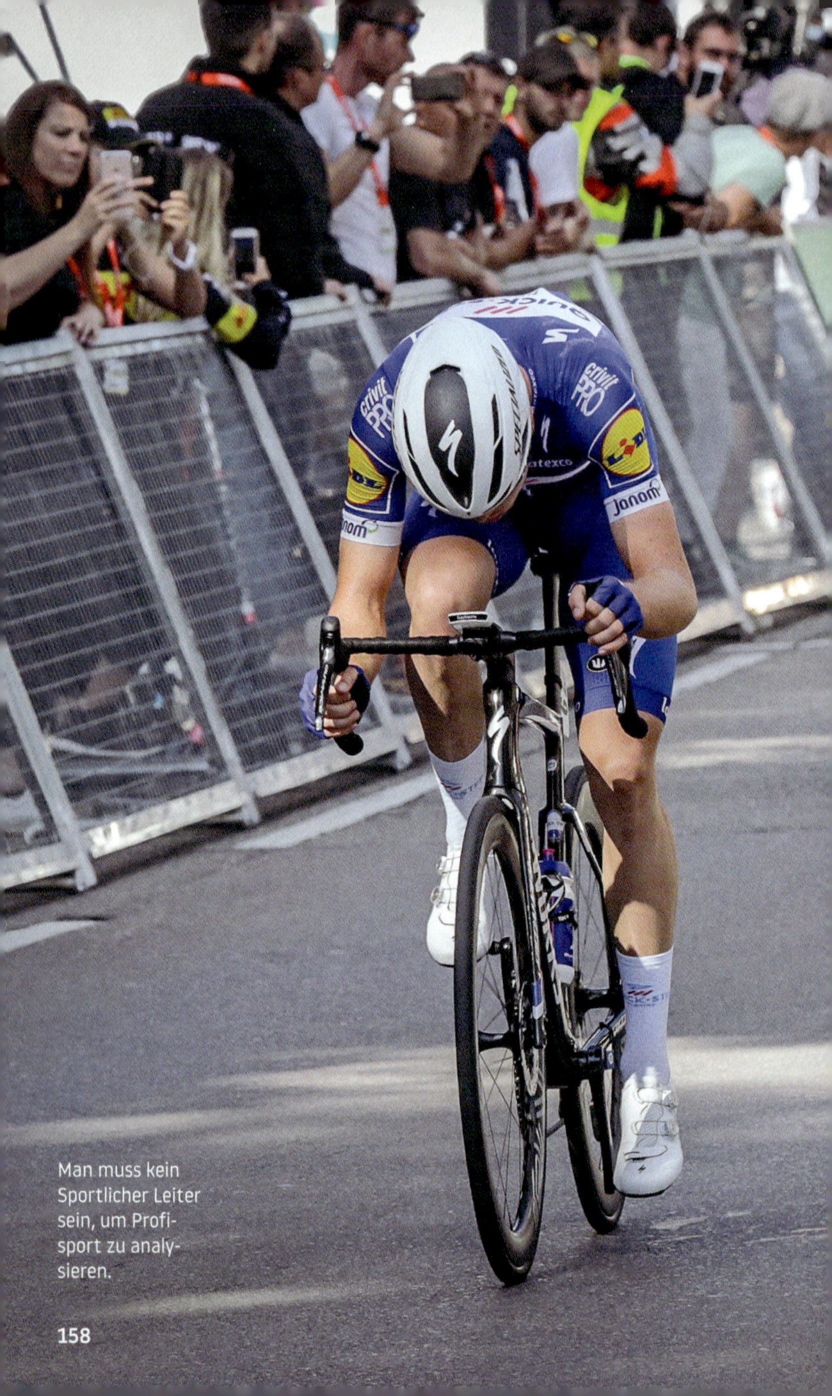

Man muss kein Sportlicher Leiter sein, um Profisport zu analysieren.

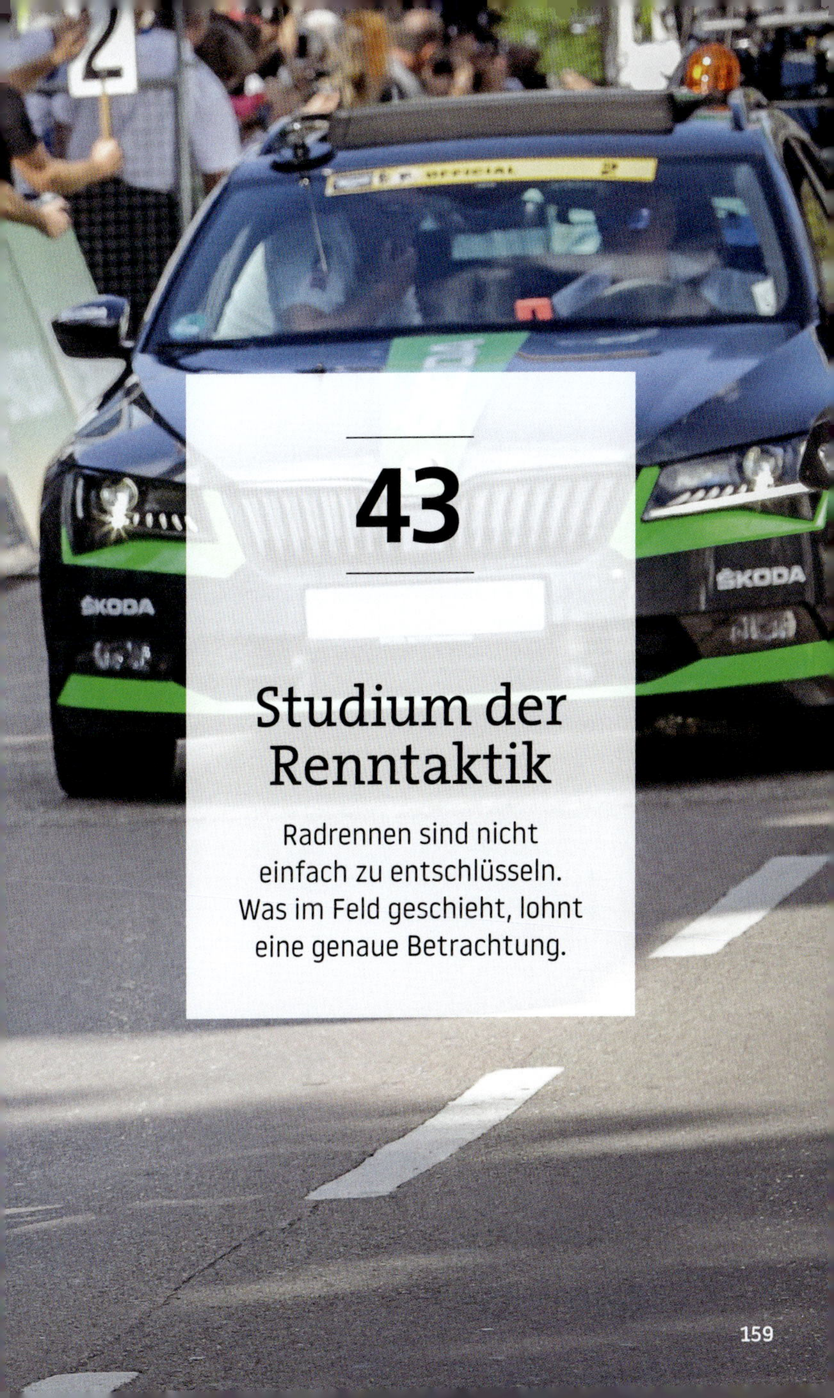

43

Studium der Renntaktik

Radrennen sind nicht einfach zu entschlüsseln. Was im Feld geschieht, lohnt eine genaue Betrachtung.

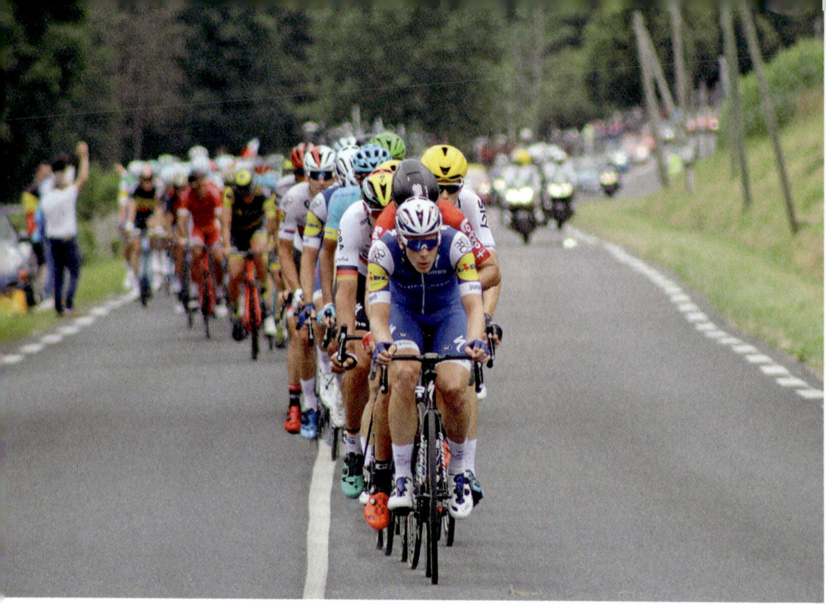

Eine aerodynamische Form im Feld

Mag sein, dass die Sache auf den ersten Blick klar erscheint: Viele strampeln lange in geschlossener Formation, ein paar setzen sich an einem Anstieg erfolgreich ab – und unter diesen setzt sich im Zielsprint der dynamischste Fahrer durch. So einfach ist Radrennen.

Von wegen. Wer sich mit dem Sport ein bisschen genauer beschäftigt, kann nur immer mehr Faszination entwickeln. Mag ja sein, dass die individuelle Klasse eines Einzelathleten alle anderen überstrahlt, siehe Tadej Pogačar bei der Tour der France 2020 und 2021. Doch Insider wissen, dass auch der Slowene letztlich nur so sehr brillieren konnte, weil sein Team oftmals medial kaum erwähnte Arbeit geleistet hat. 2022 sah man dann den Wert der Mannschaft, die den Titelverteidiger schlug und Jonas Vingegaard zum Sieg verhalf. Sie haben Attacken gekontert, Etappen schnell gemacht, das Geschehen so geprägt, dass niemand anderes ernsthaft einen Angriff aufs Gesamtklassement starten konnte.

Je nach Rennen, Profil und Fahrerfeld unterscheiden sich die Verläufe gewaltig. Dann ist es überaus spannend, sich die Interessen und Stärken jedes einzelnen Teams einmal genauer anzuschauen. Relativ bald dürfte dir klar werden, dass es sich hier um ein hochkomplexes soziales Konstrukt handelt.

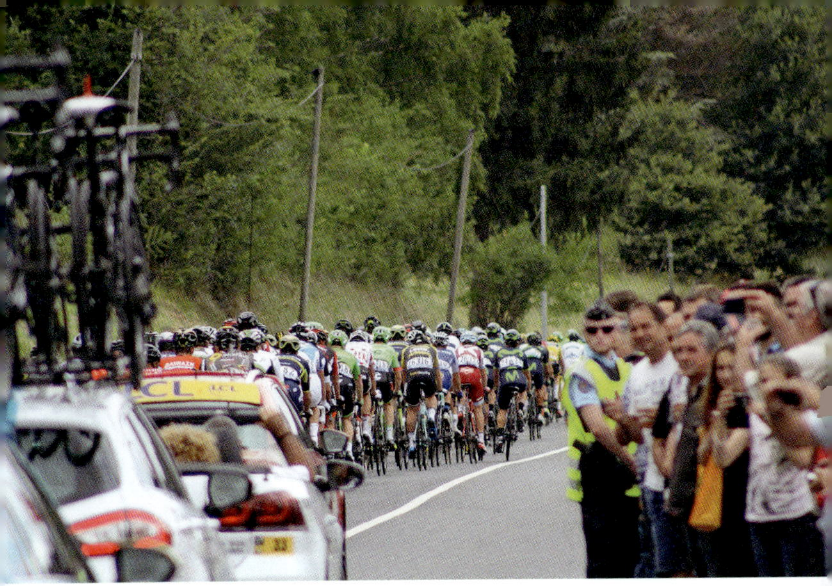

Viele Rollen in einem rasenden Peloton

Hinten in den Teamfahrzeugen sitzen Sportliche Leiter, die ihren Fahrern Anweisungen geben und dabei mitunter Absichten verfolgen, die von außen nicht sofort klar sein müssen. Bei der schieren Anzahl von Athletinnen oder Athleten auf der Strecke, bei sehr unterschiedlichen Zielvorgaben mit Blick auf Sponsoren, ergeben sich immer wieder neue Konstellationen, manchmal Allianzen und Konflikte.

Den mentalen Wettkampf begreifen

Wenn du genauer hinschaust, wirst du dich mit dem Rationalen hinter Renn-Entscheidungen beschäftigen. Hier wird es wirklich spannend. Es ist den Zuschauern zur gleichen Zeit möglich, sich ein Radrennen eindimensional anzuschauen und von der Action begeistern zu lassen; aber es ist in derselben Zeit auch möglich, den Blick auf Paktieren, Taktieren und Attackieren abseits der ersten Kamera zu werfen. Ja, es ist ein Sport der physischen Härte, aber es ist auch ein mentaler Wettkampf. Wenn du das siehst, kannst du auch für dich selbst viel lernen – egal, ob du nun allein bei Jedermannrennen startest oder gar Teil eines Teams bist, das im Wettbewerb tatsächlich mehrere Karten spielen könnte.

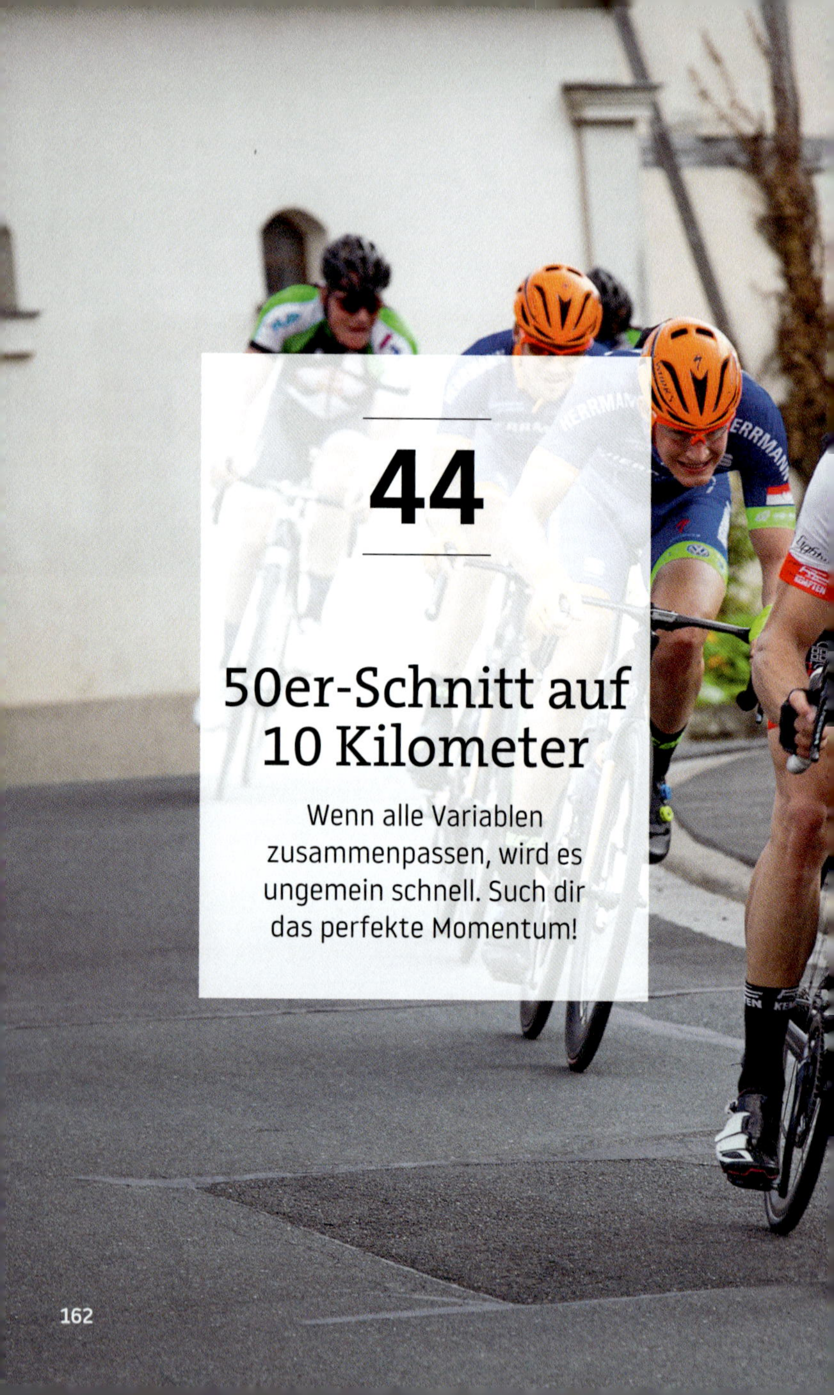

44

50er-Schnitt auf 10 Kilometer

Wenn alle Variablen zusammenpassen, wird es ungemein schnell. Such dir das perfekte Momentum!

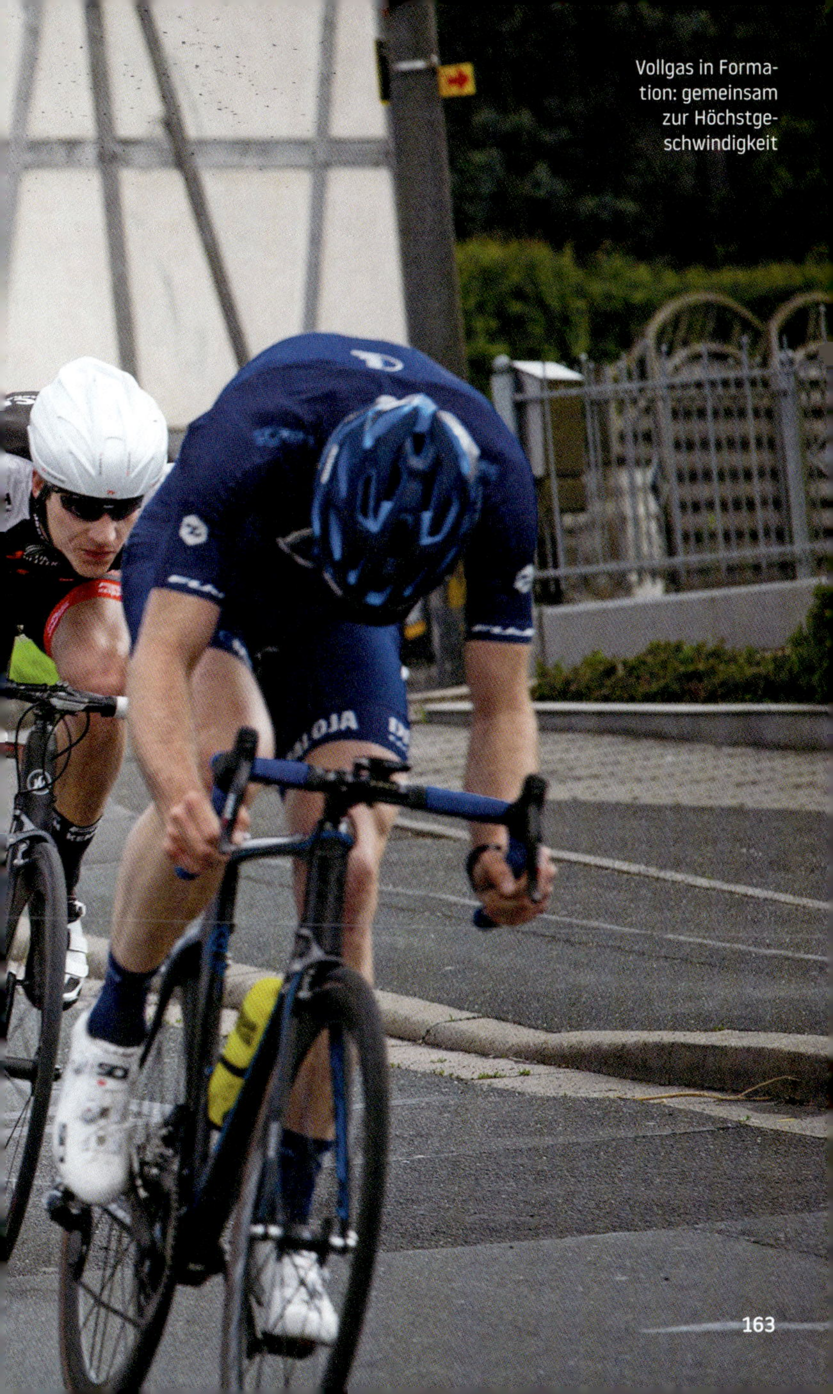

Vollgas in Formation: gemeinsam zur Höchstgeschwindigkeit

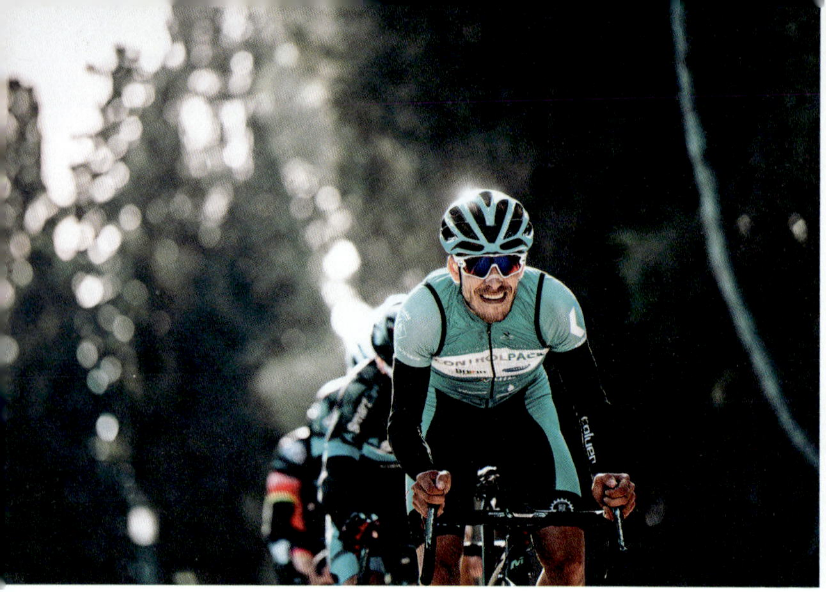

In Einerreihe auf Touren kommen

Immer wieder kommt es vor, dass Menschen den Informationen ihrer Sportskameradinnen und -kameraden nicht trauen. Gerade in Bezug auf die Heldentaten und Angaben zu vermeintlichen Leistungswerten herrscht oft eine durchaus berechtigte Skepsis. Wer selbst viel Rennrad fährt, weiß, wie außergewöhnlich manche der geschilderten Leistungen sind. Wer zur Bewertung des Wahrheitsgehalts dann nur aus seinen eigenen Erfahrungen schöpft, wird die geschilderten Geschichten relativ schnell als Prahlerei ohne Fundament abtun. Auch mir ist das häufig so gegangen: Irgendjemand erzählt Heldengeschichten – und ich glaube kein Wort. Andererseits passiert es auch immer wieder, dass Leserinnen und Leser mir nach Magazinartikeln schreiben. Sinngemäß steht dann da: Was in Ihrem Artikel über eine bestimmte Leistung geschrieben steht, kann ich einfach nicht glauben. Es ist einfach nicht möglich.

Vor nicht allzu langer Zeit habe ich in TOUR eine Reportage veröffentlicht, in der es am Rande auch um eine besonders zügig gefahrene Passage in der Eifel ging. Hinterher bekam ich einen Leserbrief im Ton wie oben beschrieben. Der Sportsfreund bezweifelte, dass die Zahl stimmte. Ich hatte nämlich berichtet, wie eine Trainingsgruppe ein 19 Kilometer langes Teilstück ihrer

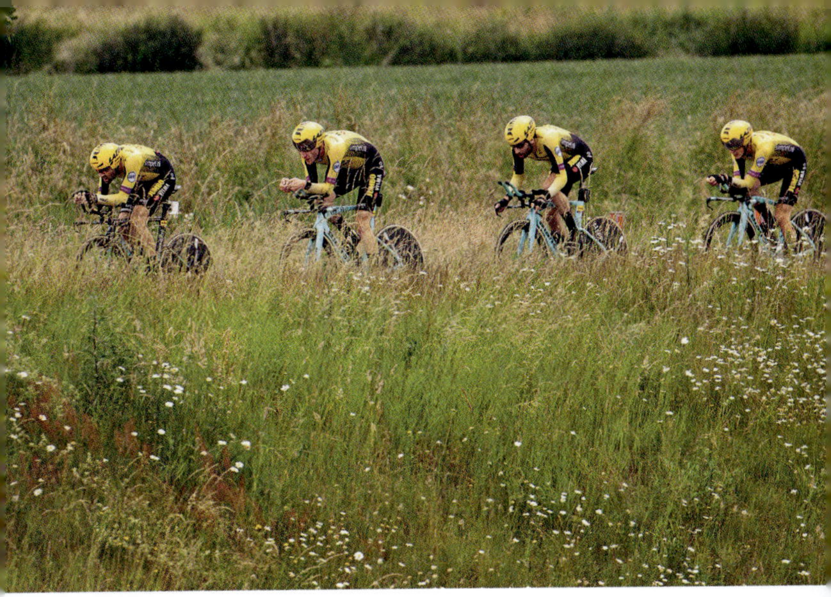

Eingespielte Profis bilden einen Zug.

Ausfahrt mit einer Durchschnittsgeschwindigkeit von 49,9 km/h bestritten hatte – das war der bei mir gemessene Wert, der erste aus der Gruppe kam noch ein paar Sekunden schneller über den Wertungsstrich. Da ich selbst dabei gewesen war, die Strapazen selbst gespürt und die Werte digital gesichert hatte, konnte ich meine Version stichhaltig belegen. Aber verstehen kann ich das schon: ganz schön schnell, zu schnell zum Glauben.

Zusammen könnt ihr es schaffen

Kannst du dir vorstellen, einen 50er-Schnitt über ein längeres Stück hinzubekommen? Versuch das doch mal. Ganz sicher wird das dir alleine kaum möglich sein, außer du fährst bei Sturm – was ich nicht empfehlen würde. Du brauchst: Eine Passage, die leicht bergab führt. (Bergpässe möchte ich hier ungern zählen, allerdings bieten die wenigsten die Chance zu diesem Speed, da Kurven auch Bremsen bedeutet). Dazu benötigst du entschlossene Mitfahrerinnen und Mitfahrer, die in der Gruppe geübt sind und abwechselnd alles reinhauen. Im Idealfall passt auch der Wind, der euch über die Straße schiebt. Schafft ihr es dann zusammen? Mal sehen, ob man dir hinterher glauben wird.

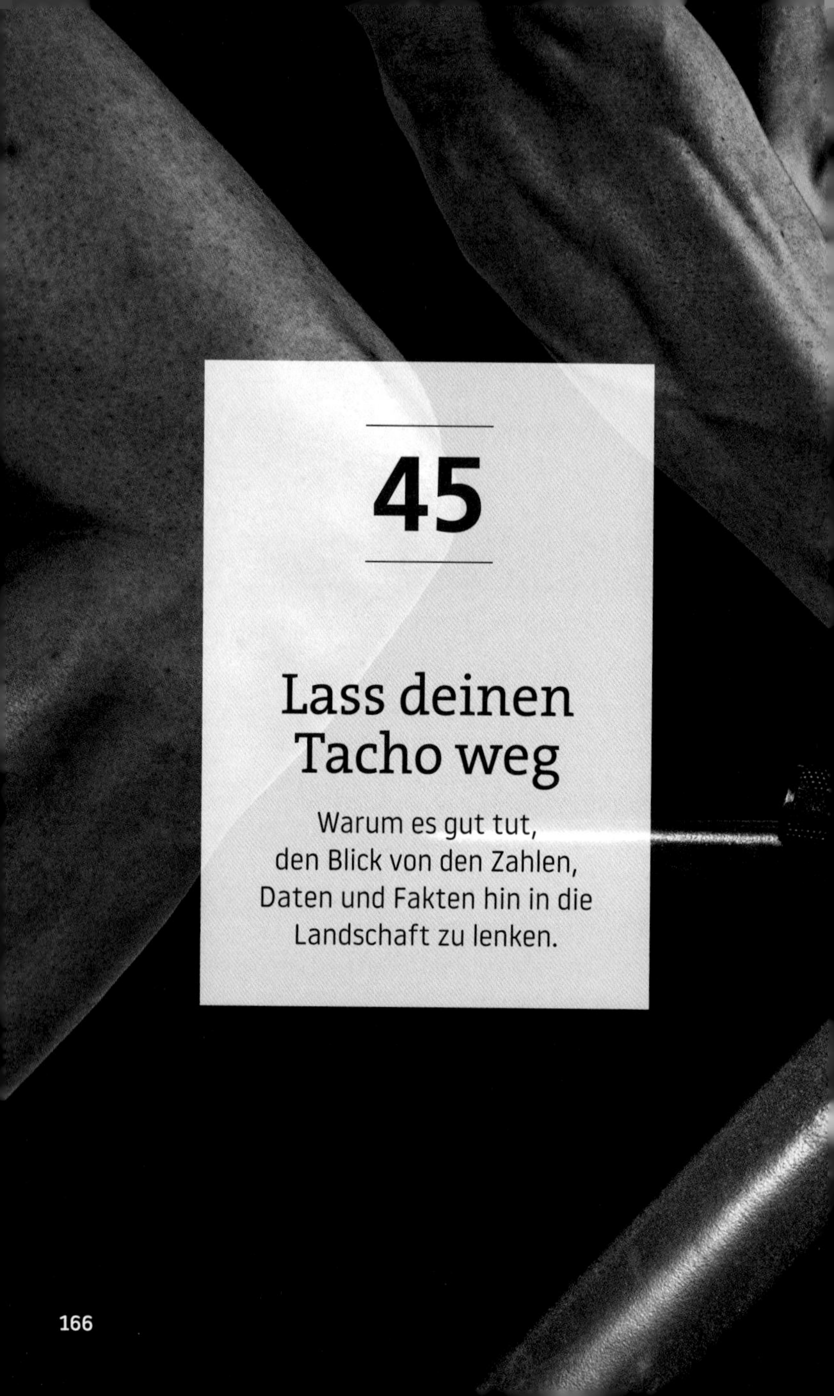

45

Lass deinen Tacho weg

Warum es gut tut,
den Blick von den Zahlen,
Daten und Fakten hin in die
Landschaft zu lenken.

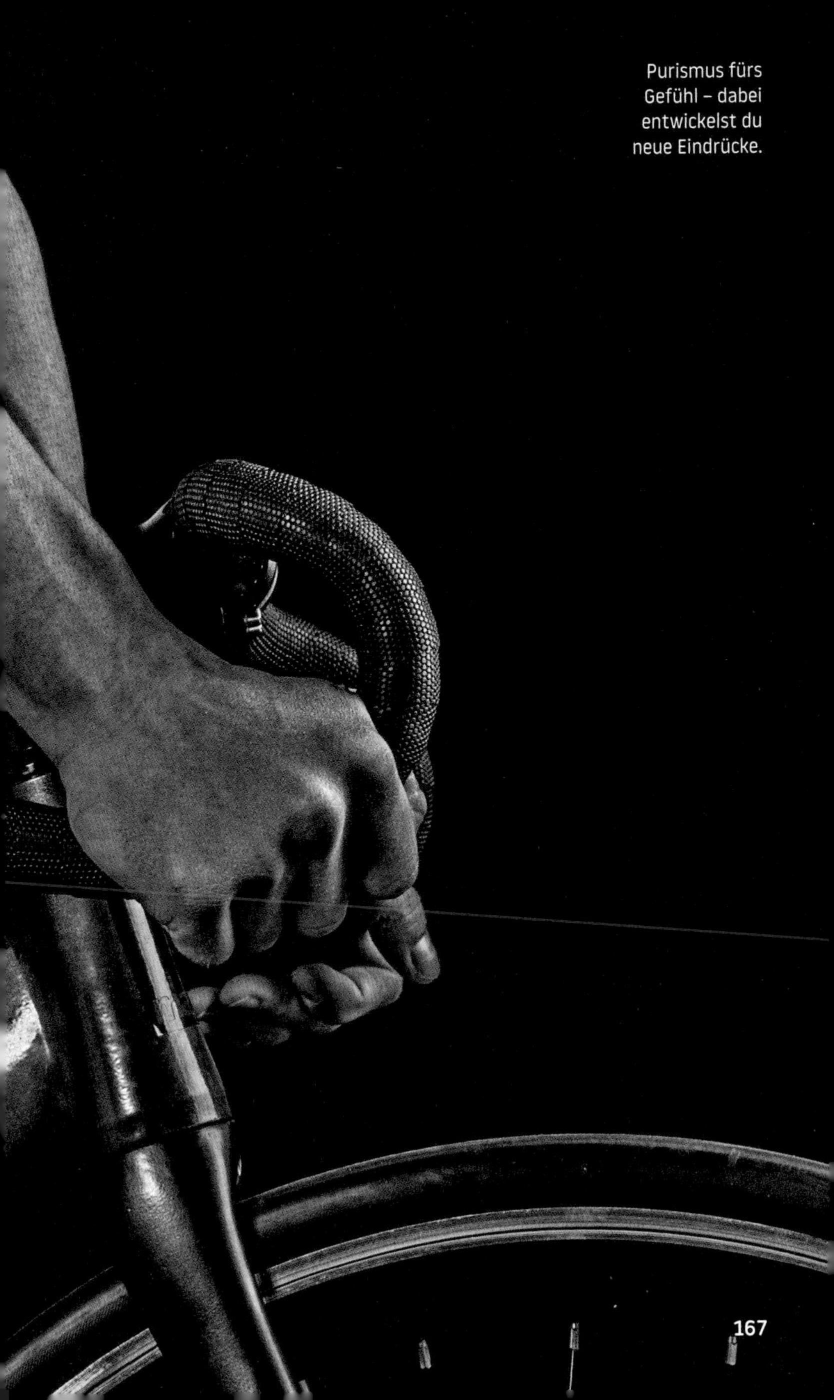

Purismus fürs Gefühl – dabei entwickelst du neue Eindrücke.

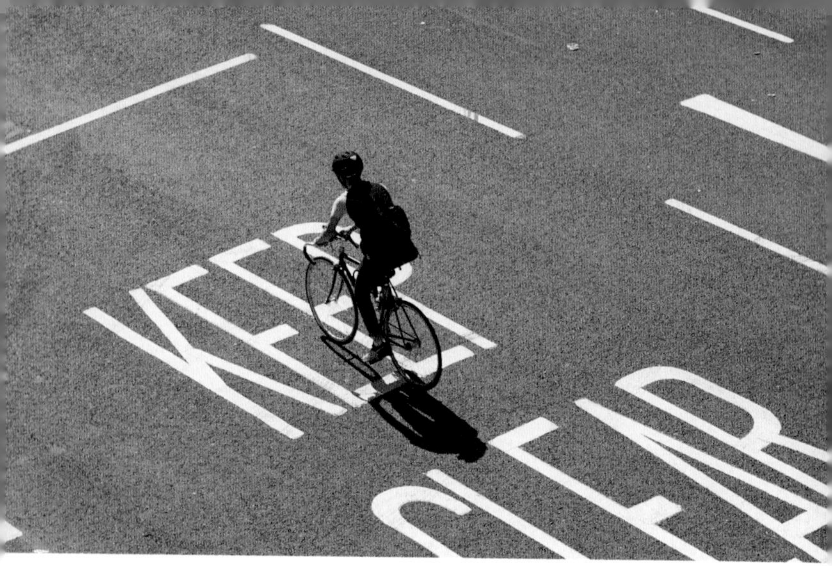

Lass deiner Wahrnehmung Raum!

Du wirst es vielleicht in der Zwischenzeit bemerkt haben: In diesem Buch geht es auch darum, sich als Sportlerin oder Sportler emporzuarbeiten, das Niveau zu steigern, Erfahrung zu sammeln und auch eine psychische Haltung zum Rennradfahren nicht nur aufzubauen, sondern laufend weiterzuentwickeln. Rennradfahren ist, wenn du dafür aufgeschlossen bist, ein enorm vielseitiger Spielplatz für unseren Geist und unseren Umgang mit Gefühlen. Rennradfahren ist auch, wenn du dieses Wort hier entschuldigen mögest: eine Einladung zur Achtsamkeit. Ich verwende bewusst dieses Wort, auch wenn ich weiß, dass Traditionalisten sich jetzt schütteln.

Je sicherer wir uns in einem Element fühlen, je besser wir objektiv messbar mit einer Sache zurechtkommen, desto mehr Ausflüchte können wir uns erlauben. Am Anfang ist der Sport an sich faszinierend, bald darauf geht es für die allermeisten schon um Messwerte, Geschwindigkeiten, vielleicht auch Platzierungen. Rennradfahrer arbeiten sich hinauf, sie steigern sich. Das ist gut und schlecht. Wer es nicht schafft, auch einmal auf Distanz zu seiner Leistungslogik zu kommen, gerät mitunter in eine Mühle. Such dir Öffnungen, um einfach auch mal zu sein, wie du bist. Wie heißt es in der Achtsamkeitslehre? Bewundere die Gegenwart ohne Vorurteil oder Bewertung. Hier hat das Rennradfahren wirklich viel zu bieten, weil du dich in der

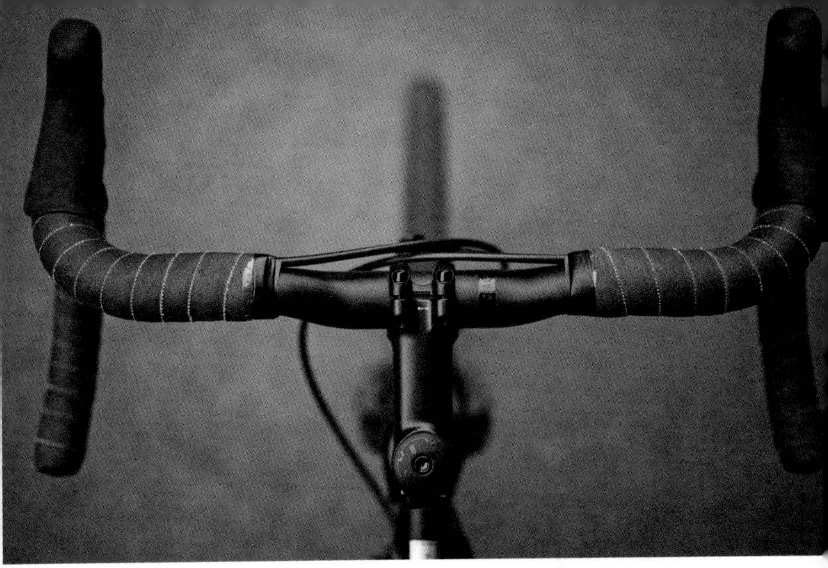

Ein Cockpit ohne Geräte

Natur bewegen, allerhand Reize wahrnehmen und viel erfahren kannst. Mach also die Augen auf! Ja, das Rennrad ist ein mächtiges Instrument, mit dem wir zu uns und in die Welt zurückkommen können.

Nicht mehr fremdgesteuert

Immer mal wieder habe ich Phasen, in denen ich ohne Tachometer – in meinem Fall ohne Radcomputer – fahre. Ich merke eindeutig, wie unterschiedlich diese Touren verlaufen. Mit meinem Garmin-Computer komme ich mir mitunter sogar ein bisschen fremdgesteuert vor, weil ich immer wieder auf Anstiege schaue und die gemessenen Daten abgleiche mit dem, was ich erreichen müsste. Es geht dann tatsächlich hauptsächlich um Physik, Leistung, Bewertung. Fehlt das Gerät am Lenker, fahre ich meistens nicht schlechter, aber anders. Ich sehe mehr, sammele mehr Eindrücke, habe eine offenere Wahrnehmung. Deshalb ziehe ich das manchmal auch ein paar Wochen durch. Denn diese Art des Radfahrens ist wesentlich entspannter. So wird der Sport, der mich manchmal auch stresst, zur reinen Erholung. Und wenn es dir wichtig ist: Deine Daten kannst du ja trotzdem mit dem Smartphone in der Trikottasche sammeln. Aber bitte lass es dann während der Fahrt auch dort stecken.

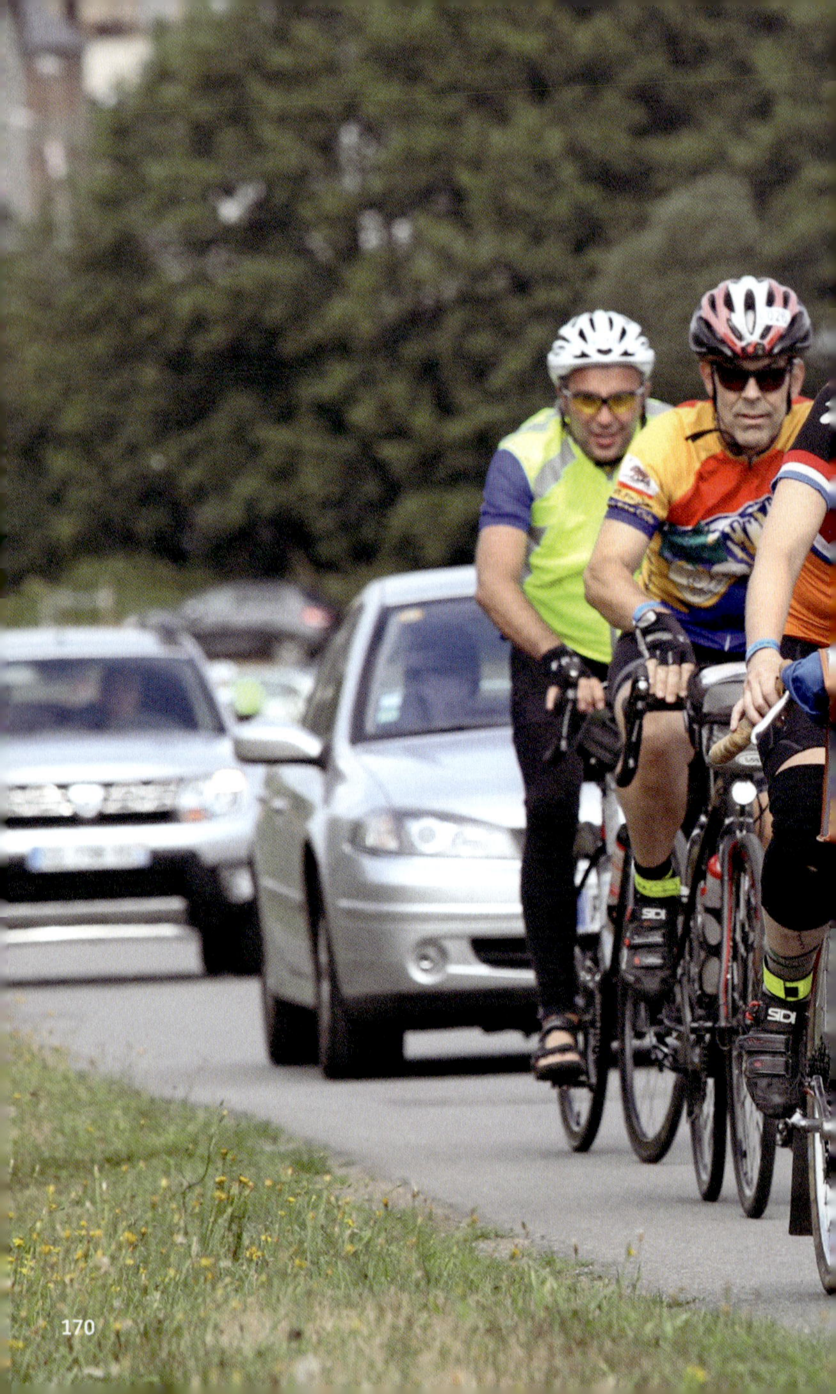

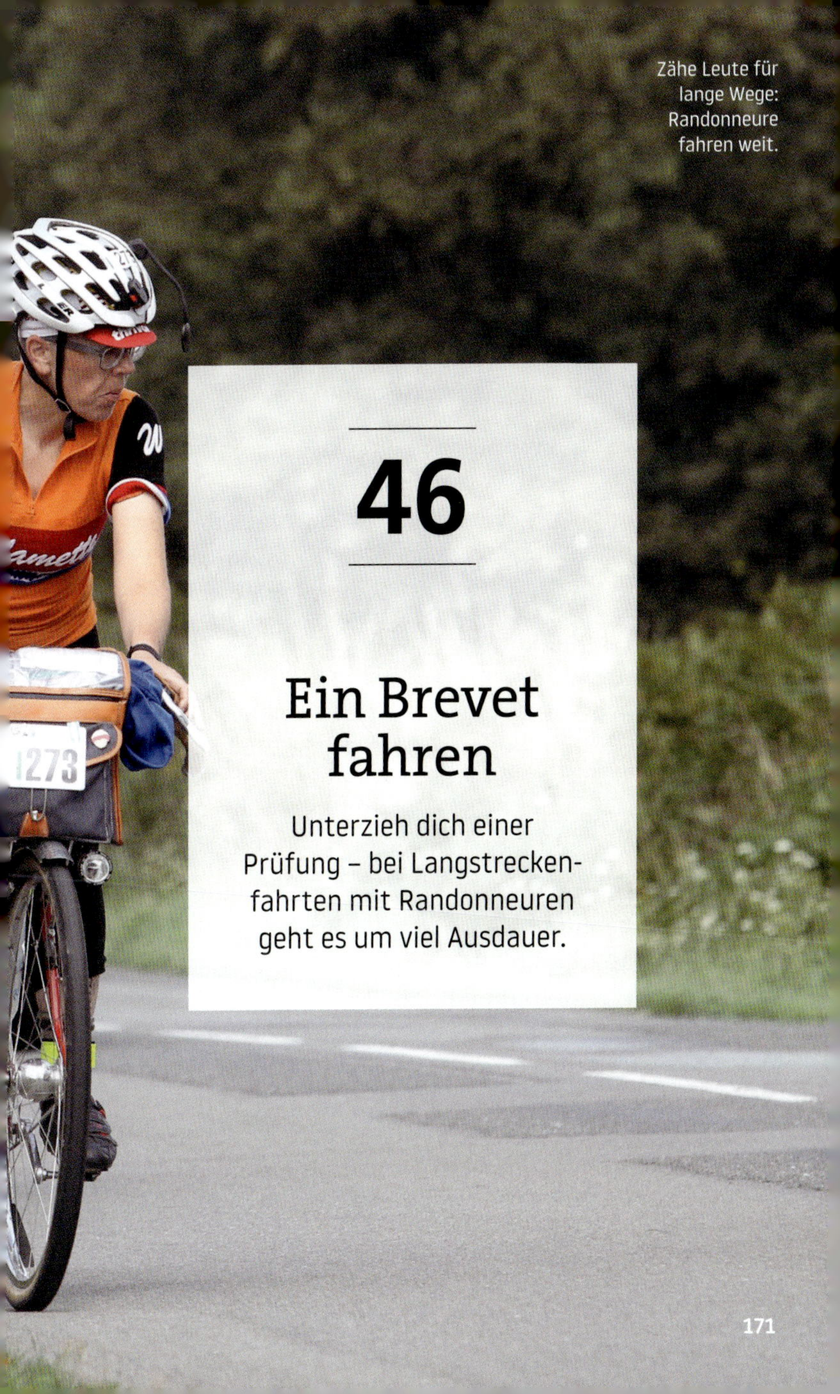

Zähe Leute für lange Wege: Randonneure fahren weit.

46

Ein Brevet fahren

Unterzieh dich einer Prüfung – bei Langstreckenfahrten mit Randonneuren geht es um viel Ausdauer.

Rennradfahrer sind meist relativ lang unterwegs und dabei relativ schnell. Eine Untergattung der Rennradfahrer ist noch bedeutend länger auf Touren – und immer noch ziemlich zügig in Fahrt. Erfahrene Radsportler kommen irgendwann mit dieser verwandten Gattung in Berührung, spätestens bei der Suche nach der nächsten Herausforderung. Die sogenannten Randonneurs sind ebenfalls Rennradfahrer, die aber in einer Subkultur florieren. Der französische Begriff führt ein wenig in die Irre: Übersetzt bedeutet Randonneur »Wanderer«, doch wirst du in einer Gruppe dieser Sportlerinnen und Sportler durchaus auf Tempo kommen.

Wenn du das Gefühl hast, dass du die nötige körperliche und mentale Kondition für eine sehr lange Strecke hast, bist du in dieser Szene richtig. Versuche es doch mal bei einem Brevet. Diese »Prüfungen« sind mindestens 200 Kilometer lang und können sogar 1000 Kilometer Radsport verlangen. Für Brevets kannst du auf eine eigene Organisationsstruktur zurückgreifen. In Deutschland veranstalten die »Audax Randonneurs Deutschland« jedes Jahr viele regionale Brevets. Normalerweise startet man im Frühjahr mit einer 200er-Runde, danach steigern sich die Umfänge bis zum Sommer Stück für Stück auf 600 Kilometer. Für die Teilnahme bestehen keine besonderen Voraussetzungen. Insofern: Probier's einfach mal aus.

Solltest du über diese Erfahrung große Lust auf das ultimative Abenteuer gewinnen, dann steht als neuer Referenzpunkt für dich das Langstrecken-Ereignis Paris–Brest–Paris auf dem Programm. Wer sich dieser Probe mit einer Distanz von mehr als 1200 Kilometern stellen möchte, muss dafür im Vorfeld innerhalb einer Saison alle nötigen Brevets absolviert haben und so den Status des »Super-Randonneurs« eingesammelt haben.

Auf alles vorbereitet

Rennradfahren über solche Distanzen erfordert gute Vorbereitung. Das geht bereits mit dem Licht und der Kleidung los. Bei vielen Brevets ist es üblich, dass zumindest teilweise in der Dunkelheit gefahren wird. Je nach Distanz wäre das ja auch anders gar nicht möglich. Du benötigst also wirklich gutes Licht und Kleidung, die dich auch nachts warmhält. Außerdem sind Brevets keine RTFs oder kommerziellen Rennen. Insofern bist du für deine Verpflegung selbst verantwortlich – was etliche Stopps an Tankstellen oder Bäckereien bedeutet. Vorbereitet sein musst du darauf, dass du nicht die gesamte Zeit in einer Gruppe mitrollen wirst. Insofern kann eine aerodynamische Optimierung deines Rades für derlei Dauerleistung sicher nicht schaden.

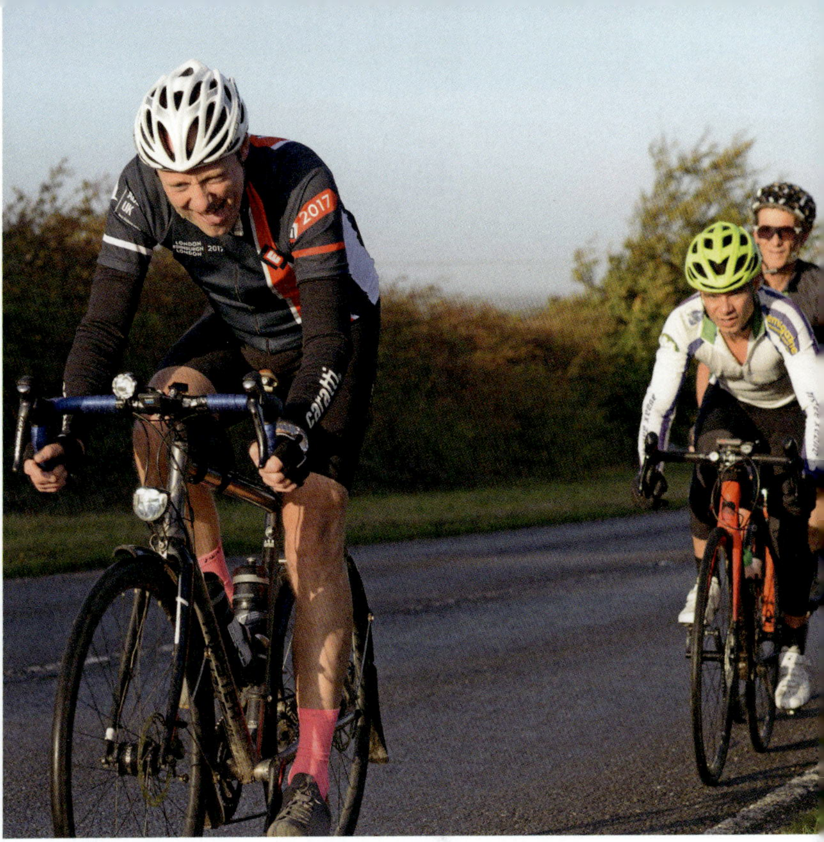

Genug Licht am Rad ist bei Brevets wichtig.

INFOS

BREVETS organisieren in Deutschland die »Audax Randonneurs Deutschland«, in der Schweiz ist »Audax Suisse« verantwortlich, in Österreich die »Randonneurs Austria«. Aktuelle Termine und Anmeldeinformationen finden sich auf deren Websites.
Paris–Brest–Paris findet grundsätzlich alle zwei Jahre statt. Der nächste Austragungstermin ist für 2023 vorgesehen. Für die Qualifikation sind alle nötigen Stempel von offiziell anerkannten Brevets innerhalb einer Saison notwendig.

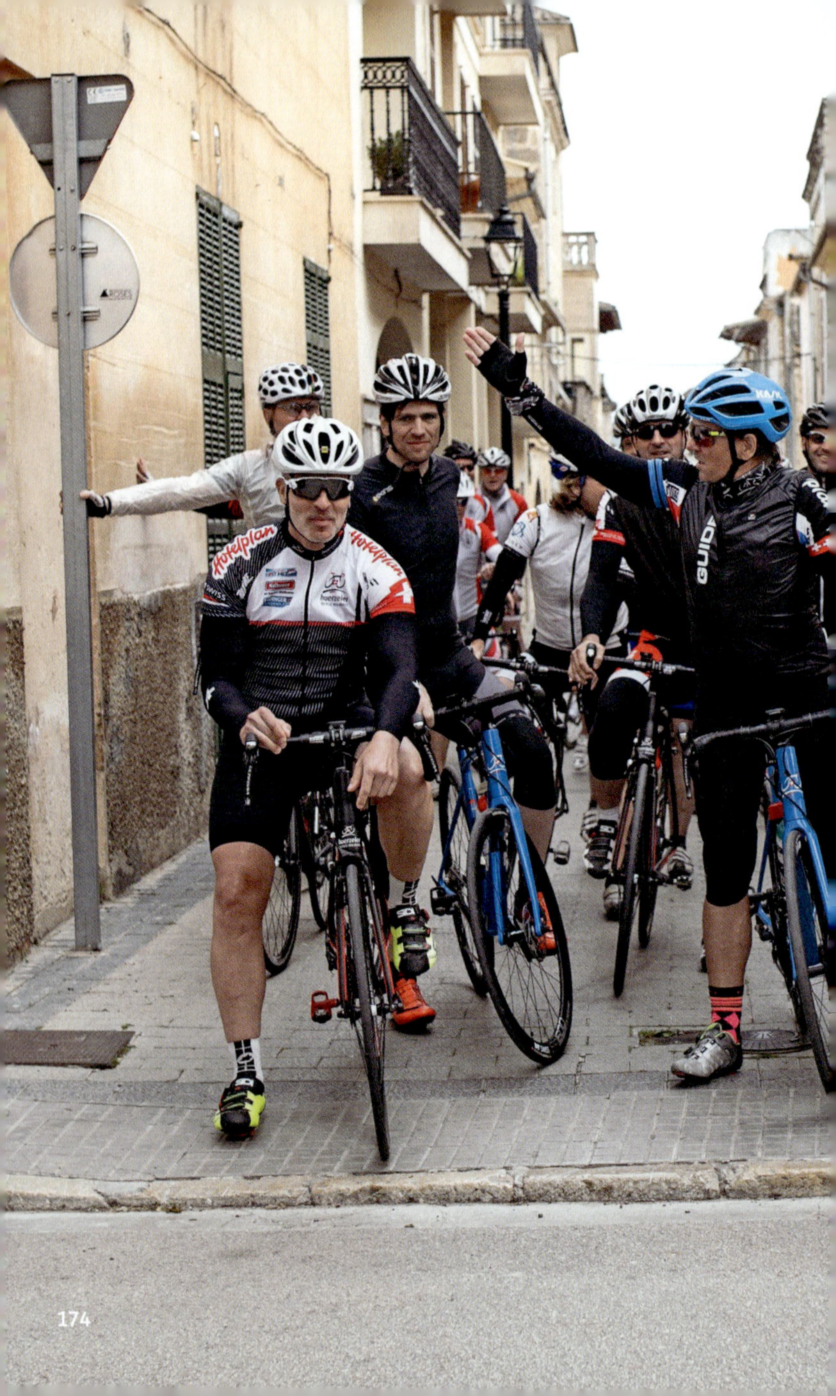
Hotelplan

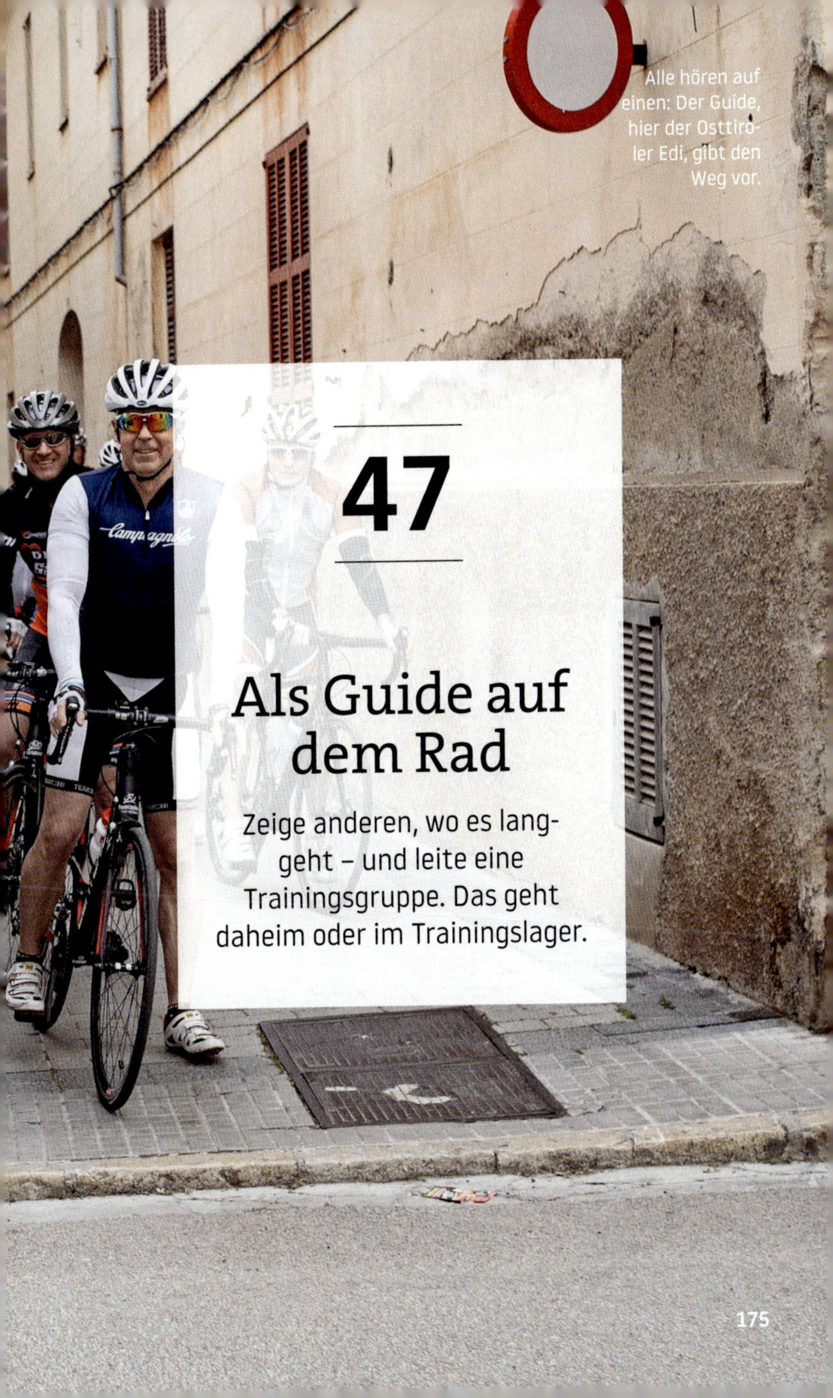

Alle hören auf einen: Der Guide, hier der Osttiroler Edi, gibt den Weg vor.

47

Als Guide auf dem Rad

Zeige anderen, wo es lang-geht – und leite eine Trainingsgruppe. Das geht daheim oder im Trainingslager.

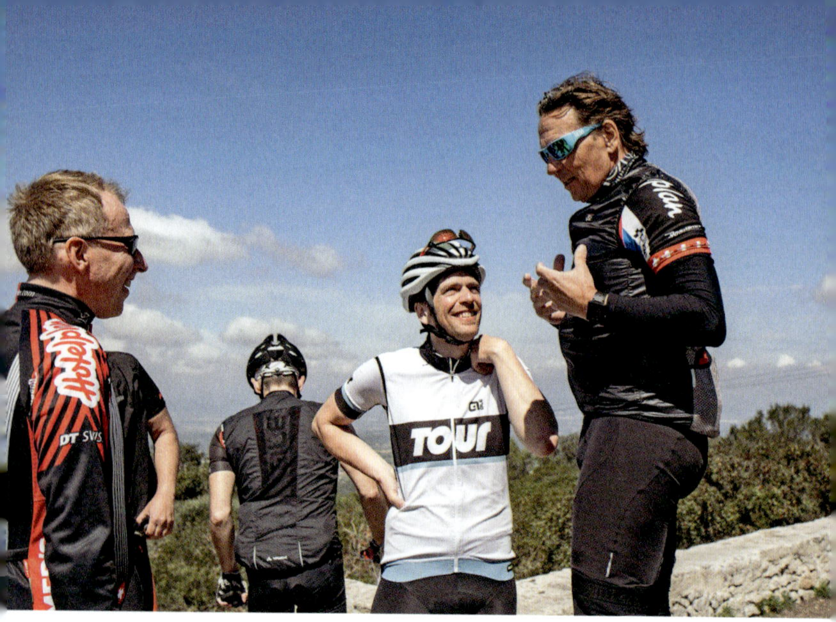

Auch unterhalten sollte ein Guide können.

Ist es nicht schön, die Verantwortung dafür zu tragen, dass andere Leute sich wohlfühlen und ordentlich Spaß haben? Abends beim Bier im Bike Point, einem Treff für die Rennradtouristen auf Mallorca, lässt der drahtige Mann aus Süddeutschland keinen Zweifel daran, dass die Zufriedenheit seiner Gäste ihn Tag für Tag befriedigt. Heute war er mit einer kleinen, aber sehr eifrigen Gruppe auf dem Puig Major, das Durchschnittstempo war gut und die Fahrer mit Wetter und Route zufrieden. Die Leute aus Deutschland liegen schon in ihren Hotelbetten, er aber genießt den Abend in der spärlich besetzten Wirtschaft. Seit zwei Monaten ist er schon hier, eine Auszeit wie jedes Jahr im späten Winter. Er liebt das Radfahren und ist, als der Frühling in Deutschland noch nicht einmal angefangen hat, schon 6000 Kilometer gefahren. Eine großartige Grundlage für seine sportlichen Ambitionen, die er später im Jahr ausleben wird.

Mehr Infos und mehr Spaß

Für sehr gute, ehrgeizige und kontaktstarke Sportlerinnen und Sportler ist die Arbeit als Guide sicher reizvoll. Es müssen ja nicht gleich mehrere Mona-

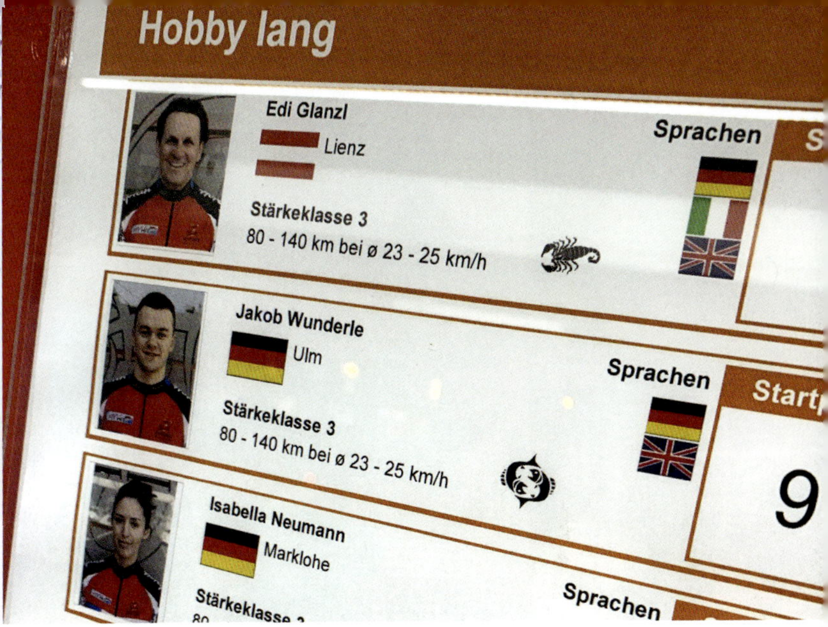

Bei Trainingslagern haben die Fahrer die Wahl.

te auf Mallorca sein; es kann mit einzelnen Events nahe der Heimat oder einer regelmäßigen Anführerrolle beim heimischen Klub losgehen. Für geführte Gruppen ist der Guide von unschätzbarem Wert. Wer sich auskennt auf den Straßen, einen guten Blick für das Zusammenspiel der Mitfahrenden hat und auch mal eine lustige Idee für einen Schlenker, sorgt gleich bei einer ganzen Schar von Sportskameradinnen für ein schwungvolles Erlebnis. Natürlich kann man Routen auch direkt vom Radcomputer ablesen, aber ein Guide mit Ortskenntnis, Informationen über die Strecke und vielleicht sogar ein wenig Humor macht allen Teilnehmern viel mehr Spaß.

Finanziell ist der Job nicht besonders attraktiv, aber er bietet Zugang zu einem großen Reichtum: an Erfahrungen, an Kontakten zu spannenden Gesprächspartnern und natürlich an Möglichkeiten, die eigene Leistungsfähigkeit als Rennradfahrer auf ein ganz neues Niveau zu heben. Du wirst ganz sicher in dieser Rolle fitter. Wenn du weißt, wo es langgeht – und viele Schleichwege kennst –, dann ist eine Karriere als Guide für dich eine Option. Frag doch mal bei einem Radsportverein oder eben gleich bei einem Touristikanbieter für Rennradfans an.

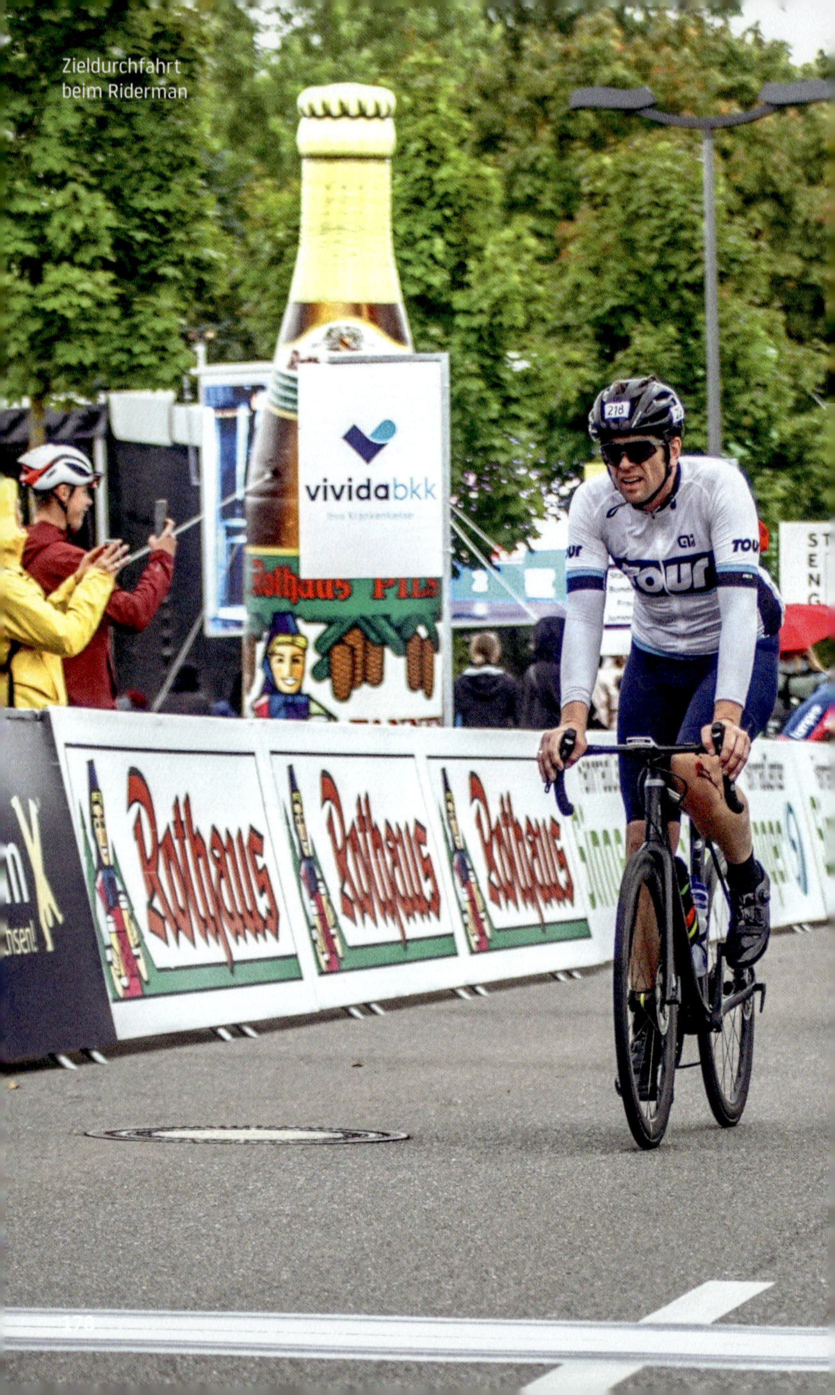

Zieldurchfahrt
beim Riderman

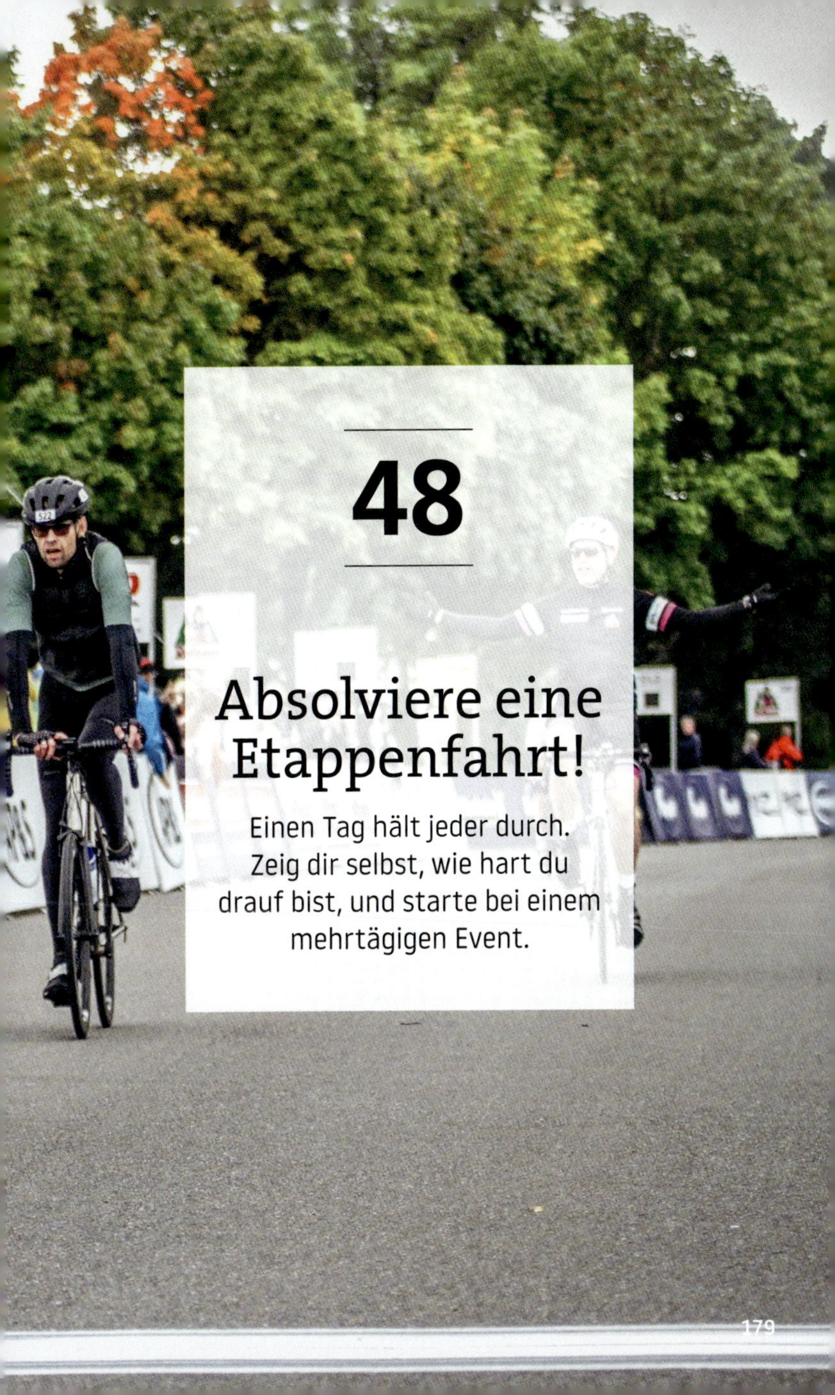

48

Absolviere eine Etappenfahrt!

Einen Tag hält jeder durch. Zeig dir selbst, wie hart du drauf bist, und starte bei einem mehrtägigen Event.

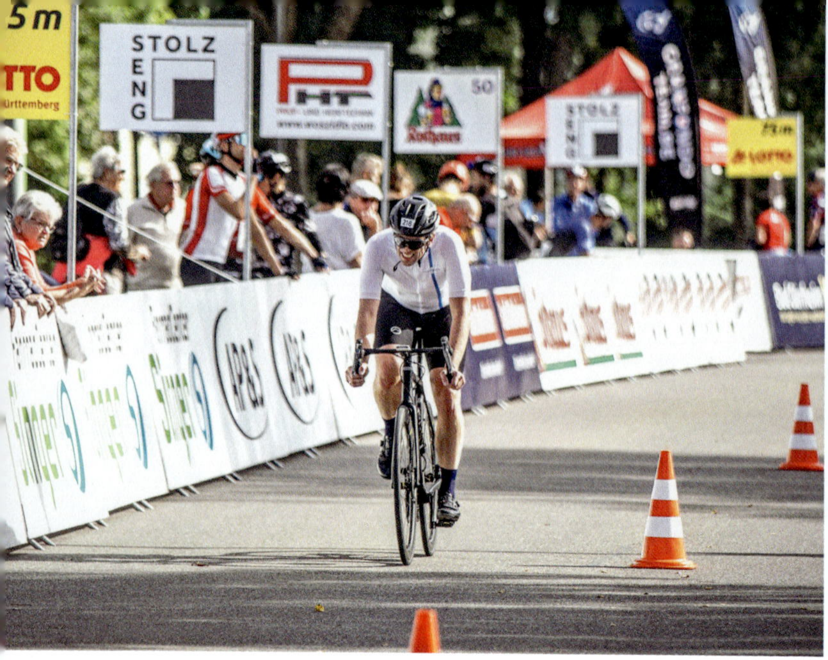

Einzelzeitfahren geht auch ohne Spezialrad

Es ist eine Kunst, sich für ein Rennen auf den Punkt vorzubereiten. Aber wenn die Veranstaltung nur einen Tag lang geht, wenn es 150 oder vielleicht auch 270 Kilometer sind, dann bringen erfahrene und kampfstarke Sportler das irgendwie über die Bühne. Wer einen Schritt weiter gehen und sich noch ein wenig mehr wie ein echter Rennradstar fühlen möchte, kann zum Glück aufs nächste Level wechseln. Für diese zähen Fahrerinnen und Fahrer ist eine Mehretappenfahrt gemacht, mit ausreichend langen Touren an mehreren aufeinanderfolgenden Tagen, um Liebe oder Hass (oder beides) zu Sattel und Schuhwerk genauer zu spüren.

Einige besonders prominente Fahrten überstrahlen das Geschehen – allen voran die Rennserie »Haute Route«. Tatsächlich kann es kaum sportlicher werden. Das Teilnehmerfeld rollt bis zu sieben Tage lang unter Profibedingungen über extrem anspruchsvolle Parcours, es gibt Begleitfahrzeuge, technischen Service und einen vollständigen Logistikservice. Die Sache hat ihren Preis, der ist fast ebenso hoch wie der Anspruch. Wer die Woche in den Alpen bestehen möchte, fährt von Nizza bis nach Megève auf sieben Etappen ein volles Bergprogramm, mehr als 20 000 Höhenmeter kommen da zusammen. Der kommerzielle Rennveranstalter »Haute Route« organisiert auch noch etwas kürzere, aber nicht weniger knackige Fahrten, beispielsweise durch die Pyrenäen oder in den Dolomiten.

Es geht auch eine Nummer kleiner

Vielleicht muss so viel Bombast gar nicht sein. Alternativ zu den großen Events bieten Radsportvereine traditionell Mehretappenfahrten an. Manche Vereine durchfahren beispielsweise immer mal wieder Deutschland, von Flensburg bis zur Zugspitze. Andere starten bei sich vor der Haustür und suchen sich attraktive Routen in Nachbarländer oder weiter entfernte Gebiete. Der Breitensportkalender beim Bund Deutscher Radfahrer ist ein guter Startpunkt für Informationen aus ganz Deutschland. Die hier verzeichneten Touren sind nicht so pompös wie das Geschehen der »Haute Route«, aber ehrlichen Sport kannst du dort betreiben und sehen, wie gut du mehrere Tage am Stück im Sattel verträgst. Vielleicht ist es eine gute Idee, so das Fahren über mehrere Etappen auszuprobieren, bevor du dich dem Stress eines Wettbewerbs mit Zeitnahme auf mehreren Tagestouren aussetzt.

INFOS

Die **TOUR TRANSALP** ist eine Referenzveranstaltung im deutschsprachigen Raum, auf sieben Etappen geht es immer im Sommer quer durch die Alpen: tour-transalp.de.

Der **ROTHAUS RIDERMAN** in Bad Dürrheim ist ein Klassiker der Jedermannszene und bietet auf drei Etappen im September einen Mix aus Einzelzeitfahren und klassischem Rennen unter Zeitnahme: riderman.de.

Österreichs größtes Jedermann-Event ist die **TOUR DE KÄRNTEN**, die im Mai über sechs Tage läuft: tourdekaernten.at.

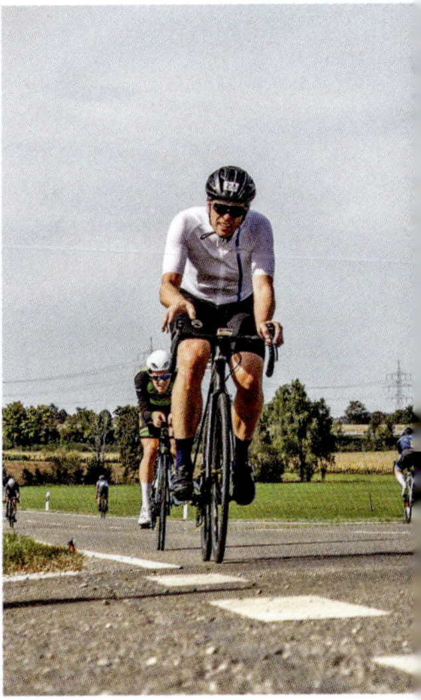

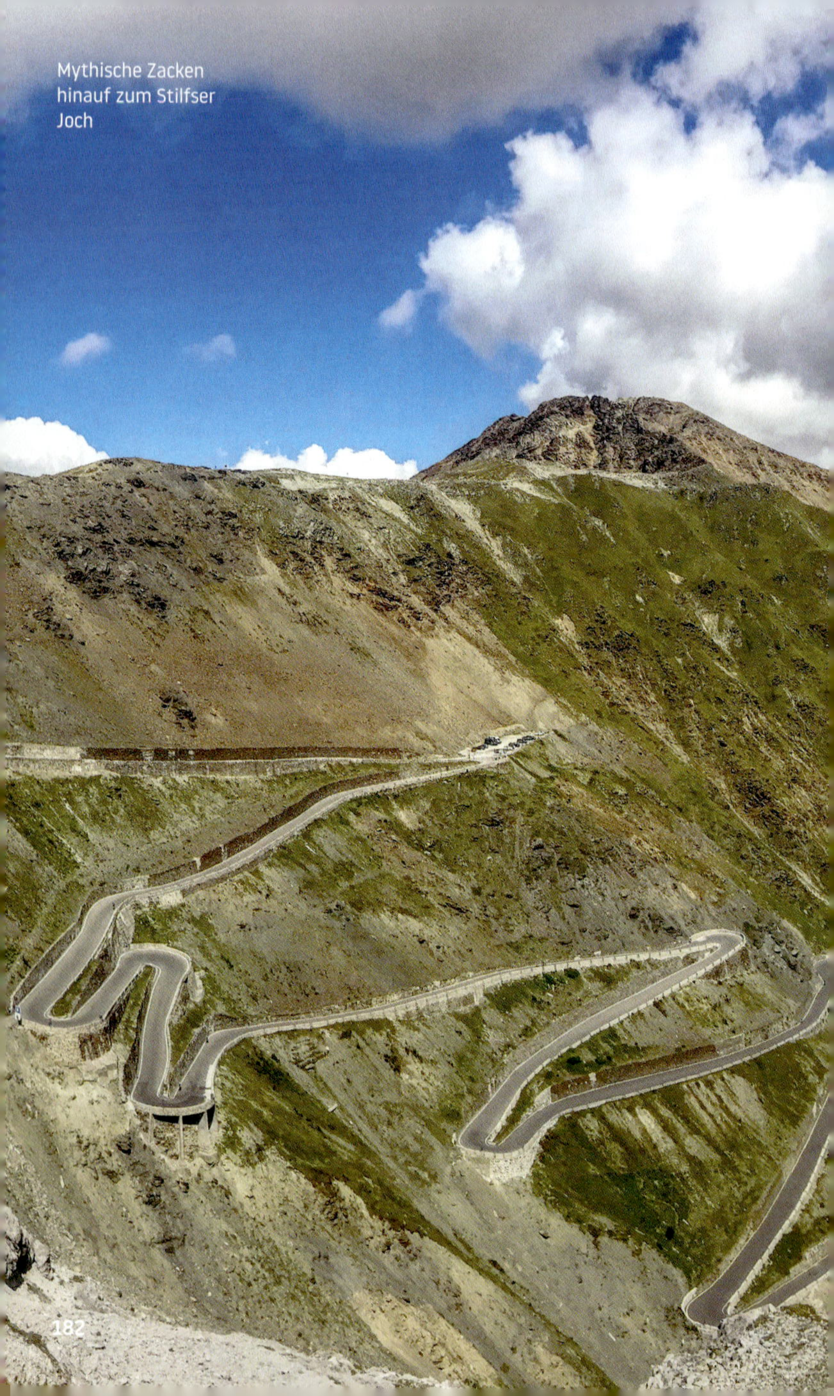

Mythische Zacken hinauf zum Stilfser Joch

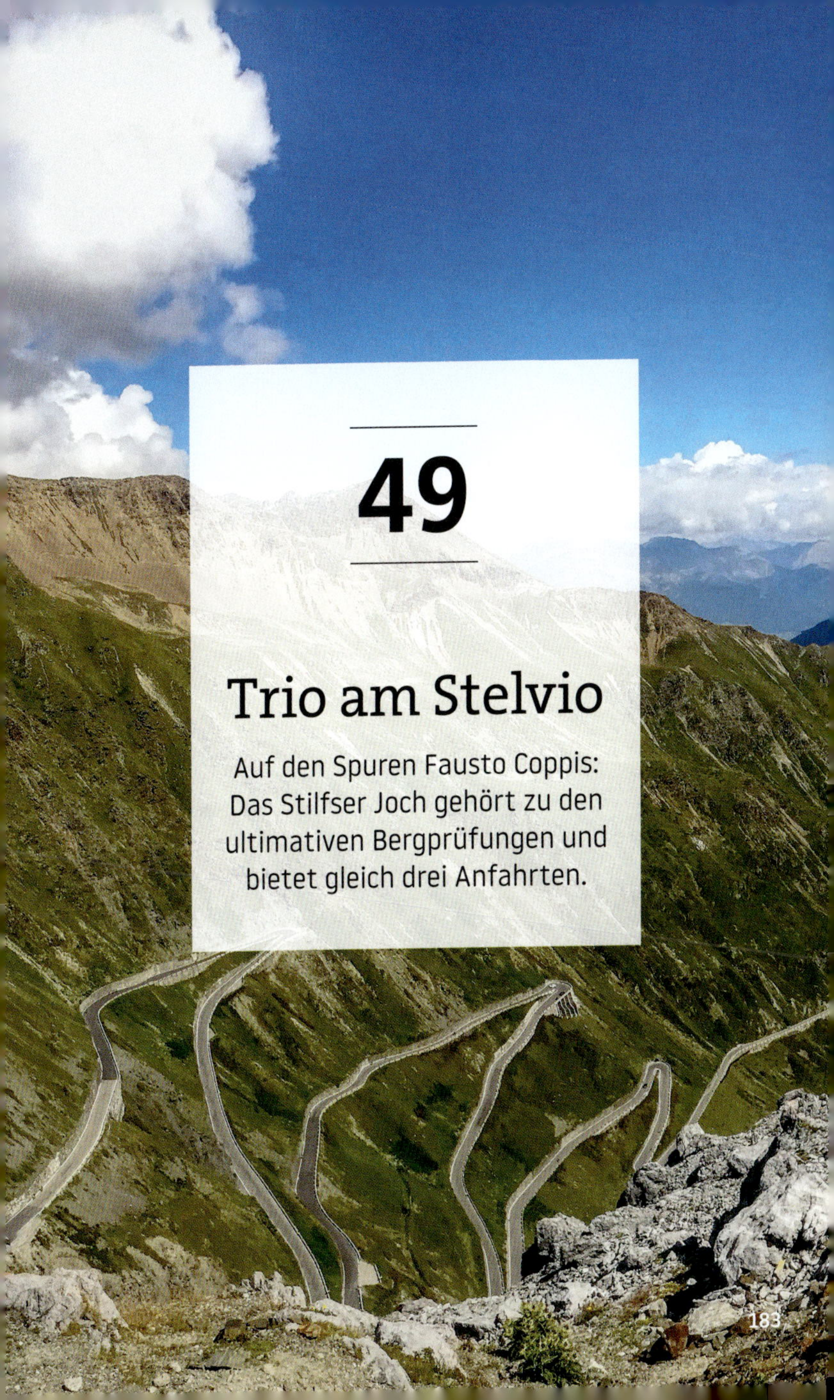

49

Trio am Stelvio

Auf den Spuren Fausto Coppis: Das Stilfser Joch gehört zu den ultimativen Bergprüfungen und bietet gleich drei Anfahrten.

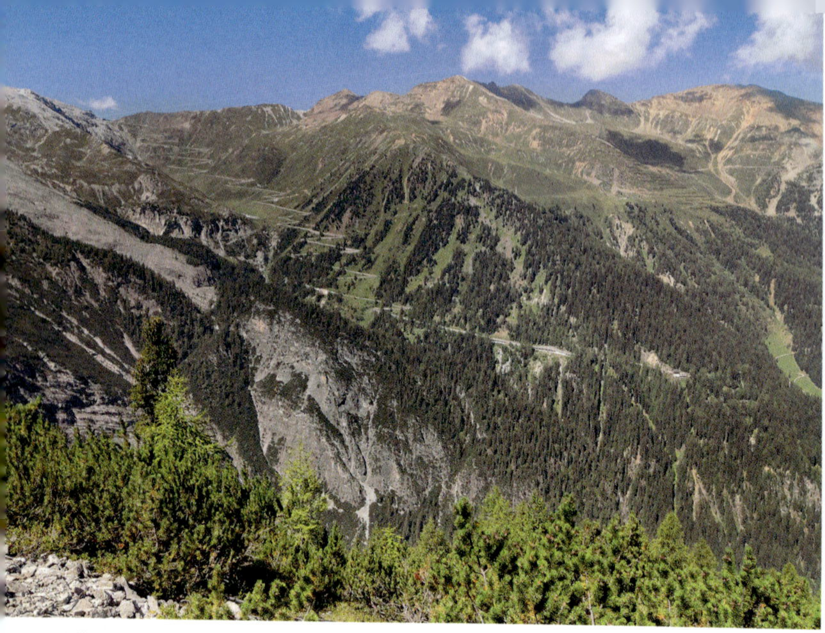

Selbst aus der Ferne ist die Straße zu erkennen.

Dass das Stilfser Joch ein besonderer Berg in der Radsportwelt ist, braucht hier kaum erwähnt zu werden. Die Bilder der Kehren, die insbesondere auf der Seite von Prad hinauf auf diesen beinahe 2800 Meter hoch gelegenen Pass führen, finden sich in Fotobüchern, an Wohnzimmerwänden und in den Träumen unserer Gleichgesinnten. Diesen Berg auf dem Rennrad zu bezwingen, erfordert in jedem Fall eine sehr gute Kondition und auch gute Nerven, wenn mal wieder Motorradgeschwader vorbeigebrummt kommen. Aber man bekommt auch etwas dafür, denn die Landschaft ist spektakulär und ganz oben, auf der Überfahrt, befährt man radsporthistorisches Terrain. Daran besteht kein Zweifel, wenn der Blick auf das Denkmal für Fausto Coppi fällt, den italienischen Superstar, der fünfmal den Giro d'Italia gewann. Der Stelvio, wie der Berg auf Italienisch heißt, ist ein wichtiger Schauplatz dieser Heldensage.

Sportliche und geografische Grenzen überwinden

Er ist allerdings auch für eine persönliche Höchstleistung ideal geeignet. Denn das Stilfser Joch liegt nicht nur schön, sondern auch strategisch günstig zwischen diversen Touristikgebieten. Ideal, wenn du dich an einem Tag an deine sportlichen Grenzen heranwagen und dabei geografische Grenzen überwinden möchtest. Denn der Passo dello Stelvio ist gleich über drei Auffahrten erreichbar, und alle drei unterscheiden sich erheblich voneinander. Eine vergleichbare Herausforderung gibt es auch beim Mont Ventoux in Südfrankreich, nur geht es da nicht so hoch hinaus und man kommt auch nicht durch mehrere Staats- und Sprachgebiete. Wer jedoch das Stilfser Joch an einem Tag dreimal anfährt, von Osten, Westen und Norden, der wird Italienisch, Deutsch und Rätoromanisch sprechen können und in der Schweiz und zwei italienischen Gebieten gastieren.

Wer sich an den »Gran Stelvio«, ausgelobt vom »Monaco Velo Club«, heranwagt, wird im Vergleich zu vielen anderen großen Aufgaben nicht viel Strecke zurücklegen – aber eine erhebliche Summe an Höhenmetern sammeln. Von Prad in Südtirol geht es über den Sattel, danach hinab nach Bormio, von dort wieder hoch, hinab nach Graubünden in der Schweiz, wo man wiederum umkehrt und den Stelvio noch über den vorgelagerten Umbrailpass attackiert. So kommen fast 4300 Höhenmeter zusammen. Das dürfte doch reichen für einen Tag, oder?

INFOS

»GRAN STELVIO« ist die Dreifachprüfung am Stilfser Joch, die Bestzeit für die Strecke beträgt bei den Männern 5:27 Stunden, bei den Frauen 6:18 Stunden.
Am Mont Ventoux in Frankreich gibt es eine Organisation, die eines der kultigsten Abzeichen der Szene vergibt. Wer in den »Club des Cinglés du Mont-Ventoux«, den Club der Verrückten des Mont Ventoux, aufgenommen werden möchte, muss den Provence-Berg an einem Tag von allen drei Seiten (4400 Höhenmeter) bezwingen. So genannte »Bicinglés« schaffen das sogar doppelt.

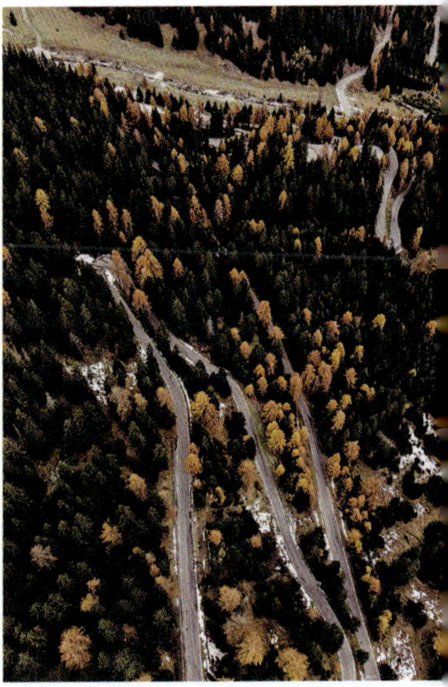

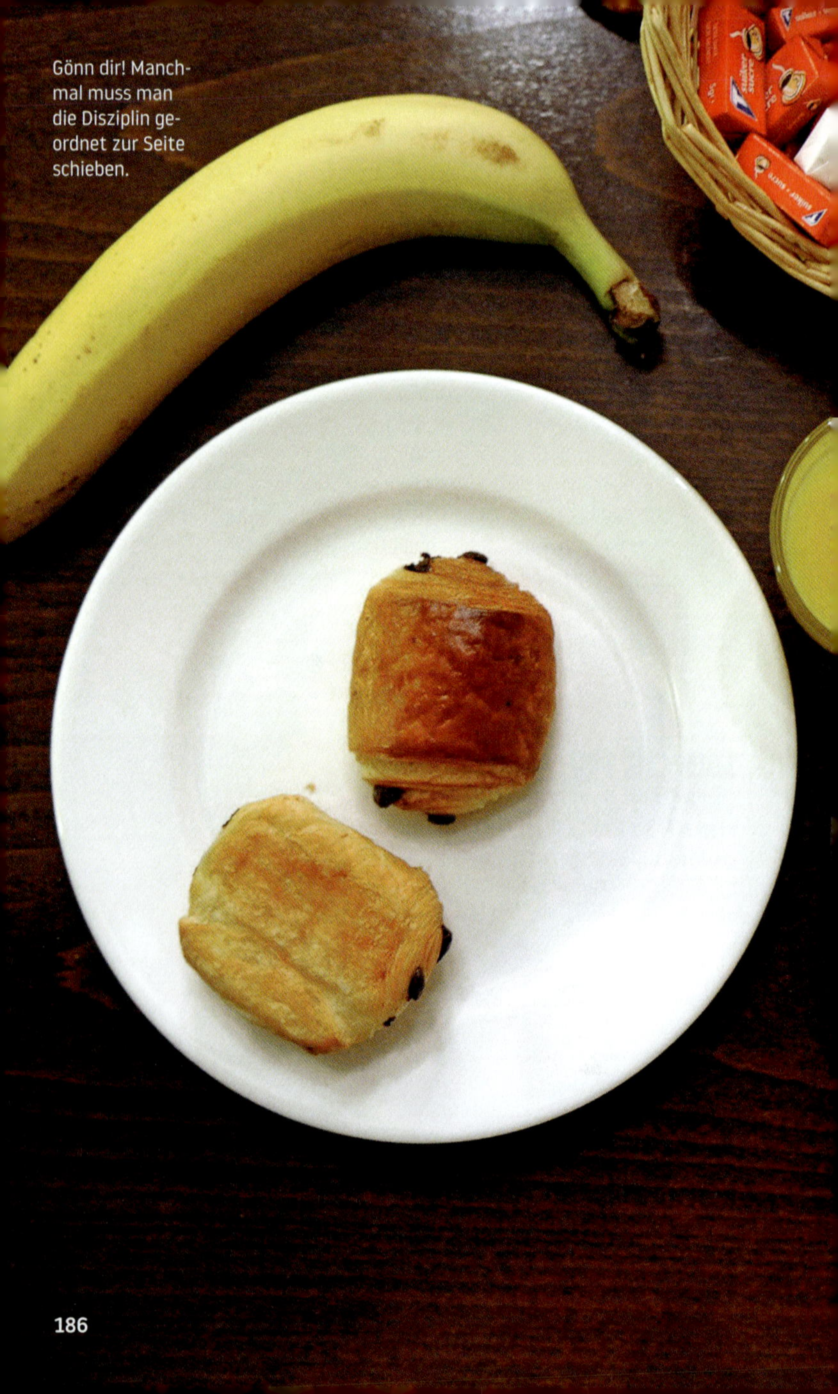

Gönn dir! Manchmal muss man die Disziplin geordnet zur Seite schieben.

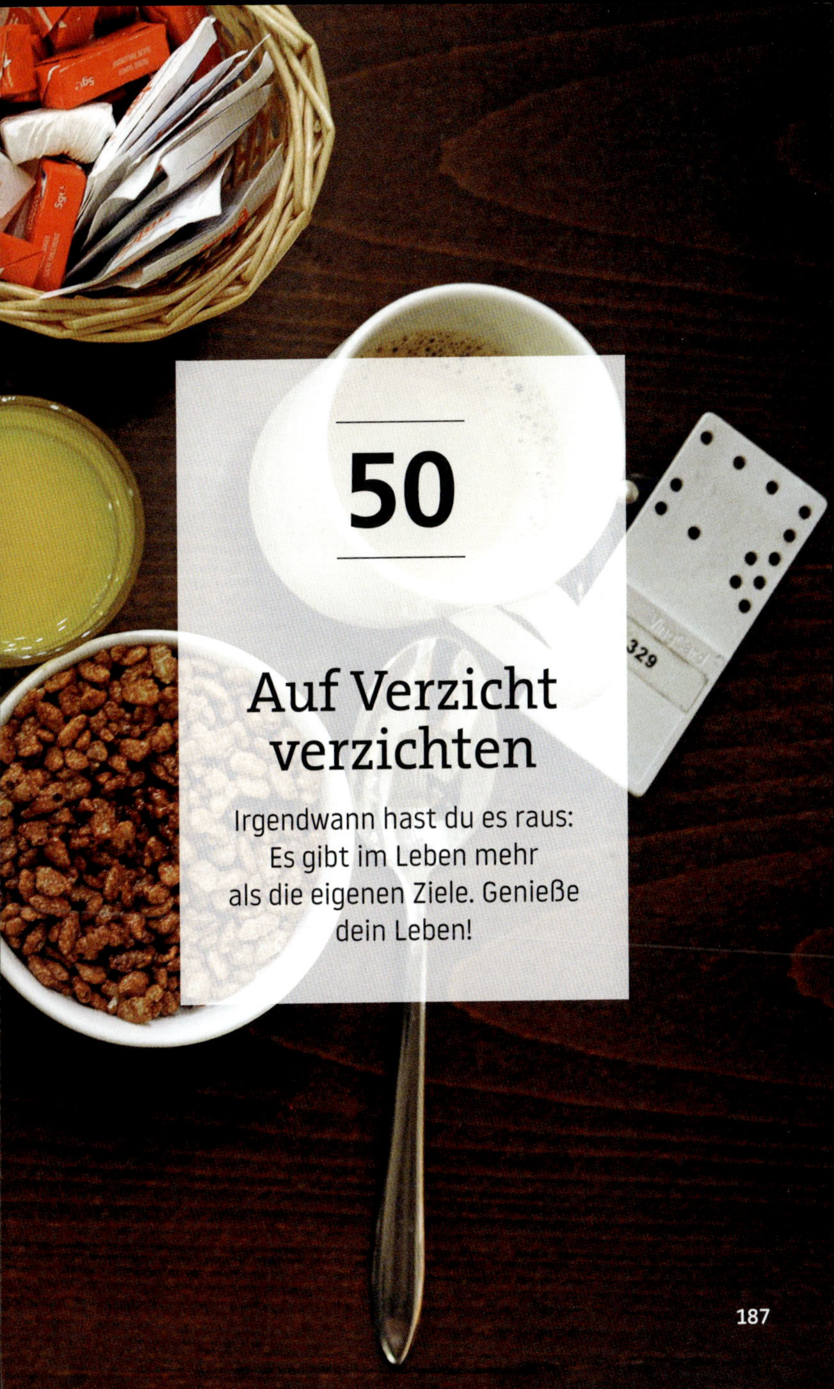

50

Auf Verzicht verzichten

Irgendwann hast du es raus: Es gibt im Leben mehr als die eigenen Ziele. Genieße dein Leben!

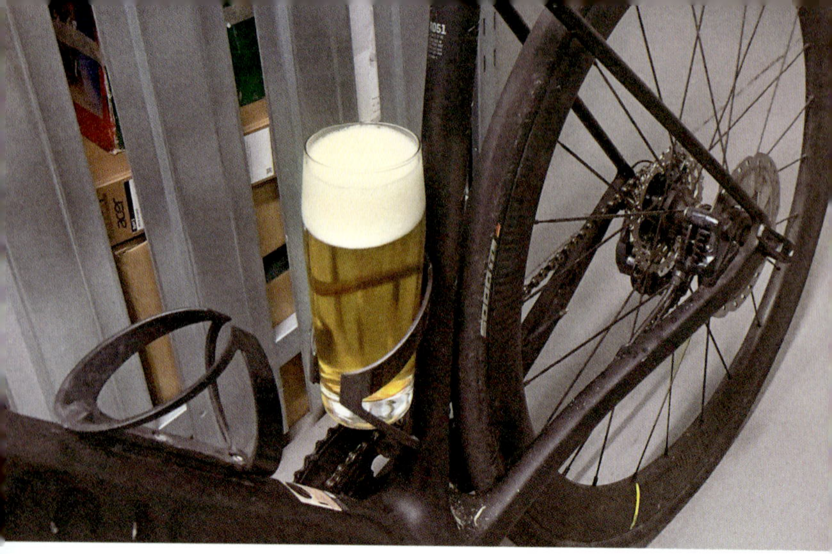

Passt gut: Bierglas im Flaschenhalter.

Du erinnerst dich vielleicht. Weiter vorne in diesem Buch habe ich dich dazu aufgefordert, im Anblick einer sportlichen Herausforderung die sonstigen Freuden des Lebens zurückzustellen. Für den Jahreshöhepunkt auf Süßigkeiten verzichten, das Bier ein paar Wochen weglassen, ein paar Kilo abnehmen – das ist mitunter ein ziemlich asketisches Leben. Viele Radsportler durchleben eine Entwicklung, die allerdings auch nicht ganz ohne ist. Manche avancieren zu Vollblutsportlern und bleiben das ihr Leben lang.

Ich als Autor habe vielfach eine Menge »geopfert«, wenn man das überhaupt so schreiben sollte. Ich habe vor meinem ersten Marathon einen Monat keinen Alkohol angepackt, ich habe Trainingspläne befolgt und in der Phase vor dem Rennen auch viele Arten sonstiger Verlockungen zur Seite gestellt. Ich weiß noch genau, wie es war, als ich mein erstes Rennen in den Alpen gefahren bin. Die Nervosität war enorm, gern hätte ich ein lockeres Vorabendbier getrunken, aber daran war nicht zu denken. Das macht ja niemand so, also mache ich es auch nicht.

Ein paar Jahre später war ich wieder in den Alpen, diesmal hatte ich schon einige Erfahrung im aktiven Radsport, das Durchkommen in solchen Szenarien hatte ich gelernt. Mir war auch klar, dass meine Leistungsfähigkeit und

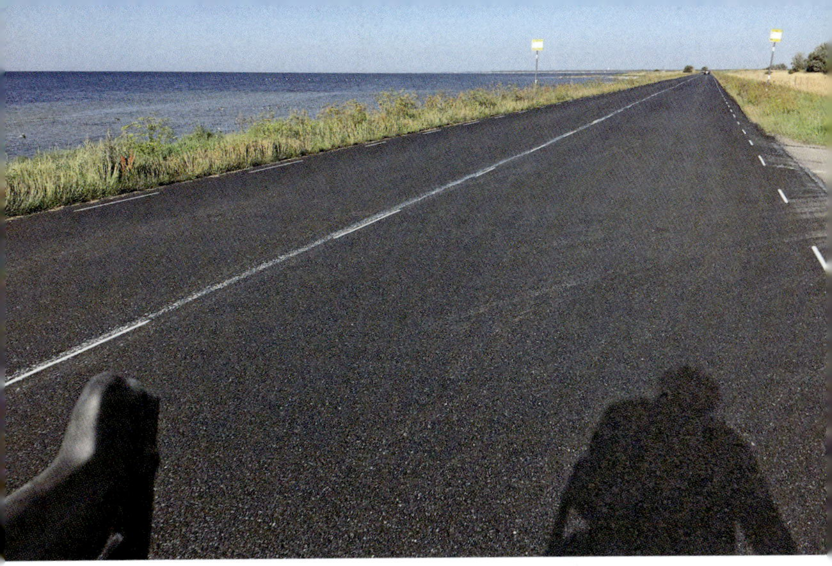

Besinn dich aufs Wesentliche!

mein Talent begrenzt sind. Ich schaute mir in meinem Hotel am Abend die Strecke für den folgenden Tag an, geschult in mentalem Training ging ich hochkonzentriert die Proben des Rennens durch. Und dann ging ich zur Hotelbar und bestellte mir ein Bier vom Fass. Ich nahm mir ein Buch zur Hand und trank noch ein Bier, es schmeckte besser als erwartet und ich war jetzt in Stimmung. Blieb es bei zwei? Ich fragte mich beim Zubettgehen, ob das jetzt ein großer Fehler gewesen sei. Die Antwort gab ich mir selbst am nächsten Tag. Ich fuhr zufriedenstellend, ich merkte keinen Unterschied zu meinen bisherigen Auftritten, ich genoss den Ausflug in die Schweiz voll und ganz.

Ohne Verbissenheit frei von Zwängen

Und dann beschloss ich, dass Verzicht für den Sport nicht zum Lebensstil eines Hobbyfahrers werden sollte, weil ich Verbissenheit als einen Feind der Zufriedenheit sehe. Wenn du dich freimachen kannst von Zwängen, dann erlaube dir auch vor einer sportlichen Prüfung, mit deinen Freunden ein üppiges Essen zu genießen. Jetzt, an diesem Punkt deiner Entwicklung, bist du souverän. Du weißt, was es bedeutet, alles für den Sport zu geben. Aber du kannst dich auch anders entscheiden – und vielleicht sogar ein Rennen sausen lassen. Mit den Freunden ist es schließlich auch sehr schön.

Register

Bildnachweis

Alle Abbildungen des Umschlags und des Innenteils stammen vom Autor mit Ausnahme von: S. 7: Coen van de Broek/Unsplash; S. 10: Adam Meek/Flickr CC BY 2.0; S. 14: George Hiles/Unsplash; S. 16: Tom Austin/Unsplash; S. 18: Pavel Danilyuk/Pexels; S 20 Robert Brands/Flickr CC BY-ND 2.0; S. 22: Pixabay/EM80; S. 23: Robert Brands/Flickr CC BY-ND 2.0; S. 24, 25, 26: Andreas Dobslaff; S. 30: Chris Kendall/Unsplash; S. 31: Sebastian Graser/Unsplash; S. 34: Nguyen Hiep/Unsplash; S.37: Bannon Morrissy/Unsplash; S. 38: Andrea Piacquadio/Pexels; S. 40: Dmitrii Vaccinium/Unsplash; S. 45, 46, 47: Komsport/Nils Gaury; S. 48: Greg Rosenke/Unsplash; S. 50: Jay Miller/unsplash; S. 52: Markus Spiske/unsplash; S. 54: Sangga Rima Roman-Selia/Unsplash; S. 56: Projekt_Kaffeebart/Pixabay; S. 57: Yura Khomitskyi/unsplash; S. 58, 60, 61 Tim Farin; S. 65: Philipp Hympendahl; S. 66: James Craig/Unsplash; S. 69: Christopher Beck/Pexels; S. 71, 72 Sportograf; S. 76: Philipp Hympendahl; S. 80: Robert Brands/Flickr CC BY-ND 2.0; S. 81: Coen van de Broek/Unsplash; S. 83: Franc-Comtois/Pixabay; S. 84: Nikita Ignatev/unsplash; S. 89: Juan Broullon/Unsplash; S. 90: Viktor Bystrov/Unsplash; S. 92: Pavel Danilyuk/Pexels; S. 93: Jorge Ponce/unsplash; S. 94: Stefanopanizzo/Pixabay; S. 96: Paolo Martelli; S. 98: Charlie Deets/Unsplash; S. 100: Mimipic-Photography/Unsplash; S. 101: Sinitta Leunen/Unsplash; S. 102: Kristy Dactyl Flickr CC BY 2.0; S. 104: Mathias_Groeneveld/Pixabay; S. 105: Tom Swinnen/Pexels; S. 106: Adrian Infernus/Unsplash; S. 108: Maria Teneva/Unsplash; S. 109: Chris Barbalis/Unsplash; S. 110, 113 Andreas Dobslaff; S. 112: Tom Conway/Unsplash; S. 114: Sebastian Pociecha/Unsplash; S. 117: Logan Weaver/Unsplash; S. 118: Greenvalley Pictures/Unsplash; S. 120: Erik Mmclean/Unsplash; S. 121: Fallon Michael/Unsplash; S. 122: Munbaik Cycling Clothing/Unsplash; S. 124: Aditya Wardhana/Unsplash; S. 125: Algi/Unsplash; S. 126: Robbie Shade CC BY 2.0 Flickr; S. 129: Serge Robert Public domain Flickr; S. 130: Ryan McGuire/Pixabay; S. 133: Ikhsan Sugiarto/Unsplash; S. 139 Getpica; S. 141 Tim Farin; S. 142: James Coleman/Unsplash; S. 145: Mads Eneqvist/Unsplash; S. 149: David Dvoracek/Unsplash; S. 150, 152, 153 Sportograf; S. 155 Unsplash; S. 157: Manfredrichter/Pixabay; S. 158: Maxmann/Pixabay; S. 160 und 161: Rob Wingate/Unsplash; S. 162: Markus Spiske/Unsplash; S. 164: Angel Santos/Unsplash; S. 165: Robert Aardenburg/Unsplash; S. 166: Josh Nuttall/Unsplash; S. 168: Jack Young/Unsplash; S. 169: Alessio Soggetti/Unsplash; S. 170: Lesli Larson/Flickr Public Domain; S. 173: Alex Brown/Flickr CC BY 2.0; S. 174, 176, 177: Philipp Hympendahl; S. 178, 180, 181 Sportograf; S. 182: Xtrordinary/Pixabay; S. 184: Jarco Penning/Unsplash; S. 185: Davide Pietralunga/Unsplash; S. 186: Philipp Hympendahl

Umschlaginnenseite vorne: Fred Pixlab/Unsplash
Umschlaginnenseite hinten: Robert Brands/Flickr CC BY-ND 2.0

Impressum

Verantwortlich: Kerstin Thiele
Redaktion und Lektorat: Christian Schneider
Layout: Elke Mader
Umschlaggestaltung: Mathias Frisch
Repro: LUDWIG:media
Herstellung: Alexander Knoll
Printed in Europe by GPS Group

★★★★★

Sind Sie mit diesem Titel zufrieden? Dann würden wir uns über Ihre Weiterempfehlung freuen. Erzählen Sie es im Freundeskreis, berichten Sie Ihrem Buchhändler, oder bewerten Sie bei Onlinekauf. Und wenn Sie Kritik, Korrekturen oder Aktualisierungen haben, freuen wir uns über Ihre Nachricht an Bruckmann Verlag, Postfach 40 02 09, D-80702 München oder per E-Mail an lektorat@verlagshaus.de.

Unser komplettes Programm finden Sie unter

www.bruckmann.de

In diesem Buch wird aus Gründen der besseren Lesbarkeit das generische Maskulinum verwendet. Weibliche und anderweitige Geschlechteridentitäten werden dabei ausdrücklich mitgemeint, soweit es für die Aussage erforderlich ist.

Empfehlung der Redaktion
Sie sind auf der Suche nach weiterführender Literatur? Dann empfehlen wir Ihnen den Titel »101 Dinge, die ein Rennradfahrer wissen muss« von Tim Farin.

Die Deutsche Nationalbibliothek verzeichnet diese Publikation in der Deutschen Nationalbibliografie; detaillierte bibliografische Daten sind im Internet über http://dnb.d-nb.de abrufbar.

3. überarbeitete Auflage

Infanteriestraße 11a, 80797 München

ISBN 978-3-7343-2549-6